Peter Schäfer

Jesus im Talmud

Babylonischer Talmud, Ms. München Cod. hebr. 95, fol. 342r
(Traktat Sanhedrin, fol. 43a–b), mit Radierungen des Zensors.
Mit freundlicher Genehmigung der Bayerischen Staatsbiblio-
thek, München.

Peter Schäfer

Jesus im Talmud

Übersetzt aus dem Englischen von
Barbara Schäfer

3., erneut durchgesehene Auflage

Mohr Siebeck

Peter Schäfer, geboren 1943. Dr. phil., Dres. h.c.; 1983–2008 Professor für Judaistik an der Freien Universität Berlin sowie 1998–2013 an der Universität Princeton. 1994 Leibniz-Preis und 2006 Mellon Distinguished Achievement Award. Seit 2014 Direktor des Jüdischen Museums Berlin.

1. Auflage 2007
2. Auflage 2010
3. Auflage 2017

ISBN 978-3-16-155531-2

Die Deutsche Nationalbibliothek verzeichnet diese Publikation in der Deutschen Nationalbibliographie; detaillierte bibliographische Daten sind im Internet über *http://dnb.dnb.de* abrufbar.

© 2017 Mohr Siebeck Tübingen. www.mohr.de

Das Buch wurde von Computersatz Staiger in Rottenburg/N. gesetzt, von Gulde-Druck in Tübingen auf alterungsbeständiges Werkdruckpapier gedruckt und von der Buchbinderei Nädele in Nehren gebunden.

Für Martin Hengel

Mentor, Kollege, Freund

Inhaltsverzeichnis

Vorwort zur Dritten Auflage

Vor fast genau 10 Jahren erschien die erste Auflage der deutschen Fassung von *Jesus im Talmud* und zwei Jahre später die durchgesehene zweite Auflage. Das Interesse an dem Buch ist weiterhin ungebrochen, und so haben Verlag und Autor sich entschlossen, eine dritte Auflage folgen zu lassen. Da meine Sicht auf das Thema sich nicht grundlegend geändert hat, beschränken sich die Korrekturen auch dieser Neuauflage auf Verbesserungen von Fehlern, die den Umbruch des Satzes nicht beeinträchtigen. Nur im Nachwort habe ich einige Ergänzungen nachgetragen, die auf inzwischen erschienene Literatur verweisen.

Der Verlag hat in gewohnt professioneller Weise die Drucklegung des Bandes betreut. Ich danke vor allem Henning Ziebritzki für die wie immer überaus angenehme und reibungslose Zusammenarbeit.

Berlin, Juli 2017   *Peter Schäfer*

Vorwort zur Zweiten Auflage

Erfreulicherweise – für den Verlag wie für den Autor – ist schon nach kurzer Zeit eine zweite Auflage der deutschen Fassung meines *Jesus im Talmud* notwendig geworden (von der englischen Fassung bei der Princeton University Press erschien soeben eine paperback-Ausgabe). Die Korrekturen in dieser Neuauflage müssen sich aus drucktechnischen Gründen auf Verbesserungen beschränken, die den Umbruch des Satzes nicht beeinflussen. Auf die wichtigsten Kritikpunkte, die sich aus den bisher vorliegenden Rezensionen ergeben, gehe ich in dem dieser Ausgabe beigefügten Nachwort ein.

Ich danke dem Verlag für sein fortdauerndes Interesse an meinen Arbeiten und die zügige Drucklegung dieser Neuauflage.

Princeton, November 2009   *Peter Schäfer*

Vorwort zur deutschen Ausgabe

Meine letzten Bücher wurden in Englisch geschrieben und von amerikanischen Verlagen publiziert. Noch vor dem Erscheinen von *Jesus in the Talmud* regte Dr. Henning Ziebritzki, Cheflektor für Theologie und Judaistik beim Verlag Mohr Siebeck, an, das Buch in deutscher Übersetzung zu veröffentlichen. Ich fühle mich dem Verlag Mohr Siebeck in vielfältiger Weise verbunden und habe dem Vorschlag gerne zugestimmt.

Daß die deutsche Ausgabe so schnell nach der englischen Originalausgabe erscheinen kann, verdanke ich vor allem der Übersetzerin. Meine Frau und ich haben unsere durchaus verschiedenen Arbeitsgebiete immer sehr genau auseinander gehalten, und ich wäre nie auf den Gedanken gekommen, sie um die Übersetzung eines Buches von mir zu bitten. Es bedurfte des Anstoßes – und nicht zuletzt der Überredungskunst – von Martin Hengel, daß meine Frau sich schließlich für die Übersetzung erwärmen konnte. Ich bin ihr unendlich dankbar, daß sie diese Aufgabe auf sich genommen hat – wohl wissend, daß ich kein angenehmer Gesprächspartner bei auftretenden Problemen sein würde. Dank ihrer Geduld und Beharrlichkeit konnten manche Ungenauigkeiten und Fehler der englischen Ausgabe in der deutschen Übersetzung korrigiert werden. Darüber hinaus bin ich, ohne dies jeweils zu vermerken, in manchen Fällen bewußt vom englischen Text abgewichen.

Der Zeitabstand zum englischen Original ist noch zu kurz, als daß ich auf Kritik in wissenschaftlichen Rezensionen erwidern könnte. Bisher erschienen Besprechungen vor allem in an ein breiteres Publikum gerichteten amerikanischen und britischen Zeitungen und Zeitschriften. Auf einige deprimierende blogs im Internet werde ich nicht öffentlich eingehen. Zu einem Kritikpunkt, den ich mitunter von wohlmeinenden deutschen Kollegen zu hören bekomme, möchte ich allerdings Stellung nehmen: Mir wird manchmal, mehr oder weniger unverblümt, gesagt, daß es schade sei, wie sehr ich mich in meinen jüngeren Veröffentlichungen von einem „amerikanischen Stil" leiten ließe. Was immer meine Kritiker darunter verstehen mögen (vermutlich manches Unausgegorene), ich für meinen Teil bekenne bei dieser Gelegenheit gerne, daß ich der amerikanischen Universität mit ihrer Offenheit und ihrem heilsamen Zwang, Forschungsergebnisse verständlich und, in der Tat, auch an das vielberufene breitere Publikum zu vermitteln, sehr viel verdanke. Wenn meine Publikationen sich an diesem „amerikanischen" Maßstab messen lassen, kann ich das nur als Kompliment auffassen.

Princeton, 29. Juni 2007   *Peter Schäfer*

Vorwort zur englischen Ausgabe

Diese Studie hat zwei Wurzeln. Die erste geht in die späten siebziger Jahre zurück, als ich Johann Maiers 1978 erschienes Buch *Jesus von Nazareth in der talmudischen Überlieferung* las. Ich war beindruckt von soviel Gelehrsamkeit und sorgfältiger Forschung meines damaligen Kollegen an der Kölner Universität, und dennoch ließ mich das Buch zutiefst unbefriedigt zurück. Nachdem ich mich durch die feingesponnenen Argumente und die mühevoll aufbereiteten Tabellen durchgearbeitet hatte, konnte ich den Gedanken nicht unterdrücken: was für ein Aufwand an Kraft und Zeit, nur um zu beweisen, daß es Jesus im Talmud nicht gibt und daß der Talmud eine historisch unzuverlässige Quelle für Jesus und das frühe Christentum ist. Ich hatte das Gefühl, daß irgendwie die falschen Fragen gestellt wurden oder vielmehr, daß hier die Chimäre einer rationalistischen und positivistischen Historizität beschworen wurde, beinahe als ob der Autor den eigentlichen Fragen aus dem Weg gehen wollte. Es stimmt und ist fair anzumerken, daß sich unsere Auffassung von Judentum und Christentum – und von ihrer gegenseitigen Beziehung – während der vergangenen dreißig Jahre beträchtlich gewandelt hat, aber dennoch schreien die Quellen geradezu nach einem nuancierteren Zugang, der den Unterschied zwischen reiner Faktizität und einer langen und komplexen „Wirkungsgeschichte" berücksichtigt.

Ich wollte immer auf dieses Thema zurückkommen, aber es dauerte bis zum Frühjahr 2004, daß sich mir die Chance bot, diesen Wunsch zu erfüllen. Als mein Freund Israel Yuval von der Hebräischen Universität, der das Frühjahrssemester als Gastprofessor im Department of Religion der Universität Princeton verbrachte, vorschlug, in einem gemeinsamen Seminar das Thema „How much Christianity in Talmud and Midrash"? – d.h., die breitere und viel diskutierte Frage nach der rabbinischen Reaktion auf das Christentum – aufzugreifen, war ich sofort begeistert und regte an, auch die Jesus-Passagen im Talmud als eigenes Thema in das Seminar mit einzubeziehen. Dieses Seminar sollte eine der aufregendsten und beglückendsten Lehrerfahrungen meiner akademischen Laufbahn werden, nicht nur wegen der kongenialen Gruppe von Studenten und Dozenten (unsere Princetoner Kollegen Martha Himmelfarb und John Gager beehrten uns mit ihrer Anwesenheit), sondern auch und hauptsächlich wegen der gemeinsamen Stunden, in denen Israel und ich das Seminar zusammen vorbereiteten. Anfänglich wollten wir uns nur kurz treffen, um Struktur und Strategie der Seminarsitzungen zu besprechen, aber bald dauerten unsere Treffen immer länger und schließlich wurden daraus Stunden, in denen wir die Texte gemeinsam lasen, uns gegenseitig inspirierten und zu immer kühneren Interpretationen und Konklusionen antrieben. Vieles von dem, was folgen wird, vor allem was ich zur Exegese der talmudischen Quellen zu sagen habe, hat seinen Ursprung in diesen Vorbereitungen und den anschließenden Seminarsitzungen. Es wäre müßig, nachträglich zu rekonstruieren, wer welche Ideen oder Vorschläge als erster äußerte, aber ich zögere keinen Augenblick, mit Freude und Dankbarkeit anzuerkennen, daß dieses Buch in seiner vorliegenden Form nicht ohne die Erfahrung dieses gemeinsamen Seminars zu stande gekommen wäre. Der Ideenreichtum und die Kreativität der Studenten, der Kollegen und vor allem Israel Yuvals haben wesentlich zu vielen der in diesem Buch geäußerten Ideen beigetragen.

Die Erforschung des babylonischen Talmuds ist in letzter Zeit beachtlich vorangeschritten. Da ich mich hier auf ein Gebiet begeben habe, das nicht zu meinen Forschungsprioritäten gehört, bin ich dankbar, daß Richard Kalmin vom Jewish Theological Seminary of America in New York so freundlich war, einen Entwurf meines Manuskriptes zu lesen. Ich verdanke ihm viele hilfreiche Vorschläge und Klärungen schwieriger talmudischer Texte sowie Hinweise auf Fehler und falsche Lesungen. Was das Neue Testament betrifft – ein Gebiet, auf dem ich noch weniger Fachkenntnisse besitze – war Martin Hengel, mein langjähriger Mentor, verehrter Kollege und Freund, großzügig bereit, mein Manuskript zu kommentieren und mich mit einem beschämend reichen Füllhorn von Rat, Verbesserungen, tieferen Einsichten, bibliographischen Details und, nicht zuletzt, Korrekturen zu überschütten. (Ich wünschte, ich hätte mir seine Gelehrsamkeit in einem früheren Stadium des Manuskripts zu Nutze gemacht: Es wäre sehr viel besser geworden.) In Bewunderung für sein Werk und in tiefer Dankbarkeit für seine nie nachlassende Unterstützung und Förderung seit meiner Zeit als sein Assistent an der Universität Tübingen widme ich ihm diese kleine Studie. Meine Princetoner Kollegen Martha Himmelfarb und Elaine Pagels haben Teile des Manuskripts gelesen und hilfreiche Verbesserungsvorschläge angeboten. Die zwei anonymen Leser für den Verlag haben es übernommen, einen früheren Entwurf zu beurteilen und ebenfalls nützliche Hinweise gegeben. Ihnen allen gilt mein Dank. Die Verantwortung für alle bleibenden Unzulänglichkeiten trage selbstverständlich ich allein. Schließlich möchte ich mich bei Brigitta van Rheinberg, „executive history editor" der Princeton University Press, für ihren konstruktiven Enthusiasmus bedanken; bei meiner Mitarbeiterin Baru Saul für die Korrektur meines Englisch und das Korrekturlesen des Manuskripts; und bei Molan Goldstein für einen großartigen Job als copyeditor.

Abkürzungen

AMS	*Acta Martyrum et Sanctorum*
Apg	Apostelgeschichte
Apk	Johannesapokalypse
Art.	Artikel
AS	Traktat Avoda Sara
b	Talmud Bavli (Babylonischer Talmud)
b.	ben (Sohn des)
BemR	Midrasch Bemidbar Rabba (zu Numeri)
BB	Traktat Bava Batra
Bd.	Band
Bekh	Traktat Bekhorot
Ber	Traktat Berakhot
BerR	Midrasch Bereschit Rabba (zu Genesis)
Bez	Traktat Beza
BM	Traktat Bava Meziʿa
Chag	Traktat Chagiga
Chul	Traktat Chullin
Dan	Daniel
Dtn	Deuteronomium
EJ	Encyclopaedia Judaica
Eph	Epheserbrief
Er	Traktat Eruvin
Est	Esther
Ex	Exodus
Ez	Ezechiel
Flav.Jos.ant.	Flavius Josephus, *Antiquitates Judaicae*
Flav.Jos.Apion	Flavius Josephus, *Contra Apionem*

Flav.Jos.bell.	Flavius Josephus, *Bellum Judaicum*
fol.	folio
Gen	Genesis
Git	Traktat Gittin
Hebr	Hebräerbrief
HTR	Harvard Theological Review
HUCA	Hebrew Union College Annual
Iren.haer.	Irenäus, *Adversus haereses*
Iust.1.apol.	Iustinus Martyr, *Apologia 1*
Iust.dial.	Iustinus Martyr, *Dialogus cum Tryphone Iudaeo*
j	Talmud Jeruschalmi (Jerusalemer Talmud)
Jes	Jesaja
Jer	Jeremia
Jev	Traktat Jevamot
JJS	Journal of Jewish Studies
Joh	Johannes
Jos	Josua
JPS	Jewish Publication Society
JQR	Jewish Quarterly Review
JRS	Journal of Roman Studies
JSJ	Journal for the Study of Judaism
JSQ	Jewish Studies Quarterly
JTS	Jewish Theological Seminary
Klgl	Klagelieder
Kol	Kolosserbrief
Kön	Könige
Kor	Korintherbrief
Lev	Leviticus
Lk	Lukas
m	Mischna
Makh	Traktat Makhschirin

Men	Traktat Menachot
MGWJ	Monatsschrift für Geschichte und Wissenschaft des Judentums
Mi	Micha
Mk	Markus
Ms(s).	Manuskript(e)
Mt	Matthäus
N.S.	New Series
Num	Numeri
OTP	Old Testament Pseudepigrapha
Or.Cels.	Origenes, *Contra Celsum*
PesR	Midrasch Pesiqta Rabbati
PGrM	Papyri Graecae Magicae
Pred	Prediger
Ps	Psalmen
Qid	Traktat Qidduschin
QohR	Midrasch Qohelet Rabba
R.	Rabbi
RAC	Reallexikon für Antike und Christentum
Röm	Römerbrief
Sach	Sacharja
Sam	Samuel
Sanh	Traktat Sanhedrin
Schab	Traktat Schabbat
Schevu	Trakta Schevu'ot
Sot	Traktat Sota
Sp.	Spalte(n)
Spr	Sprüche
t	Tosefta
Tert.apol.	Tertullian, *Apologeticum*
Tert.spec.	Tertullian, *De spectaculis*
TRE	Theologische Realenzyklopädie

Einleitung

Dieses Buch handelt davon, wie der Talmud, das Gründungsdokument des rabbinischen Judentums in der Spätantike, Jesus von Nazareth, den Gründer des Christentums, wahrgenommen hat. Was haben diese zwei – Jesus und der Talmud – miteinander gemein? Auf den ersten Blick nicht viel. Da gibt es einmal die Sammlung jener Schriften, die man das Neue Testament nennt – zweifellos unsere Hauptquelle für das Leben Jesu, für seine Lehre und seinen Tod – das zum größten Teil in der zweiten Hälfte des ersten Jahrhunderts christlicher Zeitrechnung verfaßt wurde.[1] Und dann gibt es „den" Talmud, das einflußreichste literarische Werk des rabbinischen Judentums. Er nahm im Laufe der Jahrhunderte in zwei Versionen Gestalt an, in Palästina und in Babylonien (ersterer, der palästinische oder Jerusalemer Talmud im Palästina des fünften Jahrhunderts, letzterer, der babylonische Talmud, im frühen siebten Jahrhundert in Babylonien). Beide Dokumente, das Neue Testament und der Talmud, könnten kaum ge-

---

[1] Mit „Neues Testament" meine ich hier und in der gesamten Studie nicht, daß die jeweils zur Diskussion stehende spezielle Überlieferung für „das" gesamte Neue Testament repräsentativ ist; vielmehr bin ich mir selbstverständlich dessen bewußt, daß das Neue Testament eine Sammlung von sehr unterschiedlichen Schriften ist und werde mich im folgenden an gegebener Stelle und zu gegebener Zeit genauer dazu äußern.

gensätzlicher sein, was Form und Inhalt anbelangt: Das eine, Griechisch geschrieben, beschäftigt sich mit der Mission jenes Jesus von Nazareth, der als Messias und Sohn Gottes in eben diesem Anspruch von den meisten seiner jüdischen Zeitgenossen abgelehnt, vom römischen Statthalter Pontius Pilatus dem Tod übergeben und am dritten Tage nach seiner Kreuzigung wiedererweckt und in den Himmel erhoben wurde. Das andere, vorwiegend in Aramäisch abgefaßt, bietet eine überaus reiche Sammlung hauptsächlich rechtlicher Diskussionen über die komplizierten Bedingungen eines nach den rabbinischen Interpretationen des jüdischen Gesetzes geführten Lebens.

Darüber hinaus – und hier wird die Sache komplizierter – ist die Gegenüberstellung von „Jesus" und dem „Talmud" schon fast ein Oxymoron, stehen doch beide in einem überaus gespannten und antagonistischen Verhältnis zueinander. Aus der jüdischen Sekte, die Jesus in Palästina auf den Weg brachte, sollte später eine eigene Religion hervorgehen, eine Religion noch dazu, die den Anspruch erheben sollte, ihre Mutterreligion abzulösen und sich als neuer Bund gegen den alten und überholten Bund Israels durch Geburt zu stellen. Es ist genau um die Zeit, als das Christentum sich von bescheidenen Anfängen zu seinen ersten Triumphen aufschwang, daß der Talmud (oder besser die beiden Talmude) das maßgebende Dokument derer werden sollte, die den neuen Bund zurückwiesen, die so hartnäckig darauf bestanden, daß sich nichts geändert hatte und der alte Bund weiter gültig war.

Sonderbarerweise aber kommt die Person Jesu, ebenso wie die seiner Mutter Maria, im Talmud vor: nicht in einer zusammenhängenden Erzählung, sondern über die gesamte rabbinische Literatur im allgemeinen und im Talmud im besonderen verstreut, wo sie oft ganz en passant und im Zusammenhang mit einem völlig anderen Thema anzutreffen ist.[2] Tatsächlich ist die Erwähnung Jesu im Talmud so selten, daß im Verhältnis zu der immensen literarischen Produktion des rabbinischen Judentums, die im Talmud kulminiert, die Jesus-Passagen dem sprichwörtlichen Tropfen im *jam ha-talmud* (dem „Meer des Talmuds") gleichkommen. Der früheste zusammenhängende Bericht über Jesu Leben aus jüdischer Sicht, den wir besitzen, ist der berüchtigte polemische Traktat *Toledot Jeschu*, der sich allerdings im frühen Mittelalter im westlichen Europa herausbildete, also jenseits jener Epoche und jenes Raumes, um die es uns hier geht (obgleich auch einige frühe Versionen bis in die Spätantike zurückgehen mögen).[3]

Warum also eine neue Untersuchung? Wenn die Lehrer des rabbinischen Judentums kein besonderes Interesse an Jesus hatten, warum sollten wir uns dann mit den wenigen von ihnen überlieferten Details beschäftigen und es nicht bei der einfachen Feststellung belassen, daß er ihnen gleichgültig war? Das ist ein möglicher Standpunkt und, wie wir sehen werden, derjenige, der in

---

[2] Es gibt im Talmud im Traktat Sanhedrin, der sich mit der Todesstrafe beschäftigt, allerdings erkennbare Schwerpunkte.

[3] Die Geschichte der *Toledot Jeschu* und deren Verhältnis zur talmudischen Literatur ist neu zu untersuchen; vgl. dazu das unten erwähnte Buch von Krauss. Die Princetoner Universitätsbibliothek hat eine Sammlung einiger der wichtigsten Handschriften erworben, und wir bereiten eine neue Edition samt englischer Übersetzung und Kommentar vor.

der jüngsten Forschung über unser Thema eingenommen wurde. Ich glaube allerdings, daß er dem Problem, das diese zugegebenermaßen magere Quellenlage aufwirft, nicht gerecht wird. Erstens ist die Frage von Jesus im Talmud natürlich Teil der viel umfassenderen Frage, ob und wie die sich formierende christliche Bewegung sich in der literarischen Produktion des rabbinischen Judentums niedergeschlagen hat. Und hier stehen wir auf festerem Boden: Jesus selbst mag nicht direkt erwähnt sein, aber das Christentum, die Bewegung, die er auf den Weg brachte, wird durchaus diskutiert. Zweitens ist das zutiefst antagonistische Paradigma von „Judentum" versus „Christentum", beide gewissermaßen auf ewig in *splendid isolation* festgefroren, in den letzten zwei Jahrzehnten neu hinterfragt worden. Das Modell der einen Schwesterreligion („Christentum"), die aus der anderen hervorgeht und sich fast gleichzeitig von ihr ablöst, um einen eigenen, unabhängigen Weg zu wählen, während die andere („Judentum"), bemerkenswert unbeeindruckt von diesem epochalen Ereignis, unbeirrt ihren Kurs weitersteuert, bis sie durch die Gewalt der Geschichte der stärkeren „Religion" unterliegt – dieses simplizistische Schwarz-Weiß-Gemälde ist nicht mehr aktuell. Die Wirklichkeit, die durch eingehendere und unvoreingenommenere Forschung ans Tageslicht kommt, erweist sich als viel komplizierter und verwirrender.[4] Darum sind wir verpflichtet – ganz gleich, wieviel Material zur

---

[4] Eine sehr gute Zusammenfassung des neuesten Forschungsstandes bietet Annette Yoshiko Reed und Adam H. Beckers Einleitung zu dem von ihnen herausgegebenen Band der gleichnamigen Princetoner Konferenz: *The Ways that Never Parted: Jews and Christians in Late Antiquity and the Early Middle Ages*,

Verfügung steht – jeder einzelnen Spur eines Diskurses zwischen Judentum und Christentum, und ganz gewiß jeder Reaktion auf die Gründungsfigur des Christentums, nachzugehen.

In der Tat haben einige Forscher diese Aufgabe sehr ernst genommen. Die Forschungsgeschichte zur Frage, wie die Juden in der Spätantike das Christentum im Allgemeinen und Jesus im Besonderen diskutierten, ist überaus reich und verdient eine eigene Beschreibung.[5] Sie setzt ein bei den verstreuten rabbinischen Zitaten über Jesus und das Christentum sowohl in den talmudischen Quellen als auch im Traktat *Toledot Jeschu*, der im Mittelalter und der frühen Neuzeit weit verbreitet war und die Hauptquelle für die Kenntnis vom Gründer des Christentums auf jüdischer Seite werden sollte. Einer der ersten Meilensteine in der christlichen Prüfung dieser jüdischen Quellen – zunehmend von jüdischen Konvertiten zugänglich gemacht – war die polemische Abhandlung *Pugio fidei* („Der Dolch des Glaubens") des spanischen Dominikaners Raimundus Martinus (st. 1285). Der Verfasser präsentiert darin viele Auszüge aus talmudischen und späteren rabbinischen Quellen. Seine Schrift beeinflußte in der Folge fast alle der zahlreichen polemischen antijüdischen Traktate, ganz besonders nachdem das verloren geglaubte Manuskript von dem humanistischen Gelehrten Justus Scaliger (st. 1609) wiederentdeckt und im Jahre 1651 in Paris und 1678 in

---

hrsg. von Adam H. Becker und Annette Yoshiko Reed, Tübingen: J.C.B. Mohr (Paul Siebeck), 2003, S. 1–33.

[5] Siehe dazu den ausführlichen Überblick bei Johann Maier, *Jesus von Nazareth in der talmudischen Überlieferung*, Darmstadt: Wissenschaftliche Buchgesellschaft, 1978, S. 18–41.

Leipzig wieder veröffentlicht wurde. Der christliche Hebraist und Polyhistor Johann Christoph Wagenseil, Professor der Universität Altdorf,[6] veröffentlichte seine Sammlung jüdischer antichristlicher Polemiken *Tela ignea Satanae. Hoc est: arcani et horribiles Judaeorum adversus Christum Deum et Christianam religionem libri* („Flammende Pfeile Satans; d.i.: die geheimen und schrecklichen Bücher der Juden gegen den Gott Christus und die christliche Religion") im Jahre 1681, wobei er ebenfalls die talmudische Literatur und die *Toledot Jeschu* heranzog.[7] Das erste ausschließlich dem Thema Jesus im Talmud gewidmete Werk war die 1699 an der Universität Altdorf von dem protestantischen Orientalisten Rudolf Martin Meelführer eingereichte Dissertation *Jesus in Talmude*.[8] Anders als Wagenseil, der sehr

---

[6] Die Universität Altdorf, unweit Nürnberg, wurde 1623 gegründet und war im siebzehnten und achtzehnten Jahrhundert eine der bekanntesten Universitäten Europas. Sie wurde 1809 geschlossen; die Wagenseil-Sammlung hebräischer Schriften wird jetzt in der 1743 gegründeten Friedrich-Alexander Universität Erlangen-Nürnberg aufbewahrt.

[7] Ein ähnliches Werk in deutscher Sprache ist Johann Schmid's *Feuriger Drachen-Gifft und wütiger Ottern-Gall*, Augsburg 1683.

[8] Vorgelegt in zwei Teilen: *Jesus in Talmude, Sive Dissertatio Philologica Prior/Posterior, De iis locis, in quibus per Talmudicas Pandectas Jesu cujusdam mentio injicitur*, Altdorf 1699. Der zweite Teil trägt sogar die hebräische Abkürzung בע"ה (*be-'esrat ha-schem* – „mit Gottes Hilfe") über dem Titel. Meelführer muß eine schillernde Figur gewesen sein: Er pflegte engen Kontakt mit rabbinischen Autoritäten und verkehrte mit ihnen sogar in hebräischen Briefen, war aber andererseits in die Zensur hebräischer Bücher involviert, die die Regierung angeordnet hatte, und hat sogar Informationen gegen die Juden geliefert, indem er auf

einflußreich und breit rezipiert war, geriet sein Schüler Meelführer fast sofort in Vergessenheit. In ihrem Einfluß weit übertroffen wurden beide jedoch durch Andreas Eisenmengers zweibändiges *Entdecktes Judenthum*,[9] das bis in die Neuzeit ein unerschöpfliches Arsenal für antisemitische Angriffe auf Juden bieten sollte.

---

die angeblich antichristlichen Elemente in deren Bücher hinwies. Siehe über ihn S. Haenle, *Geschichte der Juden im ehemaligen Fürstentum Ansbach*, vollständiger Nachdruck der Ausgabe von 1867 bearbeitet und mit einem Schlagwortregister versehen von Hermann Süß, Hainsfarther Buchhandlung, 1990 (Bayerische Jüdische Schriften, 1). Ich verdanke diese Information und einige andere Hinweise zu Meelführer, ebenso wie eine Kopie von Meelführers Dissertation, Hermann Süß.

[9] Der volle Titel ist: *Entdecktes Judenthum, oder Gründlicher und Wahrhaffter Bericht, welchergestalt die verstockte Juden die Hochheilige Drey-Einigkeit, Gott Vater, Sohn und Heil. Geist, erschrecklicher Weise lästern und verunehren, die Heil. Mutter Christi verschmähen, das Neue Testament, die Evangelisten und Aposteln, die christliche Religion spöttisch durchziehen, und die ganze Christenheit auff das äusserste verachten und verfluchen* [...]. Das Werk wurde 1700 in Frankfurt a.M. gedruckt – und Eisenmenger danach Professor für Orientalische Sprachen an der Universität Heidelberg – aber die Frankfurter Juden, die einen Ausbruch antijüdischer Ausschreitungen befürchteten, erreichten bei der Regierung, daß es konfisziert und gebannt wurde. Nach Eisenmengers Tod im Jahre 1704 verschafften sich die Erben vom preußischen König die Erlaubnis für eine zweite Edition, die 1711 in Berlin gedruckt wurde (aus rechtlichen Gründen trägt das Titelblatt Königsberg als Erscheinungsort, weil dies außerhalb der Grenzen des deutschen Reiches lag). Zur Kontroverse über Eisenmenger siehe Anton Theodor Hartmann, *Johann Andreas Eisenmenger und seine jüdischen Gegner, in geschichtlich literarischen Erörterungen kritisch beleuchtet*, Parchim: Verlag der D.E. Hinstorffschen Buchhandlung, 1834. – Bemerkenswert ist, daß Meelführer Eisenmengers

Während das „Jesus-im-Talmud"-Paradigma in der
frühen Neuzeit fast ausschließlich als unversiegbare
Quelle für antijüdische Ressentiments diente, erfuhr das
Thema im neunzehnten und zwanzigsten Jahrhundert
eine weit ernsthaftere und kritischere Zuwendung. Aus
dem reichen Schrifttum zum Thema seien einige Autoren
hervorgehoben:[10] Auf der Grundlage einer Edition und
umfangreichen Analyse der verschiedenen Textversionen
bot Samuel Krauss 1902 die erste wissenschaftliche Analyse von *Toledot Jeschu*, die bis heute die maßgebliche
Untersuchung zum Thema ist.[11] Ein Jahr später, 1903,
veröffentlichte Travers Herford sein *Christianity in Talmud and Midrash*,[12] das das Standardwerk zu Christentum und Jesus in den rabbinischen Quellen werden
sollte, besonders in der englischsprachigen Welt. Man
kann Herfords Zugang in jeder Hinsicht als maxima-
listisch bezeichnen: Nicht nur handeln die zahlreichen
Passagen, in denen die *minim* („Häretiker" im weitesten
Sinne) erwähnt werden, ausnahmslos von Christen, sondern er kommt auch zu dem Ergebnis, daß fast alle Passagen der rabbinischen Literatur, die auch nur entfernt
mit Jesus und seinem Leben in Verbindung gebracht

Buch kannte, obwohl es 1699 noch nicht veröffentlicht war. Er
erwähnt Eisenmenger als „unseren liebenswürdigsten Freund"
(*amicus noster suavissimus)* und bezieht sich auf dessen *Entdecktes Judenthum* als *Judaismus detectus* (S. 15).

[10] Eine ausführliche Zusammenfassung der Forschungsgeschichte kann hier nicht gegeben werden; siehe zu den Einzelheiten Maier, *Jesus von Nazareth*, S. 25ff.

[11] Samuel Krauss, *Das Leben Jesu nach jüdischen Quellen*,
Berlin: S. Calvary, 1902.

[12] London: Williams & Norgate, 1903 (Nachdruck New
York: Ktav, 1975).

werden können, sich tatsächlich auf Jesus beziehen. Die Tatsache, daß er bei der Beurteilung des Wertes der rabbinischen Quellen für die Rekonstruktion des *historischen* Jesus[13] sehr zurückhaltend ist, bewahrt ihn dennoch nicht vor diesem durchgehend maximalistischen und recht naiven Zugang.

Der erste Versuch, die einschlägigen rabbinischen Textpassagen zu Jesus und zum Christentum kritisch aufzuarbeiten und eine textkritische Edition mit Übersetzung anzubieten, wurde von dem christlichen Gelehrten Hermann L. Strack (derselbe Strack, der mit seiner berühmten *Einleitung in Talmud und Midrasch*[14] große Anerkennung erlangte) in seiner 1910 veröffentlichten Monographie *Jesus, die Häretiker und die Christen nach den ältesten jüdischen Angaben,*[15] unternommen. Sie war von einem nüchternen Grundtenor bestimmt, nicht

---

[13] Herford, *Christianity in Talmud and Midrash*, S. 344ff. (siehe v.a. S. 347: obwohl die talmudische Literatur sich durchaus auf den historischen Jesus bezieht, „ist es bemerkenswert, wie wenig der Talmud wirklich über Jesus sagt"); auch von Maier, *Jesus von Nazareth*, S. 28, hervorgehoben.

[14] Erstmals 1887 veröffentlicht; danach viele weitere Auflagen.

[15] Leipzig: J.C. Hinrichs'sche Buchhandlung, 1910. Heinrich Laible veröffentlichte fast zwanzig Jahre früher *Jesus Christus im Talmud*, Berlin: H. Reuther's Verlagsbuchhandlung, 1891, mit einem kurzen Vorwort von Strack. Im Innersten von der Überlegenheit des Christentums gegenüber dem Judentum überzeugt (aber nicht antisemitisch), präsentiert Laible eine thematisch strukturierte Abhandlung mit einer Fülle von kreativen und keineswegs nur absurden oder weit hergeholten Vorschlägen. Es ist offensichtlich, daß Maier (*Jesus von Nazareth*, S. 27f.) den nüchternen und zurückhaltenden Zugang Stracks dem Laibles vorzieht; dennoch sollte Laible nicht unterschätzt werden.

nur hinsichtlich des historischen Wertes der rabbinischen
Zeugnisse, sondern auch gegenüber der Anzahl der relevanten Textpassagen; und dies sollte die vorherrschende
Tendenz, besonders der deutschsprachigen Forschung,
werden.[16] Das erste bedeutende Buch über Jesus in hebräischer Sprache, 1922 von Joseph Klausner,[17] Professor
der Hebräischen Universität Jerusalem, veröffentlicht,
folgt in seiner Bewertung der Jesus-Passagen einer ähnlichen kritischen Einstellung: Die Textevidenz ist karg und
trägt nicht viel zu unserer Kenntnis des historischen Jesus
bei; vieles davon hat Legendencharakter und spiegelt den
jüdischen Versuch wider, christliche Ansprüche und Anklagen zu kontern. Dasselbe gilt für Morris Goldsteins
Jesus in the Jewish Tradition aus dem Jahre 1950[18] und

---

[16] Einen noch reduktionistischeren Zugang bietet Kurt
Hruby, *Die Stellung der jüdischen Gesetzeslehrer zur werdenden Kirche*, Zürich: Theologischer Verlag, 1971.

[17] Joseph Klausner, *Jeschu ha-Nozri* („Jesus von Nazareth"),
Jerusalem: Schtibl, 1922; in englischer Übersetzung *Jesus of
Nazareth: His Life, Times, and Teaching*, übers. von Herbert
Danby, New York: Macmillan, 1925. Der Artikel „Jesus von Nazareth" in *EJ* 9, 1932, Sp. 52–77, ist von Joseph Klausner verfaßt,
bezieht aber die rabbinischen Quellen nicht ein; diese werden in
einem kurzen und recht ausgewogenen Anhang (Sp. 77–79) aus
der Feder von Jehoschua Gutmann behandelt. Das populäre Je-
sus-Buch des israelischen Neutestamentlers David Flusser (*Jesus
in Selbstzeugnissen und Bilddokumenten*, Hamburg: Rohwolt,
1968) erwähnt die jüdischen Verweise auf Jesus nicht.
Interessanterweise ist der Artikel „Jesus" in *EJ* 10, 1971, Sp.
10–14, von Flusser verfaßt, aber der Appendix „In Talmud and
Midrash" (Sp. 14–17) von Klausner's Artikel in der *Encyclope-
dia Hebraica* (Bd. 9, 1959/60, Sp. 746–750) übersetzt.

[18] Morris Goldstein, *Jesus in the Jewish Tradition*, New
York: Macmillan, 1950.

für einen langen (und recht gewundenen) Essay von Jacob Lauterbach von 1951.[19]

Den Höhepunkt und jüngsten Beitrag der wissenschaftlichen Literatur über Jesus im Talmud bietet schließlich Johann Maiers 1978 erschienenes Werk *Jesus von Nazareth in der talmudischen Überlieferung.*[20] Dies ist in mancher Hinsicht ein erstaunliches, um nicht zu sagen irritierendes Buch. Es bietet die bisher umfassendste, peinlich gelehrte Abhandlung zum Thema. Maier hat sich durch die gesamte und sei es auch dem Thema nur entferntest verbundene Sekundärliteratur durchgearbeitet und überschüttet den Leser mit einer Unmenge kaum zu verkraftender Detailangaben darüber, wer was und wann geschrieben hat. Wichtiger noch, er hat sämtliche rabbinischen Quellen, die je irgendwie mit Jesus in Zusammenhang gebracht worden sind, unter jedem nur denkbaren Aspekt behandelt, wobei er viel Mühe darauf verwandte, nicht einfach zusammenhanglos hier und da aus dem Kontext gerissene Textstücke zu diskutieren, sondern immer die umfassende literarische Struktur, in der sie eingebettet sind,

---

[19] Jacob Z. Lauterbach, „Jesus in the Talmud", in *Rabbinic Essays*, Cincinnati: Hebrew Union College Press, 1951 (Nachdruck New York: Ktav, 1973), S. 473–570.

[20] Darmstadt: Wissenschaftliche Buchgesellschaft, 1978; ergänzt durch einen Folgeband: Johann Maier, *Jüdische Auseinandersetzung mit dem Christentum in der Antike*, Darmstadt: Wissenschaftliche Buchgesellschaft, 1982. Siehe zu Maiers *Jesus von Nazareth* die vernichtende Kritik von David Goldenberg, „Once more: Jesus in the Talmud", *JQR* 73, 1982, S. 78–86; vorsichtiger, aber nicht weniger entschieden ist William Horbury, *Jews and Christians in Controversy*, Edinburgh: T&T Clark, 1998, S. 19f., 104ff.

im Auge zu behalten. Dies ist zweifellos ein Riesenfort-
schritt im Vergleich zu den eher atomistischen Ansätzen
seiner Vorgänger. Aber er kommt zu einem hohen Preis.
Der Leser, der Maier durch seine endlosen und ver-
schlungenen – oft mit ausgefeilten Schautafeln angerei-
cherten – Analysen gefolgt ist, bleibt am Ende mit der
unbehaglichen Frage zurück: Wozu der ganze Aufwand?
Denn, was Maier letztlich anbietet, ist ein Übermaß an
gelehrtem Scharfsinn, der den aufmerksamen Leser nir-
gendwohin, oder, um es milder auszudrücken, zu der
frustrierenden Einsicht „viel Lärm um Nichts" führt.
Das Buch ist der Inbegriff einer minimalistischen Übung,
genau das Gegenstück zu Herford. Nach Maier bleibt so
gut wie nichts in der rabbinischen Literatur übrig, das
sinnvollerweise als Beleg für den Jesus des Neuen Testaments dienen könnte. Die Rabbinen hatten kein Interesse an Jesus, sie wußten nichts Verläßliches über ihn
und wenn sie auf etwas anspielten, so ist das im besten
Falle legendär, im schlimmsten Falle Unsinn, keiner
ernsthaften wissenschaftlichen Beachtung würdig – jedenfalls nicht, nachdem Maier nun endgültig und erfolgreich die „Evidenz" dekonstruiert hat.

Das formuliert Maier allerdings nicht mit diesen Worten. Tatsächlich ist es gar nicht so einfach herauszufinden, was er eigentlich selbst über das Ergebnis seiner
Unternehmung denkt. Offensichtlich möchte er sich
zwischen den, oder besser jenseits der, zwei Alternati-
ven, dem antijüdisch-christlichen und dem apologe-
tisch-jüdischen Ansatz, positionieren. Während ersterer
– emotionsgeladen – die theologische Wahrheit der neutestamentlichen Christologie zum Maßstab nimmt und
alles, was von dieser „Wahrheit" abweicht, verwirft, legt

sich letzterer – peinlich berührt von dem, was die Vorfahren sich ausgedacht haben könnten – stärkere Zurückhaltung auf und verlangt Mäßigung und Abstand. Natürlich weist Maier die christliche antijüdische Voreingenommenheit zurück und bevorzugt den jüdischen Zugang, weil er insgesamt „kritischer" und „skeptischer" und auch – im Sinne moderner kritischer Wissenschaft – eher dazu angetan ist, zwischen dem historischen Jesus und dem Jesus des christlichen Glaubens zu unterscheiden. Aber er mißbilligt dessen apologetische Tendenz, die antichristliche Polemik der jüdischen Quellen herunterzuspielen und läßt sich in diesem Kontext sogar zu der kühnen Frage hinreißen: Warum sollten die Juden sich nicht frei fühlen zu polemisieren, „da es heilige Kirchenväter und christliche Theologen auch getan haben und das noch dazu mit beträchtlichen politisch-sozialen Folgen?"[21] In der Tat, warum nicht? Diese Frage Maiers hätte Ausgangspunkt einer tiefergehenden Untersuchung des Themas werden können. Aber leider – diese und einige sehr seltene ähnliche Bemerkungen sind die einzigen „emotionalen Ausbrüche", die Maier sich erlaubt. Im Ganzen bleibt er der „objektive" und „rationale" Gelehrte, der mit seiner literarischen Dekonstruktion der Quellen sowohl christlichen Antisemitismus wie auch jüdische Apologetik überwunden hat.

Ist das nun das letzte Wort? Gibt es keine andere Option jenseits von christlichem Antijudaismus, jüdischer Apologetik und Maiers „wissenschaftlichem" Wegerklären des Textbefundes? Ich bin fest davon überzeugt, daß es sie gibt und beabsichtige, dies in den Kapiteln des

---

[21] *Jesus von Nazareth*, S. 34; vgl. auch S. 32.

vorliegenden Buches zu demonstrieren. Bevor wir in die
ausführliche Diskussion der relevanten Quellen eintre-
ten, möchte ich jedoch einige grundsätzliche Überlegungen vortragen, die mich durch diese Diskussion leiten
werden.

Da dies nicht nur ein Buch für Fachleute ist, möchte
ich zunächst erläutern, was ich mit der Erörterung von
Jesus im Talmud meine. Unter „Talmud" im weitesten
Sinne verstehe ich das gesamte Korpus der rabbinischen
Literatur, d.h. der Literatur, die uns die Rabbinen, die
selbsternannten Helden des klassischen Judentums vom
ersten bis siebten Jahrhundert christlicher Zeitrechnung, hinterlassen haben.[22] Diese Literatur umfaßt die
Mischna und die Tosefta (die frühe parallele Sammlung von Rechtsentscheiden, die um 200 bzw. im dritten Jahrhundert n. Chr. redigiert wurde), die Midraschim (die rabbinischen Kommentare zur Hebräischen
Bibel in ihren vielfältigen Ausformungen) und – im engeren und technischen Sinne des Wortes – den eigentlichen Talmud in seinen zwei Erscheinungsformen, dem
Jerusalemer oder palästinischen Talmud (in den rabbinischen Akademien Palästinas im fünften Jahrhundert
redigiert) sowie dem babylonischen Talmud (in den
rabbinischen Akademien Babyloniens im siebten Jahrhundert n. Chr. redigiert). Der spätere polemische
Traktat *Toledot Jeschu* ist in dieser Untersuchung nicht
berücksichtigt; ich hoffe aber, im Anschluß an diese
Arbeit nach Erstellung einer modernen Textedition

---

[22] Entsprechend benutze ich den Begriff „talmudische Literatur" synonym mit „rabbinischer Literatur".

samt Übersetzung auch das Verhältnis dieses Traktates zur talmudischen Evidenz weiter klären zu können.[23]

Ich folge der üblichen Unterscheidung zwischen den früheren tannaitischen Quellen (d.h. Quellen, die den Rabbinen des ersten und zweiten Jahrhunderts n. Chr. zugeschrieben werden) und den späteren amoräischen Quellen (d.h. solchen, die den Rabbinen vom dritten bis sechsten Jahrhundert zugeschrieben werden) in der relevanten talmudischen Literatur. Darüber hinaus halte ich es für sehr wichtig, ob eine bestimmte Tradition in palästinischen *und* babylonischen oder nur in babylonischen Quellen, d.h. ausschließlich im babylonischen Talmud, vorkommt. Indem ich das Buch Jesus im *Talmud* nenne, habe ich in erster Linie den babylonischen Talmud im Blick und möchte die bedeutsame Rolle hervorheben, die der babylonische Talmud und das babylonische Judentum gespielt haben.

Die von mir ausgesuchten Texte konzentrieren sich alle auf Jesus und seine Familie. Mit anderen Worten, ich erhebe keinen Anspruch darauf, das viel umfassendere Thema abzuhandeln, wie sich das Christentum als solches in der Literatur des rabbinischen Judentums niederschlägt. Man mag dagegen einwenden, daß ein Buch über „Jesus im Talmud" dieses Thema überhaupt nicht angemessen behandeln kann, ohne diesen weiteren Kontext von „Christentum" in all seiner Breite mit einzubeziehen. Bis zu einem gewissen Grad stimme ich dem zu (und begebe mich manchmal in der Tat in umfassendere

---

[23] Ich bin fest davon überzeugt, daß jede ernsthafte Wiederaufrollung dieser Frage bei einer neuen Auswertung des gesamten handschriftlichen Befunds und einer darauf basierenden literarischen Analyse des Textes ansetzen muß.

Fragestellungen); dennoch nehme ich das Risiko auf mich, mich hier auf einen sehr begrenzten Themenkreis zu beschränken, weil ich glaube, daß Jesus (und auch seine Familie) in unseren Quellen tatsächlich als eigenes Thema wahrgenommen wurde.

Anders als Maier und viele seiner Vorgänger gehe ich von der zugegebenermaßen naiven Annahme aus, daß die einschlägigen Quellen sich auf die Person Jesu beziehen, solange nicht das Gegenteil bewiesen ist. Damit schiebe ich die Beweislast denen zu, die die Gültigkeit der Jesus-Passagen ablehnen. Genauer, ich sehe absolut keinen Grund, warum die tannaitischen Jesus ben Pantera/Pandera („Jesus, Sohn des Pantera/Pandera")- und die Ben Stada („Sohn des Stada")-Passagen sich nicht auf Jesus beziehen sollten, und ich werde diesen Anspruch im folgenden rechtfertigen. Hier bin ich grundsätzlich anderer Meinung als Maier, der die Existenz authentischer tannaitischer Texte über Jesus entschieden ablehnt und sogar die amoräischen Texte alle der nachtalmudischen statt der talmudischen Periode zuordnet.[24]

Dazu bedarf es allerdings einer wichtigen Klarstellung. Die Tatsache, daß ich den Bezug der meisten relevanten Texte auf Jesus (und seine Familie, insbesondere seine Mutter) anerkenne, bedeutet keineswegs, daß ich sie als Quellen für den historischen Jesus verstehe. Denn nicht darum geht es. In meinen Augen ist es Maiers verhängnisvoller methodischer Fehler, daß er das Problem auf die Frage nach der Historizität der Quellen zuspitzt.

---

[24] Siehe seine Ergebnisse, *Jesus in der talmudischen Überlieferung*, S. 268ff. (besonders S. 273).

Die „authentischen" Jesus-Passagen siedelt er erst in der späten und vorzugsweise nachtalmudischen Zeit an, und somit können sie zum historischen Jesus nichts beitragen. Indem er Jesus auf diese Weise aus der eigentlichen rabbinischen Literatur eliminiert hat, ist für ihn das Problem gelöst. Was ihn – geradezu obsessiv – umtreibt, ist der historische Jesus. Darum liegt ihm so viel an der Unterscheidung der (meist) jüdischen Autoren zwischen dem historischen Jesus und dem Jesus des Glaubens (womit er natürlich der kritischen neutestamentlichen Forschung folgt). Der historische Jesus kommt in unseren rabbinischen Texten tatsächlich nicht vor; sie bieten keinerlei historisch zuverlässige Evidenz über ihn und ganz gewiß keine historischen „Fakten", die vom Neuen Testament abweichen und darum ernst zu nehmen sind. Für Maier ist die Sache damit abgeschlossen: Da die rabbinischen Quellen bei unserer Suche nach dem historischen Jesus nichts hergeben, verdienen sie auch keine weitere wissenschaftliche Beachtung.

Es stimmt, vieles in unserem Quellenmaterial zu Jesus ist relativ spät. Ich werde in der Tat darlegen, daß die aussagekräftigsten Jesus-Texte (jene, die von der Person Jesu handeln) erst im babylonischen Talmud vorkommen und frühestens um das Ende des dritten bzw. den Beginn des vierten Jahrhunderts n. Chr. zu datieren sind. Aber ich widerspreche Maier darin, daß dies schon das Ende der Geschichte ist. Ganz im Gegenteil. Ich behaupte, daß unsere Untersuchung hier erst wirklich anfängt. Aus meiner Sicht liegt der historische Wert darin, daß diese (vorwiegend) babylonischen Texte über Jesus und seine Familie sorgfältig formulierte und überaus fein gesponnene Gegenerzählungen zu den Geschichten

über Leben und Tod Jesu in den Evangelien darstellen –
Erzählungen, die eine eingehende Kenntnis des Neuen
Testamentes, insbesondere des Johannesevangeliums,
voraussetzen, die sie wahrscheinlich aus dem Diatessaron und/oder der Peschitta, dem Neuen Testament der
syrischen Kirche, bezogen.[25] Noch genauer argumen-
tiere ich – und damit folge ich früherer Forschung –, daß
es sich hier um polemische Gegenerzählungen handelt,
die die neutestamentlichen Geschichten parodieren,
ganz besonders die Geschichte von Jesu Geburt und
Tod. Sie machen sich über die Jungfrauengeburt lustig,
wie sie im Matthäus- und Lukasevangelium berichtet
wird, und sie weisen den Anspruch, daß Jesus der Messias und Gottes Sohn sei, leidenschaftlich zurück. Besonders bemerkenswert ist die Reaktion auf die Leidensgeschichte im Neuen Testament mit ihrer Botschaft von
der Schuld und Schande der Juden als Mörder Christi.
Sie stellen sie komplett auf den Kopf: Ja, behaupten sie,
wir übernehmen die Verantwortung, aber es gibt keinen
Grund, sich deswegen zu schämen, denn wir haben einen Gotteslästerer und Götzendiener rechtmäßig verurteilt. Jesus hat den Tod verdient, und er hat nur bekommen, was er verdient hat. Entsprechend untergraben sie

---

[25] Methodisch bin ich also nur an dem interessiert, was man
Wirkungsgeschichte der neutestamentlichen Berichte nennt, d.h.
daran, wie diese sich in den talmudischen Quellen widerspiegeln
und wie die Rabbinen sie gelesen und verstanden haben mögen.
Mit anderen Worten, ich setze mich nicht mit der komplexen
Frage der Historizität der neutestamentlichen Geschichten als
solcher auseinander und auch nicht mit dem potentiellen Beitrag
der rabbinischen Texte zur historischen Einschätzung der im
Neuen Testament überlieferten Ereignisse (wobei ich zustimme,
daß letzterer gleich null ist).

die christliche Idee von der Auferstehung Jesu, indem sie
Jesus auf ewig in der Hölle büßen lassen und klarstellen,
daß dieses Schicksal auch alle seine Anhänger erwartet,
die an diesen Betrüger glauben. Es gibt keine Auferstehung, insistieren sie, weder für ihn noch für seine Anhänger; anders gesagt, es gibt keinerlei Rechtfertigung
für diese christliche Sekte, die so unverschämt behauptet, der neue Bund zu sein und die dabei ist, sich als eine
neue Religion (nicht zuletzt als eine „Kirche" mit politischer Macht) zu etablieren.

Dies ist, so postuliere ich, die historische Aussage der
(späten) talmudischen Evidenz über Jesus. Eine stolze
und selbstsichere Botschaft, die allem widerspricht, was
wir von christlichen und späteren jüdischen Quellen
kennen. Ich werde aufzeigen, daß diese Botschaft nur
unter ganz bestimmten historischen Umständen im sassanidischen Babylonien möglich war, von einer jüdischen Gemeinschaft, die relativ frei lebte – jedenfalls den
Christen gegenüber –, ganz anders als im römischen und
byzantinischen Palästina, wo das Christentum sich zu
einer immer sichtbareren und politisch aggressiveren
Macht entwickelte. Das bedeutet nicht, daß die palästinischen Quellen keinerlei Kenntnis vom Christentum
und von Jesus hatten. Im Gegenteil, sie sind sich lebhaft
und schmerzlich der Ausbreitung des Christentums bewußt. Sie lehnen es nicht einfach ab oder ignorieren es
(in einer Art Freudschem Mechanismus von Ablehnung
und Verdrängung), wie oft vorgeschlagen wurde. Vielmehr nehmen sie die Existenz des Christentums zur
Kenntnis und treten in einen beachtlich intensiven Austausch mit ihm ein. Dennoch, Jesus als Person, sein Leben und sein Schicksal treten in den palästinischen Quel-

len viel weniger hervor. Darum plädiere ich dafür, daß es nicht so sehr um die Unterscheidung zwischen früheren und späteren rabbinischen Quellen geht als vielmehr um die Unterscheidung zwischen palästinischen und babylonischen Quellen, zwischen den beiden wichtigsten Zentren jüdischen Lebens in der Antike. Wie wir sehen werden, brachten die unterschiedlichen politischen und religiösen Bedingungen, unter denen die Juden lebten, sehr unterschiedliche Einstellungen gegenüber dem Christentum und seinem Gründer hervor.

Am Ende stellt sich die Frage, was für eine Art jüdische Gesellschaft es war, die auf diese besondere Weise mit Jesus und dem Christentum umging – stolz und selbstbewußt in Babylonien und so viel zurückhaltender in Palästina. Die Antwort ist einfach, aber vielleicht für einen Sozialhistoriker nicht sonderlich befriedigend: Es war zweifellos eine elitäre Gesellschaft der rabbinischen Akademien. Es waren Rabbinen und ihre Schüler, die diesen Diskurs hervorbrachten und ihn aufnahmen, nicht der gewöhnliche Jude, der zu den rabbinischen Überlegungen keinen Zugang hatte – wenngleich man die Möglichkeit nicht ausschließen darf, daß der rabbinische Diskurs auch in die Predigten in den Synagogen einging und darum auch den „gewöhnlichen Mann" erreichte. Aber das läßt sich nicht beweisen. Ferner muß nochmals betont werden, daß die Jesus-Passagen im Talmud der sprichwörtliche Tropfen im Wasser des Ozeans sind: weder quantitativ signifikant, noch zusammenhängend dargeboten, noch (in vielen Fällen) als ein eigenes Thema. Andererseits sind sie aber viel mehr als nur Fantasiegespinste oder vereinzelte Erinnerungssplitter. Angemessen analysiert und im Zusammenhang miteinander gelesen, sind sie das beeindruckende Zeugnis eines kühnen Diskurses mit der christlichen Gesellschaft, einer Interaktion zwischen Juden und Christen, die erstaunliche Unterschiede in Palästina und in Babylonien aufwies.

Die Kapitel dieses Buches folgen meiner Zusammenstellung der talmudischen Texte über Jesus nach thematischen Gesichtspunkten. Dies bedeutet, daß ich das jeweils dargebotene Textmaterial nach inhaltlichen Kategorien geordnet habe, um es in eine sinnvolle Struktur einzubinden und nicht als literarische Fragmente zu präsentieren. Obwohl ich dem Leser die Annahme einer kohärenten Jesus-Erzählung im Talmud nicht vorgeben will, möchte ich so doch auf einige thematische Schwerpunkte hinweisen, mit denen die Rabbinen sich in ihrer Auseinandersetzung mit Jesus beschäftigten. Das erste Kapitel („Die Familie Jesu") behandelt den ersten Eckstein der Jesus-Erzählung im Neuen Testament, seine Geburt von der Jungfrau Maria. Ich werde zeigen, daß die Rabbinen hier mit nur wenigen Worten eine eindringliche Gegenerzählung entwerfen, die die Grundlagen der christlichen Botschaft erschüttern soll: Nach ihrer Meinung ist Jesus nicht, wie seine Anhänger behaupten, von einer Jungfrau geboren, sondern unehelich, als Sohn einer Hure und deren Liebhaber und kann deswegen nicht der Messias aus dem Hause David sein und schon gar nicht der Sohn Gottes.

Die folgenden zwei Kapitel drehen sich um ein Thema, das den Rabbinen besonders wichtig war: die Beziehung zu ihren Schülern. Das Schlimmste, was der rabbinischen Elite zustoßen konnte, war ein schlechter Schüler – nicht nur für den armen Schüler, sondern auch für den

Rabbi, der für ihn verantwortlich war. Indem die Rabbinen Jesus als solch einen Schüler beurteilten, sprachen sie ihr härtestes Urteil über ihn aus. Und mehr noch, im Falle Jesu hat der Vorwurf, mit dem sie ihn konfrontieren, wie ich zeigen werde, auch noch klar erkennbare sexuelle Untertöne und unterstreicht damit den Verdacht einer zweifelhaften Herkunft (Kapitel 2). Dasselbe gilt für die Geschichte von Jesus, dem frivolen Schüler. Nicht nur gibt er sich lüsternen sexuellen Gedanken hin, sondern wird, als sein Rabbi ihn dafür rügt, ein Apostat und gründet einen neuen Kult. Die Botschaft ist, daß die neue christliche Sekte bzw. Religion durch einen gescheiterten und aufrührerischen rabbinischen Schüler entstanden ist (Kapitel 3).

Das nächste Kapitel („Der Toralehrer") handelt nicht direkt von Jesus, sondern von einem bekannten Rabbi (Elieser b. Hyrkanos) am Ende des ersten/Beginn des zweiten Jahrhunderts n. Chr., den die römische Regierung der Häresie anklagte. Die genaue Art der Häresie ist nicht vermerkt, aber ich werde argumentieren, daß hier in der Tat die christliche Häresie gemeint ist und daß R. Elieser sich dem Verdacht ausgesetzt hatte, eng mit einem Schüler Jesu in Verbindung zu stehen. Ich werde weiter zeigen, daß auch hier wieder sexuelle Vergehen hineinspielen, da der christliche Kult als ein Kult charakterisiert wurde, der seine Anhänger zu geheimen unzüchtigen und orgiastischen Ritualen verleitete. So wird R. Elieser der rabbinische „Doppelgänger" von Jesus, der sich in sexuellen Exzessen ergeht und dazu auch noch magische Praktiken ausübt. Die Rabbinen mußten ihn mit allen ihnen zur Verfügung stehenden Mitteln

(Exkommunikation) bekämpfen, weil er ihre Autorität im innersten Kern bedrohte.

Ähnliche Mechanismen sind in den Geschichten am Werk, die sich mit der magischen Heilkraft Jesu beschäftigen (Kapitel 5). In einer solchen Geschichte wird ein Rabbi von einer Schlange gebissen und möchte durch den Namen Jesu, der von einem Anhänger Jesu über seiner Wunde geflüstert wird, geheilt werden. Seine rabbinischen Kollegen lassen den christlichen Häretiker die Heilung nicht ausführen, und der arme Rabbi stirbt. In einer anderen Geschichte ist der Enkel eines berühmten Rabbi kurz davor, an einem verschluckten Gegenstand zu ersticken, überlebt aber, nachdem es einem christlichen Häretiker gelingt, den Namen Jesu über ihm zu flüstern. Sein Großvater aber, statt über die Rettung des Enkels erleichtert zu sein, verflucht den Häretiker und wünscht, daß sein Enkel besser gestorben wäre als durch den Namen Jesu geheilt zu werden. In beiden Fällen ist nicht die magische Kraft als solche das Problem (ganz im Gegenteil, die Wirksamkeit der magischen Kraft wird anerkannt, selbst wenn sie ein Häretiker im Namen Jesu ausgeübt hat); vielmehr, worum es geht, ist wieder die falsche magische Kraft: die magische Kraft, die mit der rabbinischen Autorität konkurriert, indem sie eine andere Autorität – Jesus und die christliche Gemeinde – heraufbeschwört.

Mit dem sechsten Kapitel („Die Hinrichtung Jesu") kehren wir wieder zum Schicksal der Person Jesu zurück. Hier – wieder nur im babylonischen Talmud – wird detailliert auf die Einzelheiten der halakhischen Prozedur während des Gerichtsverfahrens und bei der Hinrichtung eingegangen: Jesus ist nicht gekreuzigt,

sondern, nach jüdischem Recht, gesteinigt und dann,
als die schlimmste Bestrafung nach dem Tode, die nur
Schwerstverbrechern vorbehalten war, an einem Baum
aufgehängt worden. Dies geschah am Vorabend des
Passahfestes, der mit dem Sabbatbeginn (Freitagabend)
zusammenfiel. Der Grund der Hinrichtung war seine
Verurteilung wegen Zauberei und Anstiftung Israels
zum Götzendienst. Wie es das jüdische Recht verlangt,
verkündete ein Herold das Todesurteil öffentlich – um
so Zeugen, falls vorhanden, die Gelegenheit zu geben,
zugunsten des Verurteilten Zeugnis abzulegen –, aber
niemand kam zu seiner Verteidigung. Schließlich galt
er als römischen Regierungskreisen nahe stehend, aber
auch das half ihm nicht. Der von mir durchgeführte
Vergleich der rabbinischen Erzählung mit den Evangelien zeigt einige bemerkenswerte Übereinstimmungen
und Unterschiede: Unter den ersteren ist am auffälligsten, daß der Tag vor dem Passahfest der Tag der Gerichtsverhandlung und Hinrichtung ist (was mit dem
Johannesevangelium übereinstimmt) und unter den
letzteren, daß die Rabbinen hartnäckig darauf bestehen, daß Jesus nach jüdischem und nicht nach römischem Recht verurteilt und hingerichtet wurde. Ich in-
terpretiere dies als eine beabsichtigte „Fehllesung" des
Neuen Testaments mit dem Ziel, Jesus für das jüdische
Volk zu reklamieren und damit stolz zu bestätigen, daß
er zu Recht und nach geltendem Gesetz hingerichtet
wurde, weil er ein jüdischer Häretiker war.

In der Geschichte von Jesu fünf Schülern (Kapitel 7)
setzen sich solche Anklagen fort. Im Gegensatz zu den
müßigen Anstrengungen der meisten Forscher, hier ein
paar dunkle Reminiszenzen an die historischen Schüler

Jesu zu finden, lese ich die Geschichte als einen überaus subtilen Kampf mit biblischen Versen, einen Kampf zwischen den Rabbinen und ihren christlichen Widersachern, der den christlichen Anspruch zurückweisen will, Jesus sei der Messias und Sohn Gottes, er sei nach seinem schrecklichen Tod auferstanden, und dieser Tod sei der Höhepunkt des neuen Bundes. Diese Geschichte fügt also den übrigen fantastischen rabbinischen Berichten von Jesus nicht einfach noch eine weitere bizarre Facette hinzu, sondern sie ist, wie wir sehen werden, in Wahrheit ein ausgeklügelter theologischer Diskurs, der die Disputationen zwischen Juden und Christen im Mittelalter vorwegnimmt.

Von allen Geschichten die bizarrste ist die, in der beschrieben wird, wie Jesus seinen Platz in der Unterwelt mit Titus und Bileam, den notorischen Erbfeinden des jüdischen Volkes, teilt. Während Titus für die Zerstörung des Tempels dadurch bestraft wird, daß er zu Asche verbrennt, wieder eingesammelt und immer wieder neu verbrannt wird, und während Bileam dadurch gezüchtigt wird, daß er in heißem Sperma badet, ist es Jesus bestimmt, auf ewig in kochenden Exkrementen zu sitzen. Diese obszöne Geschichte hat die Forscher lange beschäftigt, ohne daß sie zu einem zufriedenstellenden Ergebnis kommen konnten. Mein Vorschlag ist, daß es sich hier wieder um eine gezielte, allerdings recht drastische Antwort auf einen im Neuen Testament erhobenen Anspruch handelt, nämlich Jesu Versprechen, daß wer sein Fleisch ißt und sein Blut trinkt, das ewige Leben gewinnen wird. So verstanden vermittelt die Geschichte eine ironische Botschaft: Nicht nur, daß Jesus *nicht* von den Toten auferstanden ist, er wird für ewig in der Hölle

sitzen; entsprechend sind seine Anhänger – die aufblü-
hende Kirche, die behauptet, das neue Israel zu sein –
nur ein Haufen von Dummköpfen, die sich durch einen
listigen Betrüger haben verführen lassen.

Das abschließende Kapitel („Jesus im Talmud") unter-
nimmt es, die diversen Fäden der Jesus-Erzählung in der
rabbinischen Literatur miteinander zu verbinden und in
eine historische Perspektive zu stellen. Nur wenn die
fruchtlose Suche nach Fragmenten mit Informationen
zum historischen Jesus, die sich im „Ozean des Talmuds"
verbergen, aufhört und die richtigen Fragen gestellt werden, die weder apologetischen noch polemischen oder
ähnlich gearteten Motivationen entspringen, können wir
die hinter unseren Quellen verborgene „historische Wahrheit" aufdecken: daß die rabbinischen Zeugnisse nämlich
literarische Antworten auf einen literarischen Text, das
Neue Testament, sind, die unter ganz konkreten historischen Bedingungen gegeben wurden. Ich werde die
Hauptthemen, die gleichsam die „Leitmotive" der Texte
bilden – Sex, Magie, Götzendienst, Blasphemie, Auferstehung und Eucharistie – wieder aufnehmen und sie in ihren zeitgeschichtlichen, literarischen wie auch historischen Kontext stellen.

Da eines der auffälligsten Ergebnisse meiner Analyse
die unterschiedliche Sichtweise der palästinischen und
der babylonischen Quellen ist, möchte ich zum Abschluß
der Frage nachgehen, warum wir die deutlichsten, radi-
kalsten und kühnsten Aussagen über das Leben und
Schicksal Jesu gerade im babylonischen und nicht im palästinischen Talmud antreffen. In der Beantwortung
dieser Frage werde ich versuchen, die historische Wirklichkeit von Juden und Christen im sassanidischen Reich

der Spätantike zu umreißen und der Situation der Juden, die in Palästina unter römischer und später christlicher Herrschaft lebten, gegenüberzustellen. Danach werde ich den Befund des Neuen Testamentes, wie er uns aus den rabbinischen Quellen entgegentritt, zusammenfassen und noch einmal der speziellen Frage nachgehen, warum das Johannesevangelium einen so prominenten Platz bei der rabbinischen Bezugnahme auf das Neue Testament einnimmt.

Das Problem der handschriftlichen Überlieferung des babylonischen Talmuds und das Phänomen der Zensur werden in einem Anhang erläutert.

Eine kurze technische Anmerkung zum Schluß: Die Übersetzungen der Hebräischen Bibel und der rabbinischen Texte sind meine eigenen. In der vorliegenden deutschen Fassung des Buches lehnen sich die Bibelzitate an die Einheitsübersetzung des Alten und Neuen Testamentes an (Stuttgart: Katholische Bibelanstalt, 1980). Ferner wurde die Übersetzung des babylonischen Talmuds von Lazarus Goldschmidt (Berlin: Jüdischer Verlag, 1964–1967) zu Rate gezogen. Alle Übersetzungen anderer Quellen sind in den jeweiligen Anmerkungen nachgewiesen. Ich danke Frau Mirjam Kudella, Tübingen, für die gründliche Durchsicht der Übersetzungen aus dem Griechischen und Lateinischen. In mehreren Fällen habe ich, ihren Verbesserungsvorschlägen folgend, die benutzten Übersetzungen stillschweigend modifiziert. Für den Jerusalemer und den babylonischen Talmud (in Hebräisch *ha-Talmud ha-Jeruschalmi* bzw. *ha-Talmud ha-Bavli*) verwende ich sowohl die deutschen Bezeichnungen als auch die hebräischen Abkürzungen Jeruschalmi bzw. Bavli.

1. Die Familie Jesu

Die rabbinische Literatur gibt so gut wie keine Auskunft über die Herkunft Jesu oder seinen Familienhintergrund. Die Rabbinen scheinen nicht zu wissen – oder es scheint ihnen unwichtig zu erwähnen –, was uns das Neue Testament berichtet: daß er der Sohn einer gewissen Maria und ihres Ehemannes (oder genauer: Verlobten) Joseph war, eines Zimmermanns aus der Stadt Nazareth, und daß er in Bethlehem, der Stadt Davids, geboren wurde und somit davidischer Herkunft war. Nur im babylonischen Talmud (Bavli) findet sich – und zwar in zwei fast identischen Versionen – eine merkwürdige Mitteilung, die wie ein schwaches und verzerrtes Echo der in den Evangelien überlieferten Berichte über die Eltern Jesu und seinen Familienhintergrund anmutet.[1] Da aber keine der beiden talmudischen Quellen den Namen „Jesus" nennt, sondern stattdessen die rätselhaften Namen „Ben Stada" und „Ben Pandera/Pantera" verwendet, ist die Bezugnahme auf Jesus stark umstritten. Ich werde im folgenden den Text des Bavli eingehend analysieren und zeigen, daß er sich tatsächlich auf den Jesus des Neuen Testaments bezieht und kein fernes und verzerrtes Echo des neutestamentlichen Berichts ist, sondern in Wirklichkeit – mit wenigen Worten und im typischen diskursiven Stil des Bavli – eine hoch ambitiöse und ver-

---

[1] b Schab 104b; b Sanh 67a.

nichtende Gegenerzählung zur Kindheitsgeschichte des
Neuen Testaments darstellt.

Die Version unserer Geschichte in Schabbat 104b ist
in eine Exposition des mischnischen Gesetzes eingebettet, wonach das Schreiben von zwei oder mehr Buchstaben als Arbeit angesehen wird und daher am Sabbat verboten ist (m Schab 12, 4). Die Mischna diskutiert alle
möglichen Materialien, die man zum Schreiben benutzen, sowie von Objekten, auf denen man schreiben
könnte, und legt fest, daß das Schreibverbot auch den
eigenen Körper als Objekt mit einbezieht. Daraus ergibt
sich die logische Frage: Wie steht es denn mit Tätowierungen?[2] Werden sie auch als Schreiben angesehen und
sind somit am Sabbat verboten?[3] Nach R. Elieser ist die
Antwort: ja (sie sind am Sabbat verboten), während R.
Jehoschua sie zuläßt (in der Tosefta-Parallele sind es die
Weisen).

Die Tosefta und beide Talmude, der babylonische und
der Jerusalemer Talmud (Jeruschalmi), führen diese
Mischna weiter aus. In der Tosefta antwortet R. Elieser
den Weisen: „Aber hat nicht Ben Satra nur auf diese
Weise *gelernt?*"[4] – mit anderen Worten, hat er die Tätowierungen auf seinem Körper nicht als Lernhilfe gebraucht (waren sie somit nicht eindeutig Buchstaben und

---

[2] Wörtlich: „einer der (ein Zeichen) in sein Fleisch einritzt/
sein Fleisch einschneidet (*ha-mesaret 'al besaro*)."

[3] Das Tätowieren des eigenen Körpers ist generell verboten,
auch wenn dies nicht am Sabbat geschieht. Es geht dem Talmud
hier somit nicht um die Frage dauerhafter Tätowierungen, sondern darum, ob Tätowieren eine Verletzung des Sabbats darstellt.

[4] t Schab 11, 15.

unterlagen damit dem Verbot, am Sabbat zu „schreiben")? Als ob dies nicht schon schlimm genug wäre, bringen die beiden Talmude eine noch schlimmere Erklärung, warum das Tätowieren des eigenen Körpers am Sabbat verboten ist, wenn sie Elieser fragen lassen: „Hat denn nicht Ben Stada Zauberei aus Ägypten gebracht durch Einritzungen/Tätowierungen (*biseritah*) in sein/auf seinem Fleisch?"[5] In allen drei Versionen wehren die Weisen R. Eliesers Einwand mit dem Gegenargument ab, Ben Satra/Stada[6] sei ein Narr gewesen und sie würden nicht zulassen, daß das Verhalten eines Narren die Frage der Einhaltung von Sabbatgeboten beeinflußt.

Dies ist der Zusammenhang, in dem der Talmud (b Schab 104b)[7] mit einer Erläuterung zum Familienhintergrund des rätselhaften „Narren" fortfährt. Der Text ist nur in den unzensierten Handschriften und Drucken des Bavli erhalten. Ich zitiere nach Ms. München 95 (1342 in Paris geschrieben) und gebe einige Abweichungen in den Anmerkungen:

---

[5] So die Version in b Schab 104b; j Schab 12, 4/3, fol. 13d: „Hat denn Ben Stada aus Ägypten nicht genau auf diese Weise (nämlich, indem er buchstabenähnliche Zeichen in Haut einritzte oder sie darauf schrieb) Zauberkraft mitgebracht?" D.h., der Jeruschalmi spricht nicht nur von Tätowierungen auf der eigenen Haut, sondern auf allen möglichen Arten von Haut.

[6] Die Ben Satra-Namensversion scheint ursprünglicher zu sein (zumindest hier), denn *Satra* ist offensichtlich ein Wortspiel mit *le-saret* – „einritzen, einschneiden".

[7] Die Parallele in b Sanh 67a ist fast identisch, erscheint aber in einem anderen Kontext, nämlich dem des *mesit*, d.i. die Person, die eine andere zum Götzendienst verführt (siehe unten, Kap. 6).

(War er) der Sohn von Stada[8] (und nicht ganz im Gegenteil)
der Sohn von Pandera?

Rav Chisda sagte: Der Ehemann (ba'al) war Stada, (und)
der Liebhaber (bo'el) war Pandera.

(Aber war nicht) der Ehemann (ba'al) Pappos ben Jehuda
und vielmehr seine Mutter Stada?[9]

---

[8] Interessanterweise nennen ihn/den Ehemann/seine Mutter
einige Handschriften (Ms. Oxford Opp. Add. fol. 23 in Schab
104b und Mss. Jad ha-Rav Herzog 1 und Karlsruhe Reuchlin 2
in Sanh 67a) sowie einige gedruckte Ausgaben (Soncino in Schab
104b und Barco in Sanh 67a) durchgehend „Stara" statt „Stada".
Das Wort *stara* kann auch *sitra* (wörtl. „Seite") vokalisiert werden, und *sitra* könnte ein Wortspiel mit *seritah*, den „Einritzun-
gen/Tätowierungen", durch die Ben Stada seine Zauberei aus
Ägypten mitgebracht hat, sein. Dagegen glaube ich kaum, daß
„Sitra" eine Anspielung auf den kabbalistischen, vor allem im
Zohar anzutreffenden Begriff *sitra achra*, die „andere Seite" des
Bösen, enthält. Die Karlsruher Handschrift (13. Jahrhundert)
dürfte für eine solche kabbalistische Interpretation der Jesusge-
schichte zu früh sein.

[9] *ela hu ela immo* in Ms. München ist eindeutig eine Dittographie; die anderen Mss. von Schab 104b lesen:

Ms. Oxford 23: „der Ehemann war dieser Pappos ben Jehuda,
und die Mutter war vielmehr Stada und sein Vater Pandera";

Ms. Vatikan 108: „der Ehemann [andere Lesung: der Liebha-
ber] war Pappos ben Jehuda, (und) seine Mutter war Stada [Zu-
satz: (und) er ist Jesus von Nazareth]";

Ms. Vatikan 487: nach dem Namen „Ben Siteda" fehlt die Fortsetzung;

Gedruckte Soncino-Ausgabe: „der Ehemann war Pappos ben
Jehuda und seine Mutter war Stada".

Die Mss. von Sanh 67a:

Ms. München 95: „der Ehemann war Pappos ben Jehuda, aber
sag vielmehr: Stada war seine Mutter";

Ms. Florenz II.I.8–9: „der Ehemann war Pappos ben Jehuda,
aber sag vielmehr: seine Mutter war Stada";

Seine Mutter war [Miriam],[10] (die Frau, die ihr) Frauen-[haar][11] lang wachsen ließ (*megadla [se'ar] neschajja*).[12]

[13]Dies ist, was man über sie[14] [Miriam] in Pumbeditha sagt: Diese ist abgewichen von (war untreu) ihrem Ehemann (*satat da mi-ba'alah*).

Ms. Karlsruhe (Reuchlin 2): „der Ehemann/Liebhaber war Pappos ben Jehuda, aber sag vielmehr: seine Mutter war Stada";

Ms. Jad ha-Rav Herzog 1: „der Ehemann war Pappos ben Jehuda, aber sag vielmehr: seine Mutter war Stada.

[10] „Miriam" in den meisten Handschriften und Druckausgaben, aber in Ms. München nur in Sanh 67a. – Einzig Ms. Vatikan 108 hat den sonderbaren Zusatz: seine Mutter war Miriam „und sein Vater (? *avoja/e* ?) Prinz/Nasi (? *nasi/nesija* ?)."

[11] *se'ar* – „Haar" fehlt in allen Handschriften und kommt nur im Wilnaer Druck vor. Siehe zu dieser Passage den aufschlußreichen Artikel von Burton L. Visotzky: „Mary Maudlin among the Rabbis", in ders., *Fathers of the World: Essays in Rabbinic and Patristic Literatures*, Tübingen: J.C.B. Mohr (Paul Siebeck), 1995, S. 85–92. Visotzky vergleicht darin unsere Passage mit der in b Chag 4b (siehe unten, Anm. 19) und argumentiert, daß *se'ar* durch Raschis Erklärung in die aschkenasischen Talmudausgaben gelangt ist und die „ursprüngliche" Version nur *megadla neshajja*, wörtl. „Erzieherin von Frauen" war. Was immer dieser sonderbaren Ausdruck bedeuten mag, Visotzky schlägt vor, daß hier eine Verwechslung oder eher ein wohl überlegtes Wortspiel zu Maria Magdalena und Maria, Jesu Mutter, vorliegt (siehe auch unten, Anm. 22).

[12] Oder „Miriam, die Frauen[haar] flechtet" (vgl. Michael Sokoloff, *A Dictionary of Jewish Babylonian Aramaic of the Talmudic and Gaonic Periods*, Ramat-Gan: Bar Ilan University Press, 2002, s.v. *gedal* # 2). In Ms. Jad ha-Rav Herzog ist der ganze Ausdruck vokalisiert.

[13] Das vorausgehende *ela* in Ms. München 95 (nur Schab 104b) ist wiederum eine Dittographie.

[14] „Über sie" nur in Ms. München Schab 104b.

Hier haben wir einen für den Bavli typischen Diskurs vor uns, der den Widerspruch zwischen zwei Überlieferungen aufklären will: Nach der einen Überlieferung wird der Narr bzw. Zauberer als „Sohn von Stada", nach der anderen aber als „Sohn von Pandera" bezeichnet.[15] Welcher ist denn nun der richtige Name?[16] Anders gesagt, der Talmud setzt sich mit dem Problem auseinander, daß ein und dieselbe Person mit zwei verschiedenen Namen benannt wird und nicht damit, wer diese Person ist (die Antwort auf diese letztere Frage ist offensichtlich vorausgesetzt: Jedermann scheint sie zu kennen). Zwei verschiedene Antworten werden gegeben:

Zunächst schlägt Rav Chisda (ein babylonischer Amoräer der dritten Generation und ein bedeutender Lehrer der Akademie von Sura, der 309 n. Chr. starb) vor, daß die fragliche Person, wie es aussieht, zwei „Väter" hatte, weil seine Mutter einen Ehemann und einen Liebhaber hatte,[17] und daß er „Sohn von Stada" hieß, wenn der Ehemann gemeint war und „Sohn von Pandera", wenn von dem Liebhaber die Rede war. Dagegen bringt ein anonymer Autor die folgende Lösung vor: Nein, argumentiert er, der Ehemann seiner Mutter war nicht irgendein „Stada", sondern Pappos b. Jehuda, ein palästinischer Gelehrter (nicht als Weiser dargestellt und auch ohne den Titel „Rabbi") aus der ersten Hälfte des zweiten Jahrhunderts n. Chr., und es war in Wirk-

---

[15] Zu den Variationen des letzteren Namens siehe unten.

[16] Ich verstehe den ersten Satz als eine Frage und nicht als eine Feststellung, die das Ergebnis der nachfolgenden Klärung vorwegnimmt.

[17] Durch das schöne hebräische Wortspiel von *ba'al* und *bo'el*.

lichkeit seine Mutter, die „Stada" hieß.[18] Wenn das zutrifft, so fährt der letzte Abschnitt dieses Minidiskurses
im Bavli fort, müssen wir diesen sonderbaren Namen
„Stada" für seine Mutter aufklären. Die Antwort: Der
wahre Name seiner Mutter war Miriam, und „Stada" ist
nur ein Beiname, der sich von der hebräischen/aramä-
ischen Wurzel *satah/sete'* – „vom rechten Pfad abweichen, in die Irre gehen, untreu werden" – herleitet. Mit
anderen Worten, seine Mutter Miriam hieß zusätzlich
„Stada", weil sie ein *sotah* war, eine Frau, die man des
Ehebruchs verdächtigte (oder eher überführte). Diese
anonyme Erklärung ist in Pumbeditha, Suras Rivalin
unter den babylonischen Akademien, zu verorten.

Beide Erklärungen setzen offensichtlich voraus, die
Mutter unserer Hauptperson habe sowohl einen Ehemann wie auch einen Liebhaber gehabt; worin sie ver-
schiedener Meinung sind, ist lediglich der Name des
Ehemanns (Stada gegenüber Pappos b. Jehuda). Den
Namen Pandera für den Liebhaber nennt nur Rav
Chisda ausdrücklich; er scheint aber in der Erklärung
aus Pumbeditha ebenfalls akzeptiert zu sein, denn diese
setzt den Ehebruch der Mutter voraus und schlägt keinen anderen Namen für den Liebhaber vor. Die Identifizierung von Pappos b. Jehuda als Ehemann ist von einer anderen, im Namen R. Meirs überlieferten Geschichte im Bavli hergeleitet, wonach Pappos b. Jehuda,
wenn er das Haus verließ, seine Frau im Hause einzu-
schließen pflegte – offenbar, weil er allen Grund hatte,

---

[18] Die Folge, daß der Name „ben Stada" dann ein Matronym
wäre und nicht, wie üblich, ein Patronym, scheint die Rabbinen
von Pumbeditha nicht gestört zu haben.

an ihrer Treue zu zweifeln (b Git 90a). Dieses Verhalten
Pappos b. Jehudas wird recht drastisch mit einem Mann
verglichen, der, wenn eine Fliege in seinen Becher fällt,
den Becher wegstellt und nicht mehr daraus trinkt;
d.h., Pappos b. Jehuda schließt seine Frau nicht nur ein,
damit sie nicht mehr auf Abwege gerät, er pflegt auch
keinen sexuellen Verkehr mehr mit ihr, weil sie ihm ver-
dächtig geworden ist.

Den schlechten Ruf der Mutter unserer Hauptfigur
bekräftigt die Aussage, sie habe ihr Haar sehr lang wachsen lassen. Was immer die sonderbare Wendung[19] bedeutet, der Kontext in Schabbat 104b/Sanhedrin 67a
legt eindeutig nahe, daß Miriams langes und anscheinend offenes Haar typisch für ihr unziemliches Auftreten war. Eine andere Talmud-Passage (Er 100b) be-
schreibt den Inbegriff einer „schlechten Frau" folgendermaßen: „Sie läßt ihr Haar lang wachsen wie Lilith
(*megaddelet se'ar ke-Lilit*),[20] sie hockt wie ein Tier,
wenn sie Wasser läßt, und sie dient dem Mann als Pol-
ster." In Gittin geht die Geschichte ähnlich weiter: „Der
ist ein schlechter Mann, der seine Frau mit offenem
Haar[21] und mit unbedeckten Achselhöhlen zum Tuch-
spinnen auf die Straße und mit (anderen) Leuten baden
läßt". So einer, ist die Folgerung, sollte seiner Frau sofort
die Scheidung geben und nicht weiter mit ihr unter ei-

---

[19] Die einzige direkte Parallele ist b Chag 4b, wo der Todes-
engel versehentlich Miriam, „die Kinderschwester" (*megadla
dardaqe*) statt der langhaarigen Miriam (*megadla se'ar neschajja*) holt.

[20] Lilith ist die berüchtigte Dämonin, die Männer verführt
und schwangere Frauen in Gefahr bringt.

[21] *roschah paru'a* – „barhäuptig".

nem Dach leben und sexuell mit ihr verkehren. Eine
Frau, die barhäuptig und mit langem Haar in der Öffentlichkeit auftritt, so scheint hier vorausgesetzt, ist
auch zu allen möglichen anderen Freizügigkeiten fähig
und verdient darum, geschieden zu werden.[22]

Wenn der Bavli es als erwiesen ansieht, daß die Mutter unseres Helden eine Ehebrecherin war, dann folgt
daraus zwingend, daß Jesus ein *mamser*, ein Bastard
oder uneheliches Kind, war. Um als *mamser* eingestuft
zu werden, war es unerheblich, ob der biologische Vater
tatsächlich der Liebhaber der Mutter und nicht ihr lega-
ler Ehemann war – die Tatsache allein, daß sie einen
Liebhaber hatte, machte den rechtlichen Status des Kindes fragwürdig. Von hier erklärt sich der wechselnde
Gebrauch von Ben Stada und Ben Pandera. Aber dessen
ungeachtet scheint der Talmud überzeugt zu sein, daß
Jesu wahrer Vater Pandera, der Liebhaber seiner Mutter,
war,[23] daß er also als ein Bastard im vollen Sinne des
Wortes gelten muß.

Auf der Suche nach Belegen außerhalb des rabbinischen Korpus haben Forscher lange auf eine Parallelstelle in der polemischen Abhandlung *Alethês Logos*
verwiesen, die von dem heidnischen Philosophen Kelsos

---

[22] Es kann sogar sein, daß der Talmud die beiden bekanntesten Marien des Neuen Testamentes zusammenwirft: Maria,
Jesu Mutter, und Maria von Magdala (Magdalena), eine von Jesu
weiblichen Anhängern. Auch die „Sünderin" in Lukas (7, 36–50),
die später als Maria Magdalena identifiziert wurde (siehe dazu
unten) und Jesu Füße mit ihren Haaren trocknete, muß sehr langes Haar gehabt haben.

[23] Das geht klar aus Ms. Oxford Opp. Add. fol. 23 (366) hervor: „Der Ehemann war dieser Pappos ben Jehuda, seine Mutter
war vielmehr Stada und sein Vater Pandera."

in der zweiten Hälfte des zweiten Jahrhunderts n. Chr. verfaßt wurde.[24] Das Werk ist nur in Zitaten in *Contra Celsum* erhalten, der Antwort des Kirchenvaters Origenes (ca. 231–233 n. Chr. geschrieben). Kelsos präsentiert darin einen Juden,[25] der mit Jesus selbst ein Gespräch führt und ihm vorwirft, „daß er sich fälschlich als den Sohn einer Jungfrau ausgegeben habe". In Wirklichkeit, so argumentiert der Jude,

stamme er [Jesus] aus einem jüdischen Dorf von einer armen Landfrau, die ihren Lebensunterhalt als Spinnerin verdiente. Er [der Jude] sagt dann, daß sie zudem von ihrem Manne, der seines Zeichens ein Zimmermann gewesen, verstoßen worden sei, als des Ehebruchs schuldig. Weiter bringt er vor, von ihrem Ehemann verstoßen und unstet und ehrlos im Lande umherirrend, habe sie den Jesus heimlich geboren. Dieser habe aus Armut sich nach Ägypten als Tagelöhner verdungen und dort sich an gewissen Zauberkräften versucht, auf die die Ägypter stolz seien; er sei dann zurückgekehrt und habe sich viel auf diese Kräfte eingebildet und sich ihretwegen öffentlich als Gott erklärt.[26]

---

[24] Genauer während der Herrschaft von Marcus Aurelius (161–180 n. Chr.); vgl. John Granger Cook, *The Interpretation of the Old Testament in Greco-Roman Paganism*, Tübingen: Mohr Siebeck, 2004, S. 55 mit Anm. 1.

[25] Dieser „Jude" ist ein wichtiges Bindeglied zwischen den Evangelienüberlieferungen, dem Talmud und den späteren *Toledot Jeschu*, und die von ihm präsentierten Traditionen sind deutlich älter als die sechziger und siebziger Jahre des zweiten nachchristlichen Jahrhunderts.

[26] Or.Cels., I, 28 (Paul Koetschau, Übers., *Origenes: Acht Bücher gegen Celsus*, Bibliothek der Kirchenväter, 1. Reihe, Bd. 52 und 53, München: Kösel, 1926).

In einem anderen Zitat wiederholt Kelsos diese Beschuldigungen aus dem Mund eines Juden und teilt sogar den Namen von Jesu Vater mit:

Doch wir wollen uns nun wieder zu den Worten zurückwenden, die Kelsos den Juden sagen läßt, zu der Behauptung nämlich, die Mutter Jesu sei von dem Zimmermann, mit dem sie verlobt war, verstoßen worden, weil sie des Ehebruchs überführt worden sei und von einem Soldaten namens Panthera (*Panthêra*) [ein Kind] geboren habe.[27]

Dieser Bericht stimmt in Vielem mit dem kurzen Diskurs des Talmuds überein: Die Hauptfigur ist der Sohn einer Ehebrecherin; er kam aus Ägypten mit Zauberkünsten zurück und, am wichtigsten, der Name des Liebhabers der Mutter (sein Vater) war Panthera. Der einzige Unterschied zwischen den Versionen im Talmud und bei Kelsos ist, daß Kelsos es deutlich ausspricht, daß das Kind der armen jüdischen Ehebrecherin und des Soldaten Panthera eben jener Jesus war, den die Christen als ihren Glaubensgründer ansehen, während sich der Talmud über den Namen des Kindes ausschweigt.[28] Dies ist jedoch kein wirkliches Problem, denn dem Talmud geht es, wie wir gesehen haben, gar nicht um die Identität des Kindes, sondern um das merkwürdige Phänomen, daß sein Vater zwei verschiedene Namen hat. Außerdem erwähnen auch einige rabbinische Quellen Jesus als Sohn

---

[27] Ebenda, I, 32; vgl. auch Eusebius, *Eclogae propheticae*, III, 10 (*Eusebii Pamphili Episcopi Caesariensis Eclogae Propheticae*, hrsg. von. Thomas Gaisford, Oxford 1842, S. 11): Die Juden bringen bösartig vor, daß Jesus „einen Panther (*ek panthêros*) zum Vater hatte".

[28] Einzig Ms. Vatikan 108 identifiziert das Kind als „Jesus von Nazareth" (siehe oben, Anm. 9).

des Pandera;[29] man kann also getrost davon ausgehen, daß der Talmud die Kenntnis seiner Identität voraussetzt. Die Pointe dieser Zuschreibung liegt dann natürlich darin, daß Jesus durch seinen Vater Panthera/Pandera nicht nur ein Bastard, sondern sogar der Sohn eines Nichtjuden wird.[30]

Diese Übereinstimmungen lassen es sehr wahrscheinlich erscheinen, daß der Talmud und Kelsos aus gemeinsamen (vermutlich jüdischen) Quellen schöpfen, die berichten, daß Jesus von Nazareth ein Bastard war, weil seine Mutter eine Ehebrecherin (Miriam)[31] und sein Vater deren Liebhaber (Pandera/Panthera) war. Manche Forscher, allen voran Johann Maier, möchten aus der Tatsache, daß der Name Panthera in lateinischen Inschriften relativ häufig vorkommt[32] und die Schreibung seiner Entsprechung in den hebräischen Quellen stark

---

[29] t Chul 2, 22 (j Schab 14, 4, fol. 14d; j AS 2, 2, fol. 40d); t Chul 2, 24; siehe unten, S. 85, 109, 123.

[30] Von daher nimmt es kaum Wunder, daß Ernst Haeckel in seinem berüchtigten Buch *Die Welträthsel* Jesu nichtjüdischen Vater als „Beweis" dafür anführt, daß er nicht „rein" jüdisch war, sondern zum Teil aus der „überlegenen arischen Rasse" hervorging (Ernst Haeckel, *Die Welträthsel. Gemeinverständliche Studien über Monistische Philosophie*, Bonn: Emil Strauß, [9]1899, S. 379).

[31] Ein anderer beinahe gleichzeitiger Autor, der christliche Theologe Tertullian (Ende zweites und frühes drittes Jahrhundert n. Chr.) nennt Jesus „den Sohn des Zimmermanns und der Dirne (*quaestuaria*)": Tert.spec., 30,6 (Heinrich Kellner, Übers., „Über die Schauspiele [De spectaculis]", in *Private und katechetische Schriften*, Bibliothek der Kirchenväter, 1. Reihe, Bd. 7, Kempten und München: Kösel, 1912), siehe unten, S. 225f.

[32] Adolf Deissmann, „Der Name Panthera", in *Orientalische Studien Th. Nöldeke zum Siebzigsten Geburtstag*, Bd. 2, Gießen:

variiert, schließen, daß es einen anderen Jesus mit dem
Patronym Panthera/Pandera/Pantiri (oder ähnlichen
Schreibungen) gegeben haben muß, der nicht auf den einen und einzigen Jesus von Nazareth bezogen werden
kann und sollte.[33] Wenn eine solche Möglichkeit auch
nicht völlig auszuschließen ist, scheint sie doch wenig
wahrscheinlich. Die verschiedenen Versionen des Namens Panthera etc. sind immer noch ähnlich genug, um
auf ein und dieselbe Person bezogen zu werden, und um
diesen Bezug herzustellen, muß man nicht unbedingt all
die abweichenden Formen des Namens *philologisch* auf
eine Urform (Panthera) zurückführen.[34] Schließlich
aber, und dies scheint mir noch wichtiger, ist der Name
in Hebräisch und Aramäisch überhaupt nicht üblich,
und diese Tatsache macht an sich schon den Zusammenhang mit Kelsos' Panthera sehr plausibel.

Der Jude in Kelsos' Bericht vom späten zweiten Jahrhundert n. Chr. und der babylonische Talmud mit seiner
wohl aus dem frühen vierten Jahrhundert n. Chr. stam-
menden Überlieferung beziehen sich beide auf dieselbe
polemisierende Gegenerzählung zu Jesu Familienhintergrund, die den neutestamentliche Bericht von der Geburt Jesu in ihr Gegenteil verkehrt. Die folgenden Mo-
tive sind dabei charakteristisch:

1. Jesus kehrt als Zauberer aus Ägypten zurück. Im
Neuen Testament fliehen Jesu Eltern Maria und Joseph
mit dem neugeborenen Kind nach Ägypten, weil König
Herodes droht, das Kind zu töten (Mt 2, 13ff.). Herodes

A. Töpelmann, 1906, S. 871–875; ders., *Licht vom Osten*, Tübingen: J.C.B. Mohr (P. Siebeck) [4]1923, S. 57.
[33] Maier, *Jesus von Nazareth*, S. 243, 264ff.
[34] Dies scheint Maier, ebenda, S. 265, vorzuschlagen.

hatte durch die „Magier", die aus dem Osten kamen, um
Jesus als dem neugeborenen König der Juden zu huldigen
(Mt 2, 2), von ihm erfahren. Ägypten galt in der Antike
als das klassische Land der Magie,[35] und Jesus ist sowohl im Neuen Testament[36] als auch in rabbinischen
Quellen[37] als mit übernatürlichen Kräften (Wunderheilung, Befehlsgewalt über die Dämonen usw.) begabt beschrieben. Wenn Jesus also in herabsetzender Weise als
Zauberer bezeichnet wird, ist darin eine Umkehrung des
Neuen Testaments zu sehen, das ihn (positiv) mit „Magiern", mit Ägypten und mit Wunderheilung in Verbindung bringt.

2. Kelsos schildert die Eltern Jesu als arme Leute:
Sein Vater war ein Zimmermann und seine Mutter eine
arme Landfrau, die ihren Lebensunterhalt mit Spinnen
verdiente. Das Neue Testament berichtet nichts über
Marias Familienhintergrund, aber es erwähnt aus-

---

[35] Eine Tradition, die offenbar mit den ägyptischen Zaube-
rern, die mit Moses konkurrierten (Ex 7–12) beginnt. Zur anti-
ken ägyptischen Magie siehe Jan Assmann, „Magic and Theology in Ancient Egypt", in *Envisioning Magic: A Princeton Seminar and Symposium*, hrsg. von Peter Schäfer und Hans G.
Kippenberg, Leiden-New York-Köln: Brill, 1997, S. 1–18. Den
Inbegriff der synkretistischen, griechisch-ägyptischen Zauberei
stellen die magischen Papyri aus Ägypten dar; siehe *The Greek
Magical Papyri in Translation: Including the Demotic Spells*,
hrsg. von Hans Dieter Betz, Chicago und London: University of
Chicago Press, 1986, und seine Einleitung, S. XLIVff. Zur Einstellung des Talmuds zur ägyptischen Magie siehe b Qid 49b:
„Zehn Kab [Raummaß] Zauberei (*keschafim*) kamen in die Welt
herab: neun nahm sich Ägypten und eins der Rest der Welt."
[36] Vgl. Morton Smith, *Jesus the Magician*, San Francisco etc.:
Harper & Row, 1978, bes. S. 21–44.
[37] Siehe unten, Kapitel 5.

drücklich, daß Joseph, ihr Verlobter, ein Zimmermann war (Mt 13, 55).[38] Der Talmud äußert sich nicht über die Verhältnisse seiner Eltern – es sei denn, man will in dem sonderbaren Epithet *megadla neschajja* für seine Mutter nicht eine Anspielung auf ihr langes Haar, sondern auf ihren Beruf als Handwerkerin sehen (das aramäische Wort *megadla* kann sowohl „flechten" wie auch „weben" heißen).

3. Das stärkste Argument gegen den Bericht der Evangelisten ist selbstverständlich die Behauptung der illegitimen Geburt Jesu von einer ehebrecherischen Mutter und irgendeinem unbedeutenden Liebhaber. Es wehrt den Anspruch der vornehmen Abstammung Jesu aus dem Hause David ab, auf den das Neue Testament so viel Wert legt: Matthäus fängt mit seiner Herkunft an (Mt 1, 1), die direkt auf David zurückgeht, und nennt Jesus, ebenso wie seinen „Vater" Joseph, „Sohn Davids" (Mt 1, 1. 20; vgl. Lk 1, 27; 2, 4); er ist in Bethlehem, der Stadt Davids (Mt 2, 5f.; vgl. Lk 2, 4) geboren und somit der davidische Messias (Mt 2, 6; Lk 2, 11). Nein, argumentiert die jüdische Gegenerzählung, das ist alles Unsinn; er ist mitnichten vornehmer Herkunft. Sein Vater stammte keineswegs aus dem Hause David, sondern war der völlig unbekannte Panthera/Pandera (nach Kelsos nur ein römischer Söldner, d.h. ein Nichtjude und Angehöriger des verhaßten römischen Reiches, das die Juden so sichtbar und so furchtbar unterdrückte).

Und viel schlimmer noch greift die Gegenerzählung, indem sie Jesus als Bastard bezeichnet, die Widersprü-

---

[38] In Mk 6, 3 wird *Jesus* als Zimmermann bezeichnet.

che über die Herkunft Jesu innerhalb der neutestamentlichen Geschichte auf und macht sich über die Behauptung der Geburt von einer Jungfrau (Parthenogenese)
lustig. Das Neue Testament selbst bleibt auffallend unbestimmt, was diese Behauptung betrifft. Nachdem
Matthäus Jesu Stammbaum von Abraham bis hinab zu
Joseph etabliert hat, schließt er mit Jakob ab, „dem Vater Josephs, der der Ehemann[39] von Maria war, von der
Jesus geboren wurde, der Messias genannt wird" (Mt 1,
16). Es ist völlig klar: Jesus ist der Sohn des Paares Joseph und Maria, und die davidische Abstammung geht
über seinen Vater Joseph, nicht über seine Mutter. Nur
unter dieser Voraussetzung, daß Joseph sein richtiger
Vater war, ist die Betonung seines Familienstammbau-
mes sinnvoll.[40] Aber nach dieser dramatischen Einführung offenbart Matthäus plötzlich, daß Maria mit Joseph nicht verheiratet, sondern ihm nur anverlobt war
und daß sie ein Kind erwartete, noch bevor sie ihm recht-
lich angetraut war (1, 18). Diese Entdeckung beunru-
higte Joseph,[41] der ein rechtschaffener Mann war und
sie fortschicken wollte (1, 19) – aber im Traum wurde
ihm offenbart, daß ihr Kind „vom Heiligen Geist" war
(1, 20). Nachdem er vom Traum erwachte, machte er

---

[39] Griechisch *ton andra*, wörtl. „der Mann", kann in diesem
Kontext nur „der Ehemann" bedeuten.

[40] Der Evangelist Markus, der über die Geburt Jesu nichts berichtet, erwähnt nur en passant, daß er Brüder und Schwestern
hat, d.h. einer ganz „normalen" Familie angehört (Mk 6, 3).

[41] Der wieder anachronistisch als „ihr Ehemann" bezeichnet
wird (1, 19).

Maria zu seiner rechtmäßigen Ehefrau und erkannte ihren Sohn an (1, 24f.).[42]

Die jüdische Gegenerzählung weist auf die Unstimmigkeiten in Matthäus' Geburtsgeschichte hin. Sie hält sich nicht bei den rechtlichen Feinheiten von Verlöbnis und Ehebund auf, sondern behauptet einfach, daß Joseph und Maria verheiratet, nicht nur verlobt waren. Die aus ihrer Sicht bizarre Idee, den Heiligen Geist hier ins Spiel zu bringen und zum Vater von Marias Kind zu machen, sieht sie lediglich als Versuch, die Wahrheit zu verdecken, daß nämlich Maria, Josephs angetraute Ehefrau, einen heimlichen Liebhaber hatte und ihr Kind somit ein ganz gewöhnlicher Bastard war. Josephs Verdacht, ganz gleich, ob er nun Marias Ehemann oder Anverlobter war, sei völlig berechtigt gewesen: Maria war ihm untreu geworden. Er hätte sie, wie nach jüdischem Recht üblich, sofort wegschicken sollen.

Diese gewagte Gegenerzählung erschüttert die Grundlagen der christlichen Botschaft. Sie ist nicht einfach eine boshafte Entstellung der Geburtsgeschichte (solche moralisierenden Kategorien sind hier ganz unangebracht); vielmehr geht es ihr darum, die ganze Idee der davidischen Abstammung Jesu, seinen Anspruch, der Messias

---

[42] Martin Hengel hat mich darauf hingewiesen, daß Matthäus sehr stark Joseph hervorhebt, während Lukas Maria in den Mittelpunkt stellt. Wenn wir die Datierung von Matthäus ca. 15–20 Jahre später als Lukas ansetzen, also zwischen 90 bis 100 n. Chr. (vgl. Hans-Jürgen Becker, *Auf der Kathedra des Mose. Rabbinisch-theologisches Denken und antirabbinische Polemik in Matthäus 23, 1–12*, Berlin: Institut Kirche und Judentum, 1990, S. 30 mit Anm. 155), könnte man in Matthäus' Geburtsbericht eine Antwort auf jüdische Anwürfe gegen die zweifelhafte Herkunft Jesu erkennen.

und schließlich sogar der Sohn Gottes zu sein, als Betrug zu erklären. Seine Mutter, sein angeblicher Vater (insofern er sich dazu hergibt, die Wahrheit zu vertuschen), sein wirklicher Vater und nicht zuletzt Jesus selbst (der selbsternannte Zauberer), sie alle sind Betrüger, die das jüdische Volk getäuscht haben und es verdienen, entlarvt zu werden, indem man sich über sie lustig macht und somit neutralisiert. Besonders hervorzuheben ist, daß dieses Gegen-Evangelium in nuce in den rabbinischen Quellen ausschließlich im babylonischen Talmud überliefert ist,[43] und selbst da nur ganz beiläufig.

Ich möchte dieses Kapitel mit einer weiteren Geschichte aus dem babylonischen Talmud (und wieder nur hier überliefert) beschließen, die man ebenfalls als eine Parodie auf die Jungfrauengeburt Jesu lesen kann. Sie ist Teil einer langen Disputation zwischen „dem" notorischen römischen Kaiser und R. Jehoschua b. Chananja,[44] in deren Verlauf R. Jehoschua nach Athen reist, um die griechischen Weisen zu treffen. R. Jehoschua und die Athener geraten in einen langen Wettstreit mit dem Ziel herauszufinden, wer von beiden klüger ist, die griechischen Weisen oder der Rabbi. Aufgefordert, ihnen ein paar erfundene Geschichten (*mile di-bedi'e*) zu erzählen, gibt R. Jehoschua die folgende Erzählung von sich:

---

[43] Abgesehen natürlich von den *Toledot Jeschu*, die nicht zur rabbinischen Literatur im eigentlichen Sinne gehören.

[44] R. Jehoschua b. Chananja ist für solche Dialoge bekannt, und der Kaiser ist sehr oft Hadrian; vgl. Moshe D. Herr, „The Historical Significance of the Dialogues between Jewish Sages and Roman Dignitaries", in *Scripta Hierolosymitana* 22, 1971, S. 123–150 (ein Beitrag, der trotz seiner recht positivistischen Grundtendenz noch immer nützlich ist).

Einst warf ein Maulesel ein Junges, dem ein Zettel [um den Hals] hing, worauf geschrieben stand, „gegen das Haus meines Vaters besteht eine Forderung von hunderttausend Zuz."

Sie [die Athener Weisen] entgegneten ihm: „Kann denn ein Maulesel werfen?"

Er [R. Jehoschua] antwortete: „Dies ist eine der erfundenen Geschichten".

[Wieder fragten die Athener]: „Wenn Salz fad wird, womit wird es gesalzen?"

Er antwortete: „Mit der Nachgeburt eines Maulesels."

„Kann denn ein Maulesel eine Nachgeburt haben?"

„Kann denn Salz fad werden?"[45]

In diesen kurzen Geschichten geht es um die wohlbekannte Tatsache, daß Maulesel, das Produkt einer Kreuzung zwischen einem männlichen Esel und einem weiblichen Pferd, fast immer unfruchtbar sind. Beide enthalten ein zweifaches Überraschungsmoment: im ersten Fall, daß ein Maulesel nicht nur ein Junges werfen kann, sondern daß ein solches Junges sogar mit einem Schulddokument um den Hals geboren wurde; im zweiten Fall, daß Salz nicht nur fad werden kann, sondern daß sich der Salzgeschmack durch die Nachgeburt eines Maulesels wiedergewinnen läßt. Dies hat natürlich nichts mit Jesus zu tun. Aber woher kommt die sonderbare Verbindung zwischen dem unfruchtbaren Maulesel, der ein Junges auf die Welt bringt und dem verdorbenen Salz, d.h. wahrscheinlich Salz, das seinen Geschmack verloren hat? Man kann argumentieren, es handele sich hier um Überreste irgendeines frühen „wissenschaftlichen" Diskurses über die Unfruchtbarkeit von Mauleseln, und dies ist wohl die einfachste Antwort. Aber die Verbin-

---

[45] b Bekh 8b.

dung zwischen dem wundersamen Jungen eines sterilen
Maulesels mit dem Salz, das seinen Geschmack durch
die Nachgeburt eines Maulesels wiedergewinnt, macht
stutzig. Im Zusammenhang mit dem fade gewordenen
Salz assoziiert man sofort Jesu berühmte Worte aus der
Bergpredigt:

Ihr seid das Salz der Erde; wenn das Salz seinen Geschmack
verliert, womit kann man es wieder salzig machen? Es taugt
zu nichts mehr; es wird weggeworfen und von den Leuten zertreten.[46]

Jesus spricht hier seine Schüler als das Salz der Erde an,
genauer als das neue Salz der Erde, weil es ein anderes
Salz gibt, das seine Salzigkeit und damit seinen Geschmack eingebüßt hat. Dieses andere Salz, das jetzt keinen Geschmack mehr hat, kann sehr leicht als das Volk
des alten Bundes verstanden werden, das „zu nichts mehr
taugt", „weggeworfen" und „zertreten" wird. Wenn wir
diesen Ausspruch Jesu als Hintergrundfolie nehmen, gegen die unsere Bavli-Geschichte konstruiert ist, wird aus
dieser kurzen Geschichte eine ätzende Parodie auf den
von Jesu Anhängern im Neuen Testament verkündeten
Anspruch, das neue Salz der Erde zu sein: Diese Christen,
so lautet das Argument, behaupten, das Salz des alten
Bundes sei fad und damit unbrauchbar geworden und
sein Geschmack sei durch das Volk des neuen Bundes
wiederhergestellt worden. Wodurch? Durch die Nachgeburt eines Maulesels! Wo wir doch alle wissen, daß es so
etwas überhaupt nicht gibt: Weder kann der Maulesel
Junge haben noch das Salz seinen Geschmack verlieren.

---

[46] Mt 5, 13.

Auf diesem Hintergrund erhält das wundersame Junge des Maulesels in der ersten Geschichte (und die Nachgeburt in der zweiten) sogar noch größere Bedeutung. Man kann es durchaus als Parodie auf die wundersame Jungfrauengeburt Jesu verstehen: Ein Kind von einer Jungfrau ist ebenso wahrscheinlich wie ein Junges von einem Maulesel.[47] Die christliche Behauptung von der Geburt Jesu von einer Jungfrau und ohne einen Vater gehört in die Kategorie erfundener Geschichten, von unterhaltsamen Märchen. Zudem, und dies ist die Pointe der zweiten Geschichte, sind die Anhänger Jesu, die behaupten, das neue Salz der Erde zu sein, nichts anderes als die Nachgeburt jenes fiktiven Jungen des Maultieres, also die Fiktion einer Fiktion. So gelesen wird aus unseren zwei kurzen Bavli-Passagen sehr viel mehr als nur ein unterhaltsamer Gedankenaustausch zwischen den Rabbinen und den griechischen Weisen; sie bieten eine weitere beißende Verunglimpfung eines der Ecksteine christlicher Theologie.

---

[47] Das hat bereits Moritz Güdemann, *Religionsgeschichtliche Studien*, Leipzig: Oskar Leiner, 1876, S. 89ff., 136ff. vorgeschlagen; ebenso Paul Billerbeck, „Altjüdische Religionsgespräche", *Nathanael* 25, 1909, S. 13–30; 33–50; 66–80 (S. 68); vgl. auch Hermann L. Strack und Paul Billerbeck, *Kommentar zum Neuen Testament aus Talmud und Midrasch*, Bd. 1: *Das Evangelium nach Matthäus*, München: Beck, 1922, S. 236. Maier hat diese Geschichten in seinem *Jesus von Nazareth in der talmudischen Überlieferung* nicht für wert gehalten, berücksichtigt zu werden; er diskutiert sie nur kurz im Folgeband *Jüdische Auseinandersetzung mit dem Christentum in der Antike*, S. 116–118 (selbstverständlich unter Ablehnung jeglichen Bezugs zum Neuen Testament, geschweige denn zu Jesus).

2. Der Mißratene Sohn/Schüler

Der nächste Abschnitt in Jesu „Karriere", von dem wir im
Talmud ein Echo finden, ist sein Auftreten als ein schon
recht erwachsener Sohn oder Schüler. Wie nicht anders zu
erwarten, übermittelt der Talmud keinerlei Information
über Jesu Kindheit oder Jugend, von seiner Erziehung und
seinen Lehrern ganz zu schweigen. Er erwähnt Jesus lediglich, wiederum ganz nebenbei, als Beispiel für einen
mißratenen Sohn oder Schüler – der Albtraum aller recht-
schaffenen Eltern bzw. Lehrer. Interessanterweise berichtet auch das Neue Testament nicht viel über die Kindheit
Jesu: Matthäus schließt die Schilderung von Jesu Taufe im
Jordan als Erwachsener durch Johannes den Täufer, von
seiner Versuchung in der Wüste und seinem ersten öffentlichen Auftreten in Galiläa direkt an den Bericht der
Rückkehr mit seinen Eltern aus Ägypten nach dem Tod
von Herodes an. Markus fängt mit der Taufe, der Versuchung und dem ersten öffentlichen Auftreten an. Johannes schließlich beginnt mit dem Zeugnis von Johannes
dem Täufer über die Mission Jesu und seine ersten Schüler. Nur bei Lukas findet sich die Geschichte vom zwölf-
jährigen Jesus, der es vorzieht, anstatt mit seinen Eltern
von Jerusalem nach Nazareth zurückzukehren, gelassen
bei den Lehrern im Tempel zu bleiben, um ihnen zuzuhö-
ren und Fragen zu stellen (Lk 2, 46).

Der talmudische Bericht über den mißratenen Sohn/
Schüler ist in zwei verschiedenen Kontexten überliefert.

Der erste, in b Sanhedrin 103a, bietet eine Exegese zu Ps 91, 10:[1]

Rav Chisda sagte im Namen von R. Jirmeja bar Abba: Was bedeutet der Vers: Es wird dir kein Unheil (*ra'ah*) begegnen, keine Plage (*nega'*) sich deinem Zelt nähern (Ps 91, 10)?

Kein Unheil (*ra'ah*) wird dir begegnen (ebenda): daß der böse Trieb (*jezer ha-ra'*) keine Macht über dich haben wird.

Keine Plage (*nega'*) sich deinem Zelt nähern (ebenda): daß du deine Frau nicht als eine [zweifelhafte][2] Nidda[3] antriffst, wenn du von einer Reise zurückkehrst.

Eine andere Auslegung: Kein Unheil (*ra'ah*) wird dir begegnen (ebenda): daß böse Träume und schlimme Gedanken dich nicht ängstigen.

Keine Plage (*nega'*) sich deinem Zelt nähern (ebenda): daß du keinen Sohn oder Schüler haben wirst, der öffentlich seine Speise/sein Gericht verdirbt (*maqdiach tavschilo be-rabbim*) wie Jesus von Nazareth (*Jeschu ha-nozri*).[4]

Dies ist eine symmetrisch strukturierte Darlegung, überliefert im Namen eben jenes Rav Chisda (des babylonischen Amoräers aus der Akademie von Sura), der eine wichtige Rolle in der Diskussion über Miriams Ehemann und Liebhaber spielte. R. Jirmeja b. Abba, die von ihm zitierte Autorität, ist ein babylonischer Amoräer der zweiten Generation (Mitte des dritten Jahrhunderts

---

[1] Ich folge wieder der Münchener Handschrift mit abweichenden Lesungen in anderen Handschriften, wenn erforderlich.

[2] Das Wort „zweifelhaft" fehlt in Ms. München, kann aber in Übereinstimmung mit den meisten anderen Handschriften und Drucken zugefügt werden.

[3] In einem Zustand, bei dem es fraglich ist, ob sie menstruiert oder nicht.

[4] Der Verweis auf „Jesus von Nazareth" findet sich in allen Handschriften und Drucken, die ich überprüfen konnte (vgl. die Tabelle, unten S. 267).

n. Chr.). Rav Chisdas erste Interpretation des Psalmverses schlägt vor, das „Unheil" als eine „unheilvolle Nei-
gung/bösen Trieb" (sehr wahrscheinlich nicht irgendeine „unheilvolle Neigung", sondern genauer eine sexuelle Versuchung) zu verstehen, und „Plage" als die ge-
fürchtete Situation, in der ein Ehemann nach Hause
kommt, vermutlich nach einer langen Reise, um seine
Frau in einem Zustand vorzufinden, in dem es zweifelhaft ist, ob sie menstruiert (also unrein und untauglich
zu sexuellem Verkehr ist) oder nicht. Dieser Zustand, so
behauptet Rav Chisda, ist für den armen Ehemann noch
schlimmer, als wenn sie tatsächlich menstruiert, denn er
könnte versucht sein, den Zweifel einfach wegzuschie-
ben und Verkehr mit ihr zu haben, obwohl sie in Wirklichkeit menstruiert und somit für ihn verboten ist.

Die zweite Auslegung[5] bezieht das „Unheil" des
Psalmverses auf schlechte Träume/Gedanken und die
„Plage" auf einen Sohn oder Schüler der „öffentlich
seine Speise verdirbt". Was für eine Art „schlechter
Träume/Gedanken" unser Autor im Sinn hat, wird nicht
direkt gesagt, aber der eindeutig sexuelle Unterton der
ersten Auslegung – „unheilvolle Neigung" (oft mit sexuellem Fehlverhalten verbunden) und Nidda – legt nahe,
daß er nicht einfach auf Albträume, sondern konkreter
auf sexuelle Träume anspielt. Darum ist es auch sehr
wahrscheinlich, daß die schwierige und ungewöhnliche
Wendung „der öffentlich seine Speise verdirbt" ebenfalls eine sexuelle Konnotation hat. Die wörtliche Bedeutung der Wendung ist „eine Speise verbrennen las-

---

[5] Entweder ebenfalls von Rav Chisda oder anonym.

sen", d.h., eine Speise durch Versalzen[6] oder Überwürzen[7] ungenießbar machen. Diese wörtliche Bedeutung
kann schwerlich auf die Missetat, die dem Sohn/Schüler
angelastet wird, zutreffen. Die symmetrische Struktur
von Rav Chisdas Exegese verlangt vielmehr, daß „die
Speise verbrennen" etwas mit der sexuellen Beziehung
des Sohnes/Schülers zu seiner Ehefrau zu tun hat, mit
anderen Worten, daß es hier um ein sexuelles Fehlverhalten geht:

a) Unheil: unheilvolle (sexuelle) Neigung
    Plage: zweifelhafter Menstruationszustand der Ehefrau.

b) Unheil: böse (sexuelle) Träume und Gedanken
    Plage: er macht etwas mit seiner Frau (?)

Werfen wir einen Blick auf die Parallelen, um der Bedeutung der sonderbaren Wendung näher zu kommen. Sie
findet sich auch in einer Diskussion zwischen den Häusern Hillel und Schammai um die Frage nach einem triftigen Grund für die Scheidung eines Mannes von seiner
Frau: Nach dem Hause Schammai sollte der Mann seiner
Frau den Scheidebrief nur dann geben, wenn er sie irgendeines unziemlichen Verhaltens überführt hat, während
nach dem Hause Hillel ein Mann schon ausreichend
Grund für eine Scheidung hat, „wenn sie seine Speise verdorben hat" (hiqdicha tavschilo).[8] Es scheint unwahrscheinlich, daß mit dem Verderben der Speise ihres Mannes einfach irgendwelche versalzenen Speisen oder zu
stark gewürzten Gerichte gemeint sind. Der Kontroverse
zwischen Hillel und Schammai liegt eine unterschied-

---

[6] b Ber 34a; Er 53b.
[7] b Bez 29a.
[8] m Git 9, 10.

liche Auslegung des biblischen Belegverses für ihr recht-
liches Argument zugrunde: „Wenn ein Mann eine Frau
geheiratet hat und den Verkehr mit ihr vollzieht, sie ihm
dann aber nicht gefällt, weil er an ihr irgendeine unziemliche Sache entdeckt – dann stellt er ihr eine Scheidungs-
urkunde aus, übergibt sie ihr und schickt sie aus seinem
Hause fort" (Deut 24, 1). Was hier mit „irgendeine unziemliche Sache" übersetzt ist, ist in Hebräisch *'erwat
davar*, wörtlich, „Nacktheit einer Sache, Schamlosigkeit, Geilheit". Während Schammai das Hauptgewicht
auf *'erwah* („Nacktheit, Schamlosigkeit") legt und argumentiert, nur ein klarer Fall von sexueller Verfehlung
der Frau könne die Scheidung begründen, betont Hillel
das Wort *davar* („Sache") und meint, daß jede „Sache",
die mit „Schamlosigkeit" in Verbindung gebracht werden kann (selbst eine kleiner Verstoß oder auch einfach
nur das Gerücht einer Indiskretion)[9] als Scheidungs-
grund für den Ehemann ausreicht. Hillels „Sache" ist
in diesem Kontext ganz gewiß nicht einfach „irgendetwas", das der Mann gegen seine Frau vorbringen kann
(wie sein Essen verderben), sondern etwas im Zusammenhang mit Unzucht.

Diese sexuelle Konnotation wird noch deutlicher,
wenn wir bedenken, daß das hebräische Wort für die
verdorbene „Speise" (*tavschil*) im Bavli auch die Bedeutung von sexuellem Verkehr annimmt. So berichtet der
Talmud von Rav Kahana (einem babylonischer Amoräer

---

[9] Letzteres ist die Interpretation Maiers (*Jesus von Nazareth*,
S. 65), ausgehend von der Tatsache, daß *davar* auch „Wort" bedeutet. Diese Bedeutung mag hier eine Rolle spielen, jedoch betont Maier sie zu stark.

der zweiten Generation und Schüler von Rav, der nach
Palästina ging):

Rav Kahana kam einst herein und versteckte sich unter Ravs
Bett. Er hörte ihn (mit seiner Frau) plaudern und scherzen
und tun, was von ihm erwartet wurde (mit ihr sexuell zu verkehren). Er (Rav Kahana) sagte zu ihm (Rav): Man könnte
meinen, daß Abbas[10] Mund nie zuvor die Speise gekostet
hätte (*saref tavschila*). Er (Rav) sagte zu ihm (Rav Kahana):
Kahana, bist du hier? Hinaus, denn so etwas schickt sich
nicht! Er (Kahana) erwiderte: Es ist eine Frage der Tora, und
ich will lernen![11]

Hier bedeutet die Wendung „die Speise kosten" zwei-
felsfrei, sexuellen Verkehr ausüben. Wenn darum eine
Frau „seine [des Ehemanns] Speise verdirbt", tut sie etwas, das ihn daran hindert, mit ihr Verkehr zu haben –
höchst wahrscheinlich irgendeine sexuelle Verfehlung,
die nicht nur ihren, sondern auch seinen Ruf kompromittiert. Im Falle unseres Sohnes bzw. Schülers ist es der
Mann, der seine Speise verdirbt. Das bedeutet, daß er
etwas tut, das der Frau den Verkehr mit ihm unmöglich
macht – wiederum vermutlich eine sexuelle Verfehlung,
die sowohl seinen wie auch ihren Ruf kompromittiert.
Die Auswirkungen dieser Verfehlung sind im Falle des
Sohnes bzw. Schülers dadurch verschlimmert, daß er sie
öffentlich begeht, seine Frau also keine Möglichkeit hat,
sie zu ignorieren.

In diesen weiteren Kontext eingeordnet, scheint Rav
Chisda mit seiner Exegese des Psalmverses sagen zu
wollen: Es gibt keine schlimmere Plage als einen Sohn

---

[10] Abba ist eigentlich der Name Ravs.
[11] b Ber 62a; vgl. b Chag 5b.

oder Schüler, der öffentlich ein ausschweifendes Leben
führt, mit dem er sich und seine arme Ehefrau kompromittiert. Es wird kaum ein Zufall sein, daß diese Auslegung von eben jenem Rav Chisda stammt, der uns berichtet hat, Jesu Mutter habe einen Ehemann und gleichzeitig einen Liebhaber gehabt und Jesus sei der Sohn
ihres Liebhabers. Wir erfahren jetzt, daß dieser Jesus
kein bißchen besser ist als seine Mutter – es liegt ihm im
Blut. Er ist so verdorben, daß er der sprichwörtliche
Sohn oder Schüler geworden ist, der seiner Frau untreu
und eine Schande für seine Eltern oder Lehrer ist.[12] Das
ist nun eine ganz unerwartete Wende in Jesu Leben, die
weit über den Bericht des Neuen Testamentes hinausgeht – es sei denn, man folgt der späteren Gleichsetzung
von Maria Magdalena mit der unbekannten „Sünderin"
bei Lukas (7, 36–50),[13] die Jesu Füße mit ihren Tränen
benetzte, sie mit ihrem Haar trocknete, küßte und mit
Myrrhe salbte (7, 38). Die Pharisäer, die die Szene beob-
achten, kennen sie als Prostituierte (7, 39) und wollen

---

[12] Eine sehr viel einfachere Erklärung der Wendung wäre,
daß der Sohn seine Speise in dem Sinne verdirbt, daß er die von
den Eltern erhaltene Erziehung mißachtet und entsprechend der
Schüler die von seinen Lehrern erhaltene Unterweisung. Aber die
starke sexuelle Konnotation von „Speise/Gericht" im Bavli macht
diesen simplen Ausweg nicht sehr wahrscheinlich.

[13] Siehe auch Joh 11, 2; 12, 1–8 (Maria von Bethanien). Die
Gleichsetzung findet sich erstmals im Bibelkommentar von
Ephrem dem Syrer (373 n. Chr.) und wurde von Papst Gregor
dem Großen im sechsten Jahrhundert bekräftigt, der überdies
beide Marien mit Maria von Bethanien (Joh 12, 1–8) identifiziert; vgl. Karen King, *The Gospel of Mary of Magdala: Jesus
and the First Woman Apostle*, Santa Rosa, CA: Polebridge, 2003,
S. 151f.

diesen Umstand als Beweis dafür anführen, daß Jesus
kein echter Prophet ist, wie er vorgibt (denn er schien
nicht zu wissen, was für eine Frau er vor sich hatte). Aber
Jesus durchschaut ihre bösen Absichten, vergibt der Frau
öffentlich ihre Sünden und gibt damit zu erkennen, daß
er ihren schlechten Ruf sehr wohl kannte. Wieder ist es
denkbar, daß der Talmud hier den neutestamentlichen
Bericht umkehren und unterstellen will, Jesus habe sie in
der Tat gekannt – freilich nicht, um ihr ihre Sünden zu
vergeben und die Pharisäer bloßzustellen; vielmehr
wußte er, wer sie wirklich war (eine Prostituierte), weil
er eine Affäre mit ihr hatte.

Ein anderer, etwas abweichender Hintergrund für die
talmudische Darstellung könnte die in einigen gnostischen Texten erhaltene Überlieferung zu Maria Magdalena sein. Dies ist die Überlieferung, die ihren Weg sogar
bis in die neuste Unterhaltungsliteratur gefunden hat,[14]
und die unterstellt, daß Jesus in der Tat verheiratet war
– mit niemand geringerem als mit Maria Magdalena.
Die gnostische Bibliothek von Nag Hammadi enthält ein
„Evangelium der Maria Magdalena", vermutlich aus
dem zweiten Jahrhundert n. Chr., in dem der eifersüch-
tige Apostel Petrus sie als jemand bezeichnet, den Jesus
mehr als alle anderen Frauen liebte.[15] Das „Evangelium
des Philip" (zweite Hälfte des dritten Jahrhunderts

---

[14] Dan Brown, *The DaVinci Code*, New York: Doubleday,
2003.

[15] „The Gospel of Mary (BG 8502,*1*)," übers. von G. W.
MacRae und R. McL. Wilson, hrsg. von D.M. Parrott, in *The
Nag Hammadi Library in English*, hrsg. von James M. Robin-
son, San Francisco: Harper, 1990, S. 525 (BG 7, 10,1–3); King,
Gospel of Mary of Magdala, S. 15 (6, 1).

n. Chr.) nennt sie seine „Begleiterin"[16] und betont, daß
Jesus sie nicht nur mehr liebte als alle anderen Schüler,
sondern daß er „sie [oft] auf ihren [...] zu küssen
[pflegte]."[17] Leider fehlt das entscheidende Wort, aber
höchstwahrscheinlich ist hier „Mund" zu ergänzen.[18]
Im Kontext der gnostischen Schriften ist indes kaum anzunehmen, daß es hier um ein gewöhnliches Eheverhält-
nis geht. Die erwähnte „Begleiterin" (*koinonos*, ein grie-
chisches Lehnwort im koptischen Text) scheint nicht
eine „Ehefrau" im eigentlichen Sinne, sondern eher eine
„Schwester" im spirituellen Sinne gnostischer Gemeinschaft zu meinen, und so wird auch der „Kuß" nicht auf
eine sexuelle Beziehung verweisen, sondern auf den Kuß
als Zeichen der Zugehörigkeit zu einer spirituellen Gemeinschaft.[19] Es ist aber leicht zu sehen, wie diese Variante des neutestamentlichen Berichts – und zwar nicht
erst in der neuesten Unterhaltungsliteratur, sondern
schon in der vom Talmud benutzten Vorlage – sich in
eine Überlieferung verwandeln konnte, nach der Jesus
mit Maria Magdalena verheiratet war. Ob nun der böse
Sohn bzw. Schüler Jesus seiner Ehefrau Maria Magdalena untreu war, ob er sexuellen Verkehr mit ihr während ihrer Menstruation hatte, ob der Talmud unterstellen möchte, daß die Ehe mit Maria Magdalena an sich
schon zweifelhaft war (weil sie eine Prostituierte war)

---

[16] „The Gospel of Philip (II,3)," eingel. und übers. von Wes-
ley W. Isenberg, in *Nag Hammadi Library*, S. 145 (II 59,9).
[17] Ebenda, S. 148 (II 63, 35).
[18] Vgl. ebenda, S. 145 (II 59, 1–4).
[19] Siehe King, *Gospel of Mary of Magdala*, S. 146: „Küssen
bedeutet hier offensichtlich den intimen Empfang spiritueller
Lehre".

oder ob er seine Vorlage kreativ auslegen und „Schwester" im wörtlichen Sinne verstehen will (womit eine Art inzestuöser Beziehung unterstellt wäre) – es steht eine ganze Bandbreite übler Implikationen zur Auswahl. Wofür man auch immer optieren mag, allein die Möglichkeit, daß der Talmud auf eine nur in gnostischen Texten[20] überkommene Tradition reagieren könnte, bleibt bemerkenswert.

Der zweite Kontext (b Ber 17a-b), in dem der Talmud die Geschichte vom mißratenen Sohn/Schüler präsentiert, ist eine Auslegung zu Psalm 144, 14: „Unsere Ochsen sind wohl beladen (*allufenu mesubbalim*). Es gibt keine Bresche (*perez*) und keinen Ausbruch (*jozet*)[21] und keinen Aufschrei (*zewacha*) in unseren Straßen." Wie der erste, ist auch dieser Abschnitt wieder mit Rav Chisda verbunden:

Als die Rabbinen sich von der Schule Rav Chisdas – andere sagen von der Schule R. Schmuel bar Nachmanis – verabschiedeten, sagten sie zu ihm (Rav Chisda):
  Unsere Ochsen sind wohl beladen (Ps 144, 14) – (das bedeutet): Wir sind unterrichtet, wir sind wohl beladen.[22]

---

[20] Ich bin mir dessen bewußt, daß die Begriffe „Gnosis" und „gnostisch" in der neueren Forschung in Ungnade gefallen sind. Wenn ich sie benutze, verbinde ich damit keine generelle Aussage über irgendeine allumfassende „gnostische Religion" oder „Weltanschauung" im Unterschied zu anderen „Religionen" oder „Weltanschauungen"; ich bezeichne damit vielmehr einen (mehr oder weniger umgrenzten) Literaturkomplex im Verhältnis zu anderen solchen Komplexen wie etwa das „Neue Testament" und die „rabbinische Literatur".

[21] Wörtl.: „Hervorgehen".

[22] Hier ist *alluf* als „Gelehrter" verstanden, also: „unsere Gelehrten sind wohl beladen" (mit deinem Unterricht).

Rav und Schmuel – andere sagen R. Jochanan und R. Eleasar – (geben dafür unterschiedliche Erklärungen).

Der eine sagt: Wir sind unterrichtet (ebenda) – (das bedeutet): Wir sind in der Tora unterrichtet.

Wir sind wohl beladen (ebenda) – (dies bedeutet): Wir sind mit Vorschriften wohl beladen.

Der andere sagt: Wir sind unterrichtet – (dies bedeutet): Wir sind in der Tora und in Vorschriften unterrichtet.

Wir sind wohl beladen – (dies bedeutet): Wir sind mit Bestrafungen wohl beladen.[23]

Es gibt keine Bresche (ebenda) – (dies bedeutet): Möge unsere Gesellschaft nicht wie die von David sein, aus der Achitophel hervorging.

Und keinen Ausbruch (ebenda) – (dies bedeutet): Möge unsere Gesellschaft nicht wie die von Saul sein, aus der Doeg, der Edomiter, hervorging.

Und keinen Aufschrei (ebenda) – (dies bedeutet): Möge unsere Gesellschaft nicht wie die von Elischa sein, aus der Gechasi hervorging.

In unseren Straßen (ebenda) – (dies bedeutet): daß wir keinen Sohn oder Schüler haben mögen, der öffentlich seine Speise verdirbt (*maqdiach tavschilo*) wie Jesus von Nazareth (*Jeschu ha-nozri*).[24]

Hier findet sich Jesus in der nicht sehr schmeichelhaften Gesellschaft von Achitophel, Doeg und Gechasi. Was haben sie begangen, daß sie als typische Beispiele für schlechte Gesellschaft angeführt werden? Vorab,

---

[23] *Mesubbalim* ist hier von *saval*, „leiden", abgeleitet.

[24] „Wie Jesus von Nazareth" in Mss. Oxford Opp. Add. 23 (366) und Paris Heb 671. In Mss. München 95 und Florenz II.1.7 folgt auf „öffentlich" eine getilgte Passage, die die Worte „wie Jesus von Nazareth" enthalten haben mag. In den Drucken Soncino und Wilna hat der Zensor in den Text eingegriffen (siehe die Tabelle unten, S. 267f.).

der Nachdruck im vorliegenden Kontext liegt auf Schülern, nicht auf Söhnen: Die Schüler verlassen die Schule
Rav Chisdas, sind wohl beladen mit Tora und Vorschriften und fürchten eine „Bresche", einen „Ausbruch" und einen „Aufschrei" in „ihren Straßen" (d.i.,
untereinander), nämlich, daß einer unter ihnen einen
unwürdigen Schüler/Anhänger hervorbringen könnte.
Die Vorbilder dafür sind keine geringeren als David,
Saul und Elischa. David brachte Achitophel, seinen un-
treuen Berater hervor, der Davids Sohn Absalom riet,
gegen seinen Vater zu rebellieren, indem er mit seinen
Konkubinen verkehrte (2 Sam 16, 20–23), und David
zu töten (2 Sam 17, 2); als sein Rat zurückgewiesen
wurde, beging er Selbstmord (2 Sam 17, 23). Doeg, der
Edomiter, war der Aufseher von Sauls Schafherden (1
Sam 21, 8) und König Saul treu ergeben: Er informierte
Saul darüber, daß die Priester von Nob David unter-
stützten (1 Sam 22, 9f.) und tötete die Priester auf Sauls
Verlangen (1 Sam 22, 18f.). Gechasi schließlich war der
Diener des Propheten Elischa, den Elischa wegen seiner
Habsucht mit Aussatz belegte (2 Kön 5, 20–27). Jesus
gehört ursprünglich nicht in diese Auflistung, denn er
durchbricht das Muster der vorangehenden Beispiele
(„möge unsere Gesellschaft nicht wie die von X sein,
der Y hervorbrachte"): Sein Herr wird nicht genannt,
weil dafür in der Bibel kein passender Kandidat zu finden war. Stattdessen wird er einfach als ein schlechter
Sohn oder Schüler mit derselben Wendung wie in b
Sanhedrin vorgestellt. Daraus geht klar hervor, daß der
Kontext in b Berakhot sekundär ist.

Dieses Ergebnis der literarischen Analyse der Geschichte ist allerdings für die in b Berakhot enthaltene

Aussage ganz irrelevant.[25] Auf den ersten Blick scheint
hier das Jesus-Diktum einfach im Zusammenhang mit
einer Auflistung „übler Gesellen", die alle der Hebräischen Bibel entstammen, wieder verwendet zu sein,
ohne wesentlich neue Information über Jesus hinzuzu-
fügen. Aber das ist nur ein Teil des Befundes. Bei ge-
nauerem Hinsehen und unter Berücksichtigung des ursprünglichen Kontextes der „üblen Gesellen" wird klar,
daß unsere Version in Wirklichkeit eine sehr geschickte
Abwandlung einer sehr viel früheren Geschichte ist.
Unsere drei „üblen Gesellen" sind schon zusammen
mit Bileam als dem vierten und bekanntesten Sünder in
der berühmten Mischna-Passage von den vier „Privat-
leuten", die keinen Anteil an der kommenden Welt haben,[26] hervorgehoben. Nachdem die Mischna kategorisch verkündet hat, „ganz Israel hat Anteil an der
kommenden Welt" (Sanh 10, 1),[27] listet sie nichtsdesto-
weniger ungerührt diejenigen auf, die „keinen Anteil
an der kommenden Welt haben":

---

[25] Maiers Auseinandersetzung mit dieser Passage (*Jesus von
Nazareth*, S. 64ff.) ist ein gutes Beispiel dafür, wie seine höchst
detaillierte literarische Analyse an dem Hauptpunkt der Geschichte vorbeigeht: Er erklärt Jesus als späte Einfügung weg,
fragt sich aber nicht, *warum* die Einfügung hier gemacht wurde.

[26] m Sanh 10, 2.

[27] Diese Überschrift von m Sanh 10, 1 fehlt in der wichtigen
Handschrift Kaufmann und ist offensichtlich eine spätere Hinzufügung.

1. Derjenige, der behauptet, daß die Auferstehung der Toten
   nicht [in der Tora][28] mitgeteilt wird;
   daß die Tora nicht vom Himmel [offenbart] ist;
   und der Epikuräer[29] (dieser Teil ist anonym überliefert).
2. Derjenige, der „externe Bücher"[30] liest;
   derjenige, der über einer Wunde flüstert (von R. Aqiva
   überliefert);
   derjenige, der den göttlichen Namen nach seinen Buchstaben[31] ausspricht (von Abba Schaul überliefert).
3. Drei Könige: Jerobeam, Ahab und Manasse;
   vier Privatleute: Bileam, Doeg, Achitophel, Gechasi (wieder anonym überliefert).

Aus dieser Mischna wird klar, daß Doeg, Achitophel
und Gechasi (sowie zusätzlich Bileam) zusammen aufge-
führt werden, weil sie die einzigen vier Privatmänner (im
Gegensatz zu den drei Königen) sind, die von dem, was
nach der Mischna ganz Israel vorbehalten ist, ausgeschlossen bleiben. Der anonyme Autor der Mischna gibt
keinerlei Begründung für sein harsches Urteil; wir müssen uns der Bibel zuwenden um herauszufinden, was sie
so besonders Schreckliches an sich hatten, daß sie von
der kommenden Welt ausgeschlossen wurden. Wir haben schon gesehen, was die Rabbinen an Doeg, Achitophel und Gechasi störte. Bileam, der vierte Übeltäter,
wird in der talmudischen Überlieferung als ein heidni-
scher Magier gezeichnet, der immerhin, als der König
von Moab ihn bat, die Israeliten zu verfluchen, genau

---

[28] „In der Torah" fehlt in vielen Handschriften, auch in Ms.
Kaufmann.
[29] Der sprichwörtliche Häretiker.
[30] Nichtkanonische Bücher.
[31] Das Tetragramm JHWH.

das Gegenteil tat und göttliche Segnungen aussprach
(Num 23, 24). Daran war nichts verkehrt, und der Talmud preist ihn denn auch als einen echten Propheten unter den Völkern.[32] Andererseits gilt er als äußerst
schlecht, weil er es war, der Israel zum Baal Peor-Kult
verführte (Num 25; 31, 16).[33] Daß unser Text in b Berakhot Bileam ausläßt, ist die stillschweigende Antwort
auf ein Problem, das schon in der Mischna aufkommt:
Wie kann es sein, daß die Mischna Bileam unter denjenigen aufzählt, die keinen Anteil an der kommenden
Welt haben, wenn vom Schicksal Israels die Rede ist?
Schließlich war Bileam ein Heide und kein Israelit![34]

Was auch immer die vier Übeltäter in der Mischna taten – sie sind die einzigen vier Privatmänner in der Geschichte, die das furchtbare Schicksal teilen, kategorisch
von der kommenden Welt ausgeschlossen zu sein. Daß
unser Talmudtext nun Jesus (anstelle von Bileam) in
diese Gruppe einschließt, kann nur die eine Absicht verfolgen, ihn das Schicksal dieser Genossen erleiden zu
lassen, nämlich keinen Anteil an der kommenden Welt
zu haben. Dies aber ist alles andere als eine harmlose
Aussage. Es ist schlimm genug, vom Leben nach dem
Tode ausgeschlossen zu werden, aber ausgerechnet Jesus

---

[32] Sifre Deuteronomium, 357, 10 (ed. Finkelstein, S. 430); Se-
der Elijahu Suta, ed. Friedmann, S. 191, b BB 15b; BamR 20, 1;
Tanchuma, Balaq 1.

[33] Targumim (Codex Neofiti, Fragmententargum, Pseudo-
Jonathan) zu Num 24, 25; j Sanh 10, 2/25–29, fol. 28d; b Sanh
106a; Sifre Numeri, 131 (ed. Horovitz, S. 170f.). Zu Bileam siehe
Peter Schäfer, „Bileam II. Judentum,“ in *TRE* 6, 1980, S. 639f.

[34] Dasselbe Problem gilt allerdings auch für Doeg, denn er
war ein Edomiter.

ein Nachleben zu verwehren, deutet auf einen boshaften
Sinn für Humor. Hatten seine Anhänger nicht behauptet, er sei von den Toten auferstanden (Röm 8, 34) und
das neue Volk Israel werde nur durch ihn gerettet (Röm
6, 3–11)? Indem der Talmud Jesus zu den sehr wenigen
Menschen Israels zählt, denen der Zugang zur kommenden Welt kategorisch und grundsätzlich verwehrt ist,
formuliert er ein eindringliches und kühnes Argument.
Es ist schwer vorzustellen, daß eine solche Botschaft zu-
fällig und nicht vielmehr eine wohlüberlegte Reaktion
auf die neutestamentliche Behauptung von der Auferstehung Jesu und der Teilnahme seiner Anhänger an diesem Schicksal ist. Was die Talmud-Passage also in Wirklichkeit sagen will, ist, daß nicht nur Jesus keinen Anteil
an der kommenden Welt hat, sondern daß dieses vernichtende Urteil auch für alle seine Anhänger in der
christlichen Kirche gilt.

Dadurch, daß der Talmud das Diktum von Jesus, der
„seine Speise öffentlich verdirbt", auf die Überlieferung
von denjenigen überträgt, die keinen Anteil an der kommenden Welt haben (wobei Jesus an die Stelle von Bileam tritt), erhält diese Aussage eine ganz neue Bedeutung. Die ursprünglich sexuelle Konnotation tritt in den
Hintergrund; stattdessen rückt, wenn wir die Verbindung zu Bileam ernst nehmen, die Anklage des Götzendienstes in den Vordergrund – wobei wir allerdings nicht
übersehen dürfen, daß der Baal Peor-Kult, zu dem Bileam Israel verführte, ebenfalls deutlich sexuell orien-
tiert war. Jesus-Bileam wird so der Inbegriff eines Götzendieners, der „seine Speise verdarb", indem er ganz
Israel zum Götzendienst verführte. Er tat dies „auf unseren Straßen", das heißt, so erklärt der Talmud, öffent-

lich und ohne Scham – genau so wie Bileam, sein „Meister" und Vorbild, es getan hat.

3. Der Frivole Schüler

Jesu Rolle als Schüler und das Verhältnis zu seinem Lehrer ist auch das Thema einer weiteren im Bavli überlieferten sehr anschaulichen Episode. Diesmal ist der Name des Lehrers ausdrücklich genannt, und Jesus ist ausschließlich an Gechasi gekoppelt, einen jener auf Abwege geratenen Schüler aus der Bibel, dem wir im vorangehenden Kapitel begegnet sind. Das Schicksal sowohl Gechasis wie auch Jesu wird hier unter die rabbinische Maxime „Laß die linke Hand fortstoßen, aber die rechte immer heranziehen"[1] gestellt. Ihre Lehrer werden nun als Beispiele von (schlechten) Lehrern präsentiert, die diese Maxime nicht beachteten, sondern ihre Schüler mit beiden Händen von sich stießen, statt ihnen zu helfen, ihre Verfehlungen wieder gutzumachen: „Nicht wie Elischa, der Gechasi mit beiden Händen von sich stieß, und nicht wie Jehoschua b. Perachja, der Jesus von Nazareth mit beiden Händen fortgestoßen hat."[2]

---

[1] b Sanh 107b und b Sot 47a. Ich folge der Version in Sanhedrin und beziehe mich, wo nötig, auf die Varianten in den Handschriften.

[2] b Sanh: Jehoschua b. Perachja/Jesus sind in Mss. Jad ha-Rav Herzog 1, Florenz II.1.8–9 und im Wilnaer Druck erhalten; Ms. München 95 hat „Jesus von Nazareth" getilgt (le-Jeschu ist noch schwach erkennbar). b Sot: Jehoschua b. Perachja/Jesus sind in Mss. Oxford Heb. d. 20 (2675), Vatikan 110 und diesmal auch in München 95 erhalten, während der Wilnaer Druck liest:

Wir kennen Elischa als Herrn bzw. Lehrer Gechasis
von der Bibel – aber woher kommt die sonderbare Verbindung von Jesus mit Jehoschua b. Perachja? Der Talmud gibt folgende Erklärung:

Was geschah mit Jehoschua b. Perachja? Als König Jannai die
Rabbinen tötete,[3] floh R. Jehoschua b. Perachja[4] nach Alexandrien in Ägypten. Als Frieden war, schickte Simon b. Schetach (folgende Botschaft):

„Von Jerusalem, der heiligen Stadt, an dich, Alexandrien
in Ägypten. Meine Schwester, mein Ehemann weilt in deiner
Mitte, und ich sitze verlassen da!“

Er [Jehoschua b. Perachja] machte sich auf, und es ver-
schlug ihn in eine gewisse Herberge. Dort erwies man ihm
große Ehrerbietung. Er sagte: „Wie schön ist diese Herberge/
Wirtin (*akhsanja*)! Er [einer seiner Schüler/Jesus][5] sagte:
„Rabbi, ihre Augen sind engstehend.“[6] Er [Jehoschua b. Per-
achja] entgegnete: „(Du) schlechter (Schüler)! Damit beschäf-
tigst du dich?!“ Er ließ 400 Posaunenstöße blasen und belegte
ihn mit dem Bann.

Er [der Schüler] kam mehrere Male zu ihm [dem Rabbi]
(und) sagte zu ihm: „Nimm mich an!“, aber er [Jehoschua b.
Perachja] beachtete ihn nicht. Eines Tages, während er [Jeho-
schua b. Perachja] gerade das Schema‘ betete, kam er [der
Schüler] (wieder) zu ihm. Dieses Mal wollte er [Jehoschua b.
Perachja] ihn empfangen (und) gab ihm ein Zeichen mit seiner

„und nicht wie Jehoschua b. Perachja, der einen seiner Schüler mit
beiden Händen fortstieß.“

[3] b Sot fügt hinzu: „Simon b. Schetach wurde von seiner
Schwester versteckt“ (die nach rabbinischer Überlieferung König
Jannais Ehefrau war).

[4] Druck Wilna: „und Jesus“.

[5] „Jesus (von Nazareth)“ in Mss. Jad ha-Rav Herzog 1 (b
Sanh) und Oxford Heb. d. 20 (2675) (b Sot).

[6] Oder „trüb, triefend“ (*trutot*); vgl. Jastrow, *Dictionary*, s.v.
„tarut“.

Hand. Aber er [der Schüler] meinte, er [Jehoschua b. Perachja] weise ihn wieder ab. Er [der Schüler] ging davon, stellte einen Ziegelstein auf und betete ihn an. Er [Jehoschua b. Perachja] sagte zu ihm [dem Schüler]: „Bereue!", (aber) der entgegnete ihm: „So habe ich von dir gelernt: Jedem, der sündigt und andere zur Sünde verführt, ist die Möglichkeit, Buße zu tun, verwehrt."

Der Meister sagte: „Jesus von Nazareth[7] hat Magie ausgeübt und Israel verführt und fehlgeleitet."

Diese Geschichte[8] ist in der Regierungszeit des Hasmonäerkönigs (Alexander) Jannai angesiedelt, der von 103 bis 76 v. Chr. an der Macht war und in einen blutigen Konflikt mit den Pharisäern verwickelt wurde. Die gegen ihn opponierenden Pharisäer riefen zur offenen Rebellion gegen den König auf, die in einen Bürgerkrieg ausartete.

Als es dem König schließlich gelang, den Aufstand niederzuschlagen, waren seine Gegner entweder hingerichtet oder gezwungen, das Land zu verlassen. Diese Ereignisse schildert der jüdische Historiker Flavius Josephus eingehend,[9] und die rabbinische Geschichte ist le-

---

[7] Mss. München 95 (Sanh 107b), Vatikan 110, und der Wilnaer Druck (Sot 47a) haben nur „er [der Schüler]".

[8] Zu einer ausführlichen Analyse der Geschichte und ihrer christlichen Parallelen vgl. Stephen Gero, „The Stern Master and His Wayward Disciple: A ‚Jesus' Story in the Talmud and in Christian Hagiography", *JSJ* 25, 1994, S. 287–311; ferner die kurze Erörterung bei Daniel Boyarin, *Dying for God: Martyrdom and the Making of Christianity and Judaism*, Stanford, CA: Stanford University Press, 1999, S. 23–26. Jetzt auch Dan Jaffé, *Le Talmud et les origines juives du christianisme. Jésus, Paul et les judéo-chrétiens dans la littérature talmudique*, Paris: Cerf, 2007, S. 137ff.

[9] Vgl. dazu meine *Geschichte der Juden in der Antike*, Stutt-

diglich ein schwaches Echo davon, wobei die Pharisäer anachronistisch mit viel späteren Rabbinen identifiziert sind. In der rabbinischen Erzählung, zu der unsere Geschichte gehört, ist Simon b. Schetach die Hauptfigur.

Sowohl Jehoschua b. Perachja als auch Simon b. Schetach tauchen in jenen rätselhaften „Paaren" (*sugot*) der bekannten „Traditionsketten" auf, durch welche die führenden Rabbinen mit der Offenbarung der Tora an Moses auf dem Sinai verknüpft werden.[10] Nachdem sie zunächst die Traditionskette von Moses bis zu den Mitgliedern der „Großen Versammlung" etabliert hat, fährt die Mischna erst mit gewissen Individuen (Simon der Gerechte, Antigonos von Socho) fort, dann mit insgesamt fünf „Paaren", die fast alle im Nebel der Geschichte entschwinden, um erst wieder mit dem letzten Paar (Hillel und Schammai) sichereren historischen Boden zu betreten. Jehoschua b. Perachja gehört (zusammen mit Nittai ha-Arbeli) zum zweiten dieser „Paare", während Simon b. Schetach (zusammen mit Jehuda b. Tabbai) das dritte bildet.

Bis auf Simon b. Schetach und Hillel und Schammai wissen wir wenig über diese frühen „Paare", die als die „Vorfahren" der Rabbinen präsentiert werden. Und es ist auch nicht zu erklären, warum von allen möglichen Kandidaten ausgerechnet Jehoschua b. Perachja als derjenige ausgesucht wurde, der (vermutlich zusammen mit seinem Lieblingsschüler) nach Ägypten floh.[11] Die Paral-

---

gart-Vluyn: Verlag Katholisches Bibelwerk und Neukirchner Verlag, 1983, S. 89f. (mit Verweisen).

[10] m Avot, Kap. 1.

[11] Ein mögliches Motiv für seine Verbindung mit Alexandrien mag von einer ihm zugeschriebenen halakhischen Aussage

lelversion unserer Geschichte im Jeruschalmi[12] bietet
eine plausiblere (wenn auch historisch kaum verläßli-
chere) Erklärung. Dort sind die Hauptfiguren der Geschichte Jehuda b. Tabbai und Simon b. Schetach, das
dritte „Paar", und Jehuda b. Tabbai ist derjenige, der
nach Alexandrien flieht – nicht wegen der Verfolgung
der Pharisäer bzw. Rabbinen durch König Jannai, sondern aus einem sehr viel banaleren Grund: Er wollte seiner Ernennung zum *nasi* (Patriarchen) des jüdischen
Volkes entgehen. Historisch gesehen ist dies nur ein weiterer anachronistischer Versuch der Rabbinen, eine erst
später (zweites Jahrhundert n. Chr.) eingeführte rabbinische Institution in eine viel frühere Zeit zurückzuver-
legen, aber zumindest erklärt diese Version, warum
Simon b. Schetach so verzweifelt Jehuda b. Tabbais
Rückkehr nach Jerusalem erflehte.[13]

Der narrative Rahmen in beiden Versionen, der des
Jeruschalmi und der des Bavli, hilft für das Verständnis
und die historische Verortung der zentralen Aussage der
Geschichte kaum weiter: der sonderbaren Begebenheit
zwischen einem Lehrer (Jehoschua b. Perachja/Jehuda b.
Tabbai) und seinem Lieblingsschüler (Anonymos/Jesus).

---

herzuleiten sein, wonach Weizen aus Alexandrien wegen der dort
benutzten Wasservorrichtungen unrein ist (t Makh 3, 4). Über
seine Verbindung zur Magie siehe unten.

[12] j Chag 2, 2/3 und 4, fol. 77d; j Sanh 6, 9/1, fol. 23c.

[13] Zur Erklärung der Botschaft Simon b. Schetachs an Jehoschua b. Perachja bzw. Jehuda b. Tabbai siehe meinen Beitrag
„‚From Jerusalem the Great to Alexandria the Small': The Relationship between Palestine and Egypt in the Graeco-Roman Period", in *The Talmud Yerushalmi and Graeco-Roman Culture*,
Bd. 1, hrsg. von Peter Schäfer, Tübingen: Mohr Siebeck, 1998,
S. 129–140.

Ort der Handlung ist eine Herberge auf ihrem Rückweg
von Ägypten nach Jerusalem.[14] Angetan von der gast-
lichen Aufnahme, lobt der Meister die Herberge, aber
sein Schüler, der das Lob fälschlich auf die Wirtin[15] bezieht, macht eine abfällige Bemerkung über die alles andere als attraktive Erscheinung dieser Dame. Der Meister ist so entsetzt über die frivolen Gedanken des Schülers,[16] daß er ihn auf der Stelle exkommuniziert. Der
arme Schüler versucht, seinen Lehrer zu besänftigen,
aber zunächst ohne Erfolg. Als der Meister schließlich
doch bereit ist, ihm zu vergeben, mißversteht der Schüler
dessen Gestik,[17] verläßt seinen Lehrer verzweifelt und
wird ein Götzendiener. Als der Lehrer ihn daraufhin
auffordert, Buße zu tun, ist der Schüler davon überzeugt,
er habe eine Todsünde begangen und damit auf ewig
Reue und Vergebung verwirkt.

Dieser letzte Teil der Geschichte (die Exkommunikation des Schülers und die fehlgeschlagene Buße ebenso wie
die Schlußbemerkung des Meisters über Jesu Magie) fehlen im Jeruschalmi ganz, wo die Geschichte mit der Bemerkung abschließt, daß der Meister zornig wird und der
Schüler ihn verläßt oder (in einer Handschrift)[18] stirbt.

---

[14] Zur leicht abweichenden Version im Jeruschalmi vgl. Schäfer, ebenda, S. 130ff.

[15] Das hier gebrauchte aramäische Wort *akhsanja* kann sowohl „Herberge" als auch „Wirtin" bedeuten.

[16] In der Version des Jeruschalmi sind die Gedanken des
Schülers dadurch noch verwerflicher, daß er den Lehrer zu seinem Gesinnungsgenossen herabwürdigt.

[17] Der Lehrer wollte, daß er wartet, bis er sein Gebet beendet
hatte.

[18] Vgl. Schäfer, „From Jerusalem the Great to Alexandria the
Small", S. 130, Anm. 11.

Es ist offensichtlich, daß die Identifizierung des Schülers mit Jesus ein späteres Entwicklungsstadium der Geschichte widerspiegelt: Im Jeruschalmi fehlt sie ganz und ist auch im Bavli nur in einigen Handschriften bezeugt. Es steht daher außer Zweifel, daß – was immer die historische Wirklichkeit hinter der Figur des Jehoschua b. Perachja war – letztere hinsichtlich einer verläßlichen historischen Information über den Begründer des Christentums völlig irrelevant ist. Aber darum geht es hier auch nicht. Der Umstand, daß Jesus erst zu einem späteren Zeitpunkt in die Geschichte eingedrungen ist, bedeutet noch nicht, daß diese keinerlei verläßliche Information über die Wahrnehmung Jesu *im Bavli* enthält.[19] Ganz im Gegenteil, der handschriftliche Befund weist im Verlauf des editorischen Prozesses eine klar erkennbare Tendenz auf, den unbekannten Schüler Jehoschua b. Perachjas mit Jesus zu identifizieren, eine Tendenz zudem, die nur dem Bavli eigen ist und mit dessen Auffassung von Jesus und seiner Person zusammenhängen muß.[20]

---

[19] Genau dies wird bei Maier, *Jesus von Nazareth*, ständig miteinander vermischt.

[20] Richard Kalmin hebt die Tendenz des Bavli hervor, Jesus als einen Rabbi zu zeichnen (vgl. „Christians and Heretics in Rabbinic Literature of Late Antiquity", *HTR* 87, 1994, S. 156f.). Das ist sicher richtig, aber die Lehrer-Schüler Beziehung ist schon in der Jeruschalmi-Version unserer Geschichte vorhanden (allerdings, ohne den Schüler als Jesus zu identifizieren). Der am stärksten „rabbinische" Jesus ist der in t Chul/ QohR/b AS (unten, Kap. 4), aber auch hier gehört die Charakterisierung Jesu als Toralehrer zur palästinischen Schicht der Geschichte (QohR).

Zwei besondere Aspekte der Geschichte sprechen für diese Annahme. Der erste ist die Art des Götzendienstes, dem der häretische Schüler folgt, als er meint, er sei endgültig von seinem Lehrer verstoßen: Er betet einen Ziegelstein an, ein Brauch, der pointiert auf den kulturellen Kontext Babyloniens verweist. Jeder Versuch, hinter diesem Ziegelstein-Kult irgendwelche versteckten Hinweise auf christliche Praktiken zu entdecken,[21] ist unsinnig und geht an der Sache vorbei. Unser Bavli-Redaktor wußte nicht viel von christlichen Bräuchen (und war auch nicht an ihnen interessiert), sondern identifizierte den Götzendienst Jesu einfach mit dem, was man in seiner babylonischen Umwelt als Götzendienst ansah – Anbetung von Ziegelsteinen.[22]

Der andere erkennbar babylonische Aspekt ist die explizite Bezugnahme auf Magie in der Schlußbemerkung des Meisters. Wir haben bereits gesehen, daß Jesus mit ägyptischer Magie in Zusammenhang gebracht wurde (passend zur Kindheitsgeschichte von den Magiern aus

---

[21] Sorgfältig aufgelistet bei Maier, *Jesus von Nazareth*, S. 123.

[22] Wie auch immer dieser Kult geartet war (es könnte sich sogar eher um ein literarisches Motiv als um einen tatsächlichen Brauch handeln). Daß die Verehrung von Ziegelsteinen ein typisch babylonisches Motiv war, geht jedenfalls aus der Tatsache hervor, daß die (ursprünglich in Palästina geführte) Diskussion darüber, ob ein Ei, das kultisch verehrt wurde, danach für einen Juden zum Verzehr erlaubt ist oder nicht, im Bavli (AS 46a) auf einen Ziegelstein ausgeweitet wird: Wenn ein Jude einen Ziegelstein aufgestellt hat, um ihn zu verehren (aber am Ende diesen abscheulichen Akt nicht ausführt), ein Götzendiener dann kommt und ihn doch ausführt – darf ein Jude ihn danach noch benutzen (z.B. zum Bauen)?

dem Osten [!] und der darauf folgenden Flucht Jesu mit
seinen Eltern nach Ägypten im Matthäusevangelium);
nun befinden wir uns mitten in Babylonien, dem ältesten
Mutterland der Magie, und Jesu Götzendienst wird als
das identifiziert, was viele babylonische Juden darunter
verstehen: abweichende oder verbotene Arten von Magie zu praktizieren. Aber die fromme Verdammung von
Magie durch den Meister kann nicht über die Tatsache
hinwegtäuschen, daß Magie durchaus verbreitet und ak-
zeptabel war, gerade in Babylonien. Die zahlreichen
Zauberschalen aus Mesopotamien, die sehr wahrscheinlich von jüdischen Anhängern magischer Praktiken be-
schriftet wurden, legen davon Zeugnis ab.[23]

Bemerkenswerterweise finden sich unter den Namen
auf diesen babylonischen Zauberschalen keine geringeren als unser Jehoschua b. Perachja und, tatsächlich, Jesus. Jehoschua b. Perachja stellt einen Scheidebrief an
weibliche Dämonen aus, um ihre üblen Taten zu stoppen
– das Musterbeispiel eines mächtigen Magiers, dessen
Entscheidung im Himmel abgesegnet ist.[24] Es ist sicher

---

[23] Vgl. Joseph Naveh und Shaul Shaked, *Amulets and Magic
Bowls: Aramaic Incantations of Late Antiquity*, Jerusalem:
Magnes; Leiden: Brill, 1985, S. 17f. Zur Ausübung von Magie
allgemein vgl. Michael G. Morony, „Magic and Society in Late
Sasanian Iraq", in *Prayer, Magic, and the Stars in the Ancient
and Late Antique World*, hrsg. von Scott Noegel, Joel Walker
und Brannon Wheeler, University Park: Pennsylvania State University Press, 2003, S. 83–107.

[24] James A. Montgomery, *Aramaic Incantation Texts from
Nippur*, Philadelphia: University Museum, 1913, Nr. 8 (Z. 6, 8),
9 (Z. 2f.), 17 (Z. 8, 10), 32 (Z. 4), und 33 (Z. 3), S. 154f., 161,
190, 225 (mit Montgomerys Kommentar auf S. 226–228) und
230; Naveh und Shaked, *Amulets and Magic Bowls*, Bowl 5,

kein Zufall, daß er auch in einigen Fragmenten der berüchtigten Jesus-Erzählung *Toledot Jeschu* vorkommt.[25]
Jesu Name wurde erstmals auf einer Zauberschale entdeckt, die Montgomery veröffentlichte,[26] und unlängst
hat Dan Levene eine weitere aus der Sammlung Mous-
saieff hinzugefügt.[27] Die Schale (eine Verfluchung) ist in
jüdisch-babylonischem Aramäisch beschrieben und verweist auf den kulturellen Kontext des sassanidischen
Perserreiches:[28]

S. 158–163; Shaul Shaked, „The Poetics of Spells: Language and
Structure in Aramaic Incantations of Late Antiquity 1; The Di-
vorce Formula and Its Ramifications", in *Mesopotamian Magic:
Textual, Historical, and Interpretive Perspectives*, hrsg. von
Tzvi Abusch und Karel van der Toorn, Groningen: Styx, 1999,
S. 173–195; Dan Levene, *A Corpus of Magic Bowls: Incantation
Texts in Jewish Aramaic from Late Antiquity*, London: Kegan
Paul, 2003, S. 31–39 (Bowls M50 und M59).

[25] Samuel Krauss, *Das Leben Jesu nach jüdischen Quellen*,
Berlin: S. Calvary, 1902, S. 185f.; Louis Ginzberg, *Ginze Schech-
ter: Genizah Studies in Memory of Doctor Solomon Schechter*,
Bd. 1: *Midrash and Haggadah*, New York: Jewish Theological
Seminary of America, 1928 (Nachdruck, New York: Hermon,
1969), S. 329; William Horbury, „The Trial of Jesus in Jewish
Tradition", in *The Trial of Jesus: Cambridge Studies in Honour
of C.F.D. Moule*, hrsg. von Ernst Bammel, London: SCM, 1970,
S. 104f.; Maier, *Jesus von Nazareth*, S. 295, Anm. 291; Zeev
Falk, „Qeta' chadasch mi-,Toledot Jeschu'", *Tarbiz* 46, 1978,
S. 319; Daniel Boyarin, „Qeriah metuqqenet schel ha-qeta' he-
chadasch schel ,Toledot Jeschu'", *Tarbiz* 47, 1978, S. 250.

[26] Montgomery, *Aramaic Incantation Texts*, Bowl 34 (Z. 2),
S. 23: *Jeschua' asja* – „Jesus der Heiler".

[27] Dan Levene, „„...and by the name of Jesus...': An Unpublished Magic Bowl in Jewish Aramaic", *JSQ* 6, 1999, S. 283–
308.

[28] Siehe unten, Kapitel 9.

Im Namen von Ich-bin-der-ich-bin (*ehjeh ascher ehjeh*), des Herrn der Heerscharen (*JHWH Zevaot*), und im Namen von Jesus (*'Ischu*), der die Höhen und die Tiefen mit seinem Kreuz eroberte, und im Namen seines hochgepriesenen Vaters, und im Namen der Heiligen Geister von Ewigkeit zu Ewigkeit. Amen, amen, selah.[29]

Dies ist eine durchaus übliche Beschwörung, die die potentesten Gottesnamen der Hebräischen Bibel, das „Ich-bin-der-ich-bin" von Ex 3, 14 (der Name, den Gott Moses übermittelte) und das Tetragramm JHWH (in der häufigen Verbindung mit „der Herr der Heerscharen") gebraucht. Singulär dagegen ist die Hinzufügung nicht nur von Jesus (in der seltenen Schreibung 'Ischu),[30] sondern auch des Vaters und des Heiligen Geistes,[31] d.h. die Anrufung der christlichen Dreifaltigkeit nach dem Gott der Hebräischen Bibel. Shaul Shaked hat die Implikationen dieser Bezugnahme auf Jesus und die Dreifaltigkeit auf einer in Jüdisch-Aramäisch beschrifteten Schale diskutiert und überzeugend nachgewiesen, daß diese Schale wirklich von einem Juden beschrieben wurde.[32] Das

---

[29] Die Übersetzung folgt der *editio princeps* der Schale von Levene, „and by the name of Jesus", S. 287 (Text) und S. 290 (Übersetzung).

[30] Siehe dazu Levene, „and by the name of Jesus", S. 301 (er schlägt vor, daß diese Schreibung, mit einem einleitenden Aleph, „möglicherweise eine Transkribierung der christlich-syrischen Form ist, so wie sie ausgesprochen, nicht wie sie geschrieben wird").

[31] Der Plural „Heilige Geister" ist höchstwahrscheinlich ein Mißverständnis auf Seiten des (jüdischen) Schreibers der Schale, wie Shaul Shaked bemerkt: „Jesus in the Magic Bowls: Apropos Dan Levene's ‚... and by the name of Jesus...'", *JSQ* 6, 1999, S. 314.

[32] Die Schale ist jedoch nicht der einzige Schalentext in jü-

heißt aber noch nicht notwendigerweise, daß die Schale auch *für* einen Juden beschrieben war. Es ist auch denkbar, so argumentiert Shaked, daß die Auftraggeber der Schale Zoroastrier waren und daß der Gegner, gegen den der Fluch sich richten sollte, ein Christ war.[33] Darum benutzte der jüdische Schreiber der Schale in dem Fluch genau die magischen Namen, von denen er meinte, daß sie gegen einen Christen die beste Wirkung hätten: die Namen des (aus christlicher Sicht) Gottes des Alten und des Neuen Testamentes. Das bedeutet natürlich keineswegs, daß der jüdische Schreiber an Jesus und die Dreifaltigkeit glaubte, aber es besagt gleichwohl, daß er den Namen Jesu kannte und an seine magische Kraft glaubte.

Es ist daher gut möglich, daß die Paarung von Jehoschua b. Perachja und Jesus im Bavli durch „Magie" als dem beiden Figuren gemeinsamen Nenner zustande gekommen ist:[34] Jehoschua b. Perachja, der Erz-Magier aus Babylonien, und Jesus, sein Meisterschüler. Daß der Bearbeiter unserer Sugja im Bavli daraus eine anti-magische Geschichte macht, beweist nur umso mehr, daß die

---

disch-babylonischem Aramäisch, der eine explizite Anspielung auf Jesus enhält, wie Shaked behauptet (ebenda, S. 309): die erste Schale, die Jesus erwähnt, ist die von Montgomery veröffentlichte (oben, Anm. 26).

[33] Shaked, „Jesus in the Magic Bowls", S. 315.

[34] Den Zusammenhang mit Magie hat auch Elchanan Reiner hervorgehoben: „From Joshua to Jesus: The Transformation of a Biblical Story to a Local Myth; A Chapter in the Religious Life of the Galilean Jew", in *Sharing the Sacred: Religious Contacts and Conflicts in the Holy Land, First–Fifteenth Centuries CE*, hrsg. von Arieh Kofsky und Guy G. Stroumsa, Jerusalem: Yad Izhaq Ben Zvi, 1998, S. 258–260.

Verbindung zwischen den zwei Hauptfiguren älter sein muß als die Geschichte in ihrer gegenwärtigen Fassung.

Bemerkenswert ist trotz der innerhalb der Geschichte geäußerten Kritik an Jesus und seiner Magie schließlich der Kontext, in den der Bavli-Redaktor diese stellt: Nicht Jesus, der Magier, sondern vielmehr sein Lehrer Jehoschua b. Perachja wird kritisiert, der den armen Schüler mit seinen beiden Händen wegstößt, d.h. endgültig und unwiderruflich, statt ihn erst (mit der einen Hand) zu bestrafen und ihm dann (mit der anderen Hand) zu vergeben. Diese Interpretation der Geschichte seitens des Redaktors ist umso ironischer als Jehoschua b. Perachja (indem er mit einer Hand [!] ein Zeichen gibt) Jesus eigentlich wieder aufnehmen will, während Jesus die Geste als endgültige Abweisung mißversteht. Dennoch macht der Lehrer einen letzten Versuch, den Schüler zur Buße zu bewegen (selbst, nachdem dieser einen Ziegelstein aufgestellt hat), aber es ist erneut der Schüler, nicht der Lehrer, der entscheidet, daß er wegen der Schwere seiner Sünde nicht mehr für die Buße in Frage kommt.

Insgesamt läßt sich eine erstaunliche Folge von literarischen Schichten in der Bavli-Erzählung aufdecken: Zuerst ist es die Geschichte vom ursprünglich anonymen Schüler, der für sein frivoles Verhalten gerügt und später mit Jesus identifiziert wird. Dann wird sie durch den fehlgeschlagenen Versuch des Schülers erweitert, die Vergebung seines Lehrers zu erwirken (der sich als ein Mißverständnis erweist), woraufhin der Schüler einen Ziegelstein verehrt. Danach mißlingt der letzte Versuch des Lehrers, den Schüler zu retten, weil dieser glaubt, er habe durch seine Sünde jede Vergebung verwirkt. Daß

der „Meister" die Sünde als Magie und den Schüler als
Jesus identifiziert, sieht klar nach einem Zusatz aus. Und
schließlich verurteilt der Bavli-Bearbeiter den Lehrer
(Jehoschua b. Perachja), weil dieser letztlich für den Götzendienst des Schülers (Jesus) verantwortlich ist. Mit anderen Worten, nach der letzten redaktionellen Schicht
des Bavli ist es ein angesehener Rabbi (keine geringere
Figur als der Angehörige eines der berühmten „Paare"),
der für die Entstehung des Christentums die Verantwortung trägt.

4. Der Toralehrer

Der Talmud berichtet nichts über das Leben Jesu bis zu seinem gewaltsamen Ende. Er hat jedoch eine vage Vorstellung von Jesus als Toralehrer, die weitgehend mit dem Jesusbild im Neuen Testament übereinstimmt (siehe besonders die sogenannte Bergpredigt in Matthäus 5–7; nach Lukas 19, 47 lehrte Jesus jeden Tag im Tempel und „die Hohenpriester, die Schriftgelehrten und die übrigen Führer des Volkes suchten ihn umzubringen").[1] Eine Geschichte im Bavli präsentiert Jesus als einen solchen Toralehrer im Dialog mit Rabbinen seiner Zeit und führt sogar seine halakhische Exegese an. In typisch rabbinischer Manier wird seine Lehre aus dem Mund eines seiner getreuen Schüler übermittelt. Allerdings fällt auf, daß die Geschichte sich gar nicht direkt mit Jesus selbst (und auch wenig mit seinem Schüler) befaßt, sondern vielmehr mit einem angeblichen *rabbinischen* Anhänger Jesu und dessen Lehre, mit anderen Worten, daß hier die christliche Sekte im Spiegel ihrer Wahrnehmung durch die Rabbinen attackiert wird. Der Text findet sich im Bavli im Traktat Avoda Sara 16b-17a, und diesmal haben wir auch zwei palästinische Parallelen in Tosefta Chullin und Qohelet Rabba zur Verfügung.[2] Meine

---

[1] Vgl. auch Lk 21, 37; Mt 26, 55; Mk 14, 49; Joh 7, 14–16; 18, 20.

[2] t Chul 2, 24; QohR 1, 24 zu Pred 1, 8 (1, 8 [3]).

Übersetzung basiert auf der Version der Wilnaer Ausgabe des Bavli und wird, wo nötig, abweichende Lesungen in den Handschriften des Bavli sowie Parallelstellen berücksichtigen:

Unsere Lehrer haben gelehrt: Als R. Elieser wegen Häresie (*minut*) festgenommen wurde, brachten sie ihn vor Gericht, um ihm den Prozeß zu machen. Der [römische] Statthalter (*hegemon*) sprach zu ihm: Wie kann ein alter Mann wie du sich mit so nichtigen Dingen beschäftigen? Er [R. Elieser] antwortete: Ich weiß, daß der Richter verläßlich (*ne'eman*) ist![3] Weil der Statthalter glaubte, er sei gemeint – obwohl jener in Wirklichkeit seinen Vater im Himmel meinte – sagte er zu ihm: Weil Du mich als verläßlich[4] erkannt hast, *dimissus*[5]: Du bist entlassen!

Als er [R. Elieser] nach Hause zurückkehrte, kamen seine Schüler, um ihm Trost zu spenden, aber er wollte nicht getröstet werden. Da sagte R. Aqiva zu ihm: Meister, erlaubst du mir, etwas zu sagen, was du mich gelehrt hast? Er antwortete: Sprich! Er [Aqiva] sagte zu ihm: Meister, kann es sein, daß du (irgend einer Art von) Häresie (*minut*) begegnet bist und Gefallen daran gefunden hast und darum festgenommen wurdest? Er [R. Elieser] entgegnete ihm: Aqiva, du hast mich an etwas erinnert! Einmal ging ich durch den oberen Markt von Sepphoris, da begegnete mir[6] jemand/ein Schüler des Jesus von Nazareth,[7] und dessen Name war Jakob von Kefar Sekhanja.[8]

---

[3] Auch im Sinne von „vertrauenswürdig" und „gerecht" zu verstehen.

[4] Oder: „gerecht".

[5] Der Bavli und alle Parallelstellen gebrauchen hier das lateinische Wort in hebräischen Buchstaben.

[6] So in t Chul (*mazati*, wörtl. „ich fand").

[7] Ausdrückliche Nennung von Jesus in Mss. München 95, Paris Suppl. Heb. 1337 und JTS Rab. 15.

[8] Oder „Sikhnaja".

Er [Jakob] sagte zu mir:[9] Es steht geschrieben in eurer Tora: Du sollst nicht bringen Dirnenlohn [oder Hundegeld ins Haus des Herrn, Deines Gottes] (Deut 23, 19). Darf man das Geld verwenden, um daraus eine Latrine für den Hohen Priester zu machen? Ich gab darauf keine Antwort.

Er [Jakob] sagte zu mir: So hat mich gelehrt [Jesus von Nazareth]:[10] Vom Dirnenlohn ist es gesammelt[11] und zu Dirnenlohn soll es[12] zurückkehren (Mi 1, 7) – vom Ort des Schmutzes ist es gekommen, möge es an einen Ort des Schmutzes zurückkehren.

Dieses Wort hat mir sehr gefallen, und darum wurde ich wegen Häresie (minut) festgenommen. Weil ich übertreten habe, was in der Tora steht: Halte deinen Weg fern von ihr (Spr 5, 8) – damit ist Häresie (minut) gemeint; und nähere dich nicht der Tür ihres Hauses – das betrifft die Obrigkeit (raschut).

Manche aber sagen: Halte deinen Weg fern von ihr (Spr 5, 8) – das bedeutet Häresie und die Obrigkeit;[13] und nähere dich nicht der Tür ihres Hauses (ebenda) – das betrifft die Dirne.[14]

Und wie fern (soll man sich halten)? Rav Chisda sagte: vier Ellen.

---

[9] t Chul: „Er sagte mir ein Wort der Häresie (minut) im Namen von Jesus, Sohn des Pantiri/Pandera" (die nachfolgende Auslegung von Deut 23, 19 und Mi 1, 7 fehlt in t Chul); QohR: „Er sagte mir etwas (wörtl. ein gewisses Wort) im Namen von So-und-so" (aber einige Handschriften und Drucke von QohR haben „im Namen von Jesus ben Pandera"; vgl. Maier, *Jesus von Nazareth*, S. 296, Anm. 305 und die Tabelle unten, S. 271).

[10] Mss. München 95 und Paris Suppl. Heb. 1337; Ms. JTS Rab. 15: „So lehrte ihn Jesus sein Meister."

[11] Wenn *qubbzah* statt *qibbazah* gelesen wird.

[12] Das Geld, im Hebräischen Plural.

[13] QohR hat nur: „Häresie".

[14] QohR: „Prostitution" (*senut*).

Diese sonderbare Geschichte, durch ihre Eingangsfor-
mel als eine Baraita und somit eine frühe palästinische
Tradition erkenntlich, wirft mehr Fragen auf als Antworten zu geben. Zunächst bleibt ganz unklar, warum
R. Elieser festgenommen wurde und was die Häresie
war, derer ihn der römische Statthalter bezichtigte. R.
Elieser ist der bekannte Elieser b. Hyrkanos (spätes er-
stes/frühes zweites Jahrhundert n. Chr.), der bevorzugte
Schüler von Rabban Jochanan b. Sakkai und Inbegriff
rabbinischer Pflichterfüllung und Entschlossenheit.[15]
Die römischen Machthaber nahmen ihn aber wohl kaum
ohne Grund fest. Die einzige Anklage, die während der
Gerichtsverhandlung zur Sprache kommt, besteht darin,
daß er sich mit „solch nichtigen Dingen" beschäftigte.[16]
Der Angeklagte macht keine Anstalten, sich zu verteidigen: Er legt sein Schicksal einfach in die Hände des
himmlischen Richters. Der irdische Richter, in der Annahme, der Angeklagte beziehe sich auf ihn, entläßt den
Rabbi.

Was mag die „nichtige Sache" gewesen sein, mit der
sich der Rabbi beschäftigte und die den Zorn der römischen Machthaber hervorrief? Merkwürdigerweise weiß
R. Elieser selbst nicht, was man ihm vorwirft und bedarf

---

[15] Zu Elieser b. Hyrkanos siehe Jacob Neusner, *Eliezer Ben
Hyrkanus: The Tradition and the Man*, 2 Bde., Leiden: Brill,
1973. Zur Analyse unserer Geschichte vgl. Bd. 1, S. 400–403
und Bd. 2, S. 366ff.; Neusner ist sicher, daß Elieser „kein *min* gewesen sein kann", obgleich „schwer zu sagen ist, ob der vorlie-
gende Bericht etwas mitteilt, was wirklich geschehen ist" (Bd. 2,
S. 367).

[16] Von allen drei Versionen läßt nur t Chul das Wort „nich-
tig" aus.

seines Schülers (Aqiva), sich zu erinnern. Schlimmer
noch, der Rabbi scheint die Anklage zu akzeptieren, weil
er – statt über die offenbar unerwartete Entlassung froh
zu sein – für das, was er getan hat, getröstet werden
muß. Ein Anhaltspunkt für die mysteriöse Anklage mag
in einem nur in der Tosefta Chullin erhaltenen Zusatz zu
unserer Geschichte gegeben sein. Dort sagt der Statthalter: „Weil du mich als verläßlich über dich erkannt hast,
habe ich folgendes gesagt (= entschieden): […] *dimissus:*
Du bist entlassen!“ Leider ist es schwierig zu ermitteln,
was genau der Statthalter sagt, bevor er das Ergebnis,
dimissus, verkündet. Der hebräische Text lautet: *efschar
schhsjbw hallalu to‘im ba-devarim hallalu,* wobei das
entscheidende Wort *schhsjbw* ist, das im vorliegenden
Kontext wenig Sinn ergibt. Forscher haben darum die
Konjektur *sche-ha-sevot hallalu* (von *sevah,* „graues
Haar“) vorgeschlagen, also: „Ist es möglich, daß diese
grauen Haare sich in solchen Dingen irren?“ – worauf
die Antwort folgt: „Offensichtlich nicht, darum: *dimissus:* Du bist entlassen!“[17]

Das Problem bei dieser Konjektur ist, daß sie die Hinzufügung eines Buchstabens erfordert, der in den Handschriften nicht bezeugt ist (*schhsjbwt* = *sche-ha-sevot*),
ganz abgesehen davon, daß diese Konjektur nichts dazu
beiträgt, die Entscheidung des Statthalters besser zu verstehen (nur weil der Rabbi alt ist, muß er von einer aus-

---

[17] So übersetzt Neusner in *The Tosefta Translated from the
Hebrew, Fifth Division: Qodoshim (The Order of Holy Things),*
New York: Ktav, 1979, S. 74, und, fast identisch, in *Eliezer Ben
Hyrkanus,* Bd. 1, S. 400; vgl. auch Saul Lieberman, „Roman Le-
gal Institutions in Early Rabbinics and in the Acta Martyrorum“,
JQR, N.S., 35, 1944/45, S. 20f.

gesprochen schweren Anklage freigesprochen werden?).[18]
Maier hat eine durchaus plausible andere Lösung vorgeschlagen. Danach kann das problematische Wort auch
hesebu gelesen werden und bedeutet dann in Übersetz-
zung: „Ist es möglich, daß sie [R. Elieser und seine
Freunde] zu Tisch gelegen haben? Diese [die Ankläger]
irren sich in bezug auf diese Dinge, darum: *dimissus*: Du
bist entlassen!"[19] So gelesen, spricht der römische Statt-

---

[18] Auch die Version in QohR hilft nicht weiter, denn sie liest:
„Ist es möglich, daß diese rabbinischen Schulen (*jeschivot
hallalu*) in solchen Dingen irren?" (Lieberman, S. 20, Anm. 129,
findet in QohR das korrupte Wort *schjschjschbwt* und emendiert
zu *sche-sevot*, aber die Emendierung von *sche-jeschivot*, die die
gedruckte Ausgabe tatsächlich vornimmt, ist weitaus plausibler).
Es ist natürlich denkbar, daß R. Eliesers Kollegen den Statthalter
bestochen haben und dieser dann R. Eliesers graues Haar = hohes Alter und Zeichen der Weisheit als „Entschuldigung" für
seine Freilassung benutzt hat, aber eine solche Erklärung ist nicht
sehr überzeugend. Richard Kalmin (in einer schriftlichen Bemerkung zu meinem Manuskript) und einer der anonymen Leser des
Manuskriptes haben mich darauf hingewiesen, daß der fehlende
Buchstabe in *schhsjbw[t]* in der Tosefta wie überhaupt in hebräischen Handschriften durchaus keine Seltenheit ist. Das
mag stimmen, aber dennoch: warum kein Abkürzungszeichen
(*schhsjbw'*), und warum fehlt gerade so ein entscheidener Buchstabe in einer so wichtigen Passage? Ferner: Das „graue Haar" ist
klar durch die Übersetzung von *saqen* mit „alter Mann" beeinflußt, doch ist diese Übersetzung nicht zwingend. Wie uns Solomon Zeitlin in Erinnerung ruft („Jesus in the Early Tannaitic Literature", in *Abhandlungen zur Erinnerung an Hirsch Perez
Chajes*, Wien: Alexander Kohut Memorial Foundation, 1933,
S. 298), kann *saqen* auch „Gelehrter, Weiser" heißen und muß
nicht unbedingt auf hohes Alter und graue Haare verweisen.

[19] Maier, *Jesus von Nazareth*, S. 152–154. Maier versteht
den ersten Teil nicht als eine Frage, sondern als eine Aussage,
was aber hier auf dasselbe hinausläuft. Der Schwachpunkt die-

halter R. Elieser von der Teilnahme an einem verbotenen
Mahl (Symposium) frei, entweder eine christliche *agape*
oder irgendeine Art orgiastischen Kults (*Bacchanalia*)
oder beides, denn das christliche Mahl konnte leicht als
ein geheimer und konspirativer Kult mit orgiastischen
Riten mißverstanden werden.[20] Die Häresie (*minut*), de-

---

ser Erklärung ist, wie Richard Kalmin richtig anmerkt, daß der
Statthalter sich plötzlich nicht mehr nur an R. Elieser, sondern
an eine ganze Gruppe von Verdächtigen wendet und daß nicht
klar wird, warum die Ankläger irrten. Man könnte dagegen
einwenden, daß nur R. Elieser es war, der festgenommen wurde
oder, daß der Statthalter ein Exempel an (dem alten und ehrwürdigen) R. Elieser statuieren wollte – und daß die Tosefta
ohnehin nicht die Absicht hatte, einen Bericht von der Gerichtsverhandlung zu geben.

[20] Iust.dial., 10, 1; Tert.apol., 7 und 8; (vgl. unten, S. 201ff.).
Daß der gegen Christen bzw. Judenchristen erhobene Vorwurf
sexueller Promiskuität weit verbreitet und auch in der rabbinischen Literatur gut bekannt war, wird aus einer Geschichte über
R. Jonathan, einen palästinischen Amoräer der ersten Generation, in QohR 1, 25 zu Pred 1, 8 (1, 8 [4]) ersichtlich, die dort unmittelbar auf unsere Geschichte von R. Elieser folgt (Übersetzung nach Visotzky, *Fathers of the World*, S. 80, die auf der kritischen Edition von Marc G. Hirschman basiert): „Ein Schüler R.
Jonathans floh zu ihnen [den Judenchristen?]. Er ging hin und
fand heraus, daß er [tatsächlich] einer jener Bösen geworden war.
Die Häretiker schickten [eine Nachricht an R. Jonathan]: Rabbi,
komm und nimm teil an den Liebesbezeugungen für eine Braut.
Er ging und traf sie mit einer jungen Frau (sexuell) beschäftigt an.
Er rief aus: Benehmen sich so etwa Juden?! Sie entgegneten: Steht
nicht in der Tora geschrieben: Wirf dein Los in unserm Kreis, gemeinsam sei uns der Beutel (Spr 1, 14)? Er floh, und sie setzten
ihm nach, bis er die Tür seines Hauses erreichte und sie ihnen vor
der Nase zuschlug. Sie verspotteten ihn: R. Jonathan, brüste dich
vor deiner Mutter, daß du dich nicht umgedreht und uns gar
nicht zugesehen hast! Denn hättest du dich umgedreht und uns

rer er von einigen anonymen Informanten beschuldigt wurde, könnte somit die Zugehörigkeit zu einem verbotenen Kult bzw. zum Christentum gewesen sein, eine schwerwiegende Beschuldigung, die das Einschreiten der römischen Behörden erforderte.

Sollte das der Fall gewesen sein, so bietet jedoch die angeblich häretische Lehre, die R. Elieser von Jakob im Namen Jesu (ben Pandera) hört und die ihm so gut gefällt, keinen Anhaltspunkt für diese Beschuldigung. Sehen wir uns die viel ausführlichere und kohärentere Version in Qohelet Rabba genauer an. Dort argumentiert Jakob – im Namen Jesu – folgendermaßen:[21]

[Jakob sagte:] Es steht in eurer Tora geschrieben: Du sollst nicht bringen Dirnenlohn und Hundegeld[22] in das Haus des Herrn, deines Gottes [als Zahlung] für irgendein Gelübde, denn alle beide sind dem Herrn, deinem Gott, ein Greuel (Deut 23, 19). Was soll man mit ihnen (dem Geld) machen?

Ich [R. Elieser] sagte ihm: Sie sind [zum Gebrauch] verboten.

Er [Jakob] sagte zu mir: Für Opfer sind sie verboten, aber es ist zulässig, über sie zu verfügen.

Ich antwortete: In dem Falle, was soll mit ihnen geschehen?

Er sagte zu mir: Laß davon Bäder und Aborte errichten.

Ich antwortete: Gut hast du gesprochen, denn [diese besondere] Halakha[23] war mir im Augenblick entfallen.

---

zugesehen, würdest du uns mehr hinterherjagen als wir dir hinterhergejagt sind."

[21] QohR 1, 24 zu Pred 1, 8 (1, 8 [3]).

[22] „Hund" ist vermutlich eine Metapher für einen männlichen Prostituierten.

[23] Die Soncino-Übersetzung schlägt vor, daß es um eine Halakha, nicht auf einen *min* zu hören, geht, aber es sieht mehr da-

Als er sah, daß ich seinen Worten zustimmte, sagte er zu mir: So hat mich So-und-so (*ploni*) gelehrt: Von Unflat sind sie gekommen und zu Unflat gehen sie wieder hinaus (= für Unflat sollten sie verwendet werden), wie es heißt: Denn vom Dirnenlohn sind sie gesammelt und zum Dirnenlohn sollen sie zurückkehren (Mi 1, 7) – man möge sie für öffentliche Aborte verwenden!

Dies[e Auslegung] gefiel mir, und deswegen wurde ich wegen Häresie festgenommen.

Dies ist eine schlüssige und völlig überzeugende Halakha: Die Bibel verbietet, aus Prostitution[24] gewonnenes Geld für Opfergaben im Tempel (zur Einlösung eines Gelübdes) zu verwenden. Die Frage erhebt sich, ob solch Geld nur für kultische Zwecke verboten ist und für andere Zwecke verwendet werden darf oder generell zur Weiterverwendung verboten bleibt. R. Elieser vertritt die strengere halakhische Sicht, die aus Prostitution gewonnenes Geld grundsätzlich verbietet, während Jakob bzw. Jesus die mildere Position einnimmt und die Verwendung für das öffentliche Wohl erlaubt, nämlich, Bäder und Aborte damit zu errichten. Beides sind Einrichtungen, die mit Entsorgung von Schmutz zu tun haben – welch besseren Gebrauch könnte man daher von Geld machen, das aus Schmutz hervorgegangen ist (fast ironisch geht der Bavli noch einen Schritt weiter: Das Geld dürfe selbst für die Errichtung eines Aborts für den Hohen Priester verwendet werden, vermutlich sogar auf

---

nach aus, daß es sich um eine Halakha zum Einkommen aus Prostitution handelt.

[24] In der Bibel geht es um Tempelprostitution, aber in diesem Kontext ist in einem weiteren Sinne Geld aus jeglicher (weiblicher und männlicher) Prostitution gemeint.

dem Tempelplatz selbst)? R. Elieser akzeptiert die halakhische Entscheidung von Jakob bzw. Jesus nicht nur, er
findet auch besonderes Vergnügen am biblischen Belegtext Micha 1, 7 und seiner Anwendung auf diesen Fall.

Nichts an diesem halakhischen Diskurs ist besonders
christlich. Es ist durchaus üblich, daß ein Rabbi den
strengeren und sein Gegner den milderen Standpunkt
vertritt, und ebenso wird meist die mildere Version akzeptiert. Sollen wir also R. Eliesers eigene „Entdeckung"
– daß er der Häresie beschuldigt wurde, weil er an dieser
besonderen halakhischen Darlegung Gefallen fand – als
völlig unzuverlässig ablehnen? Zwei Antworten auf
diese Frage sind möglich, die sich nicht gegenseitig ausschließen, sondern sogar einander ergänzen. Die erste
und recht naheliegende lautet, daß die Frage, ob der *Inhalt* der Halakha selbst auf das Christentum verweist,
nicht relevant ist. Der biblische Befehl „Halte dich fern
von ihr und nähere dich nicht der Tür ihres Hauses" (Spr
5, 8) bezieht sich nach R. Eliesers eigener Interpretation
auf Häresie und die herrschende römische Macht. R.
Elieser verstößt gegen diesen Befehl, indem er sich mit
jemandem einläßt, der als Schüler von Jesus und wegen
seiner häretischen Ansichten bekannt war. Das heißt, es
kommt weniger darauf an, *was* gesagt und gelehrt
wurde, als vielmehr darauf, *wer* es getan hat. Selbst
wenn die Lehren des Häretikers mit denen der Rabbinen
in Einklang stehen und somit halakhisch korrekt sind,
spielt das keine Rolle: Sie sind ungültig und gefährlich,
weil sie von einem Häretiker kommen.

Und dennoch, selbst wenn jeglicher Kontakt mit einem Häretiker verboten ist (ganz gleich ob dessen halakhische Ableitung richtig ist oder nicht), so ist das

noch nicht alles. Wenn wir uns den Vers aus den Sprüchen (5, 8) noch einmal genauer ansehen, können wir noch eine tiefere Bedeutung entdecken. Dieser Vers, mit dem R. Elieser seine Selbsterforschung in allen drei Versionen unserer Geschichte abschließt, bezieht sich ursprünglich auf die „fremde" bzw. „leichtfertige" Frau, die Prostituierte, deren Lippen von Honig triefen und deren Ende der Tod ist (5, 3–5). Die Version der Tosefta interpretiert den Vers nicht ausdrücklich,[25] aber sowohl der Bavli wie auch Qohelet Rabba beziehen den einen Teil des Verses auf Häresie und den anderen auf Prostitution.[26] Anders gesagt, wenn wir den Text wörtlich nehmen, gibt R. Elieser zu,[27] daß seine Schuld in einer Häresie liegt, die mit Prostitution zu tun hat. Diese Interpretation bestärkt unsere Lesung von Tosefta Chullin, wonach R. Elieser nicht nur in dem Verdacht steht, sich mit Prostituierten einzulassen (schlimm genug für so einen strengen und frommen Rabbi), sondern auch an sexuellen Orgien teilzunehmen.

Die Beschreibung der „leichtfertigen Frau" in der Fortsetzung von Sprüche bietet weitere und noch auffälligere Details. In Kapitel 7 wird sie eine Prostituierte ge-

---

[25] Sie beschließt aber den Abschnitt mit Eliesers eigenem Diktum: „Man sollte Häßliches (*ki'ur*) und was so aussieht immer fliehen." „Häßlich" verbindet er offenbar mit sexueller Unreinheit; vgl. Maier, *Jesus von Nazareth*, S. 158.

[26] Die Auslegung des Bavli ist komplexer: Zuerst bezieht er den ersten Teil des Verses auf Häresie und den zweiten auf die römische Macht und in der zweiten (anonymen) Auslegung bezieht er den ersten Versteil auf Häresie *und* die römische Macht und den zweiten Teil des Verses auf Prostitution.

[27] Oder genauer: die anonyme Auslegung läßt R. Elieser zugeben.

nannt, die dem jungen Mann auflauert, um ihn zu verführen (Spr 7, 11–15):

Sie ist laut und ungezügelt; ihre Füße bleiben nicht im Haus;
  bald auf den Gassen, bald auf den Plätzen und an jeder
Straßenecke lauert sie.
  Sie packt ihn und küßt ihn, und mit keckem Gesicht sagt
sie zu ihm:
  Ich war zu Heilsopfern verpflichtet, und heute habe ich
meine Gelübde erfüllt;
  darum bin ich jetzt ausgegangen, dir entgegen, um dich zu
suchen und ich habe dich gefunden!

Diese plastische Schilderung einer Prostituierten ist in
unserem Kontext umso bemerkenswerter, als sie eine
ganz unerwartete Verbindung zwischen dem aufreizen-
den Benehmen der Frau und den Tempelopfern herstellt,
genau die Verbindung, die Deuteronomium 23, 19 verbietet und auf die in unserer Geschichte die halakhische
Exegese von Jakob bzw. Jesus verweist. Das kann kaum
ein Zufall sein. Es scheint, daß der Bearbeiter unserer
Geschichte zwei Dinge im Auge hatte: Zum einen, daß
R. Elieser tatsächlich angeklagt war, Mitglied einer verbotenen (orgiastischen) Sekte zu sein, und zum anderen,
daß er, weil er sich (angeblich) mit einer Prostituierten
einließ, die die Tempelabgabe aus ihrem durch Prostitution verdienten Geld bezahlte, gegen Jesu (und seine eigene) Halakha verstieß, wonach solches Geld nicht für
Dinge benutzt werden darf, die mit dem Tempel in Verbindung stehen.

  Die Forschung hat große Anstrengungen unternommen, den historischen R. Elieser b. Hyrkanos mit dem
Ende des ersten und zu Beginn des zweiten Jahrhunderts n. Chr. entstehenden Christentum in Verbindung

zu bringen.[28] Die Vermutung wurde geäußert, daß Jakob, Jesu Schüler, entweder Jesu Bruder Jakob (Mk 6,
3; Mt 13, 55; Apg 12, 17; 15, 13) oder Jesu Schüler Jakob, der Sohn des Alphäus (Mk 3, 18; Mt 10, 3; Lk 6,
15; Apg 1, 13), gewesen sei und daß der Prozeß Eliesers
etwas mit den Christenverfolgungen im frühen zweiten
Jahrhundert n. Chr. zu tun hatte.[29] Dies setzt allerdings
eine erhebliche Streckung des Zeitrahmens voraus,
denn die Begegnung mit Jakob in Sepphoris müßte viel
früher als das Gerichtsverfahren statt gefunden haben
(was Jakob, den Sohn des Alphäus, betrifft, so wurde
dieser schon um 62 n. Chr. gesteinigt): Nicht nur, daß
zwischen der häretischen Verschwörung in Sepphoris
und der Gerichtsverhandlung viel Zeit verstrichen sein
muß, R. Elieser müßte auch sehr alt geworden sein, bevor er schließlich vor Gericht gebracht wurde (ganz abgesehen davon, daß die römische Macht auch unver-
hältnismäßig lange gebraucht haben müßte, um sein
Verbrechen zu verfolgen).

Eine solche Rekonstruktion von R. Eliesers Häresie
und Hinneigung zum Christentum ist nicht sehr überzeugend und somit eine leichte Beute für Maiers gelehr-

---

[28] Siehe dazu die erschöpfenden Verweise bei Maier, *Jesus
von Nazareth*, S. 159, Anm. 327.

[29] Nach Herford, *Christianity*, S. 137ff., um 109 n. Chr.;
siehe auch Rudolf Freudenberger, „Die *delatio nominis causa* gegen Rabbi Elieser ben Hyrkanos“, *Revue internationale des
droits de l'antiquité*, 3. Ser., 15, 1968, S. 11–19. Boyarin ist ohne
jede weitere Diskussion davon überzeugt, daß der Prozeß Teil der
Trajanischen Christenverfolgungen war (*Dying for God*, S. 26),
offenbar im Anschluß an Lieberman, „Roman Legal Institutions“, S. 21.

ten Scharfsinn.[30] Es ist sehr unwahrscheinlich, daß unsere Geschichte eine historische Begegnung zwischen R.
Elieser und einem Schüler Jesu in der Stadt Sepphoris in
Galiläa wiedergibt, und noch viel weniger wahrscheinlich ist es, daß die halakhische Entscheidung bezüglich
des Hurenlohns sich auf eine authentische Aussage Jesu
bezieht. Aber, nochmals, darum geht es hier nicht. Derart simple und positivistische Historizität abzulehnen,
heißt noch nicht, daß die Geschichte nicht irgendeine
Art von Wirklichkeit widerspiegelt, genauer gesagt, eine
bestimmte Wahrnehmung von Jesus und vom Christentum. Der Name Jesus (Jesus ben Pandera / Jesus von
Nazareth) ist in den Handschriften gut bezeugt, und
Maiers Versuche, ihn aus dem Text herauszuwerfen oder
als spätere Zufügung zu deklarieren,[31] sind allesamt ge-
waltsam. Der Schluß ist darum berechtigt, daß die Geschichte etwas mit Jesus (und mit seiner Lehre) zu tun
hat und daß R. Eliesers Häresie sich auf das Christentum bezieht.

Die eigentliche Frage bleibt darum: Was genauer ist
die Wirklichkeit, die die rabbinischen Quellen über das
Christentums offenbaren? Für Boyarin – der kühn und
ohne weitere Umschweife davon ausgeht, daß R. Elieser
wegen seiner Verbindung mit dem Christentum festgenommen wurde[32] – gibt unsere Geschichte den frühen
rabbinischen Diskurs mit dem aufkommenden Christentum (das noch als Bestandteil des Judentums galt) wieder, einem Christentum, von dem die Rabbinen gleich-

---

[30] *Jesus von Nazareth*, S. 163; siehe auch Boyarin, *Dying for
God*, S. 31.
[31] Maier, *Jesus von Nazareth*, S. 165.
[32] Boyarin, *Dying for God*, S. 27 mit Anm. 22.

zeitig angezogen und abgestoßen waren.[33] R. Elieser ist für Boyarin der Inbegriff einer „Schwellenfigur" („the very figure of liminality") und personifiziert die Spannung zwischen Judentum und Christentum. Durch Elieser akzeptieren und verneinen die Rabbinen zugleich, „daß die Christen unter uns sind, und sie markieren die virtuelle Identität zwischen sich und den Christen in ihrer Welt, während sie sich gleichzeitig sehr aktiv darum bemühen, den Unterschied herauszustellen."[34]

Das ist sicher richtig, und Boyarin scheut keine Mühe, den Leser davon zu überzeugen, daß er damit keinen simplistischen und positivistischen Modellen folge, sondern „neuen Methodologien", nach denen R. Elieser „nicht mehr eine historische Figur des ersten Jahrhunderts, sondern eine ‚fiktive' im dritten Jahrhundert ist", und daß er (Boyarin) historische Schlüsse „nicht in Bezug auf Ereignisse, sondern auf Ideologien, soziale Bewegungen, kulturelle Konstruktionen und, insbesondere, Unterdrückung" ziehe.[35] Niemand wird heute mehr einen solchen Ansatz ablehnen: Nicht das Ereignis als sicheres und beweisbares historisches „Faktum" steht zur Diskussion, sondern das, was sich in all seiner Komplexität und seinen historischen Verästelungen darum herum entwickelt hat.[36] Wir sollten jedoch keine zu

---

[33] Ebenda, S. 27.

[34] Ebenda, S. 32.

[35] Ebenda, S. 31.

[36] Dennoch, es ist keine leichte Aufgabe, diesen Zugang auch umzusetzen. Selbst in Boyarins Ausführungen gibt es eine auffällige Diskrepanz zwischen Absichtserklärung und Durchführung: Seine Interpretation liest sich oft wie eine typisch positivistische Rekonstruktion der Wirklichkeit und zuweilen fragt man sich,

starre Grenzlinie zwischen dem „historischen" und dem
„fiktiven" Charakter einer Geschichte ziehen. Beide gehören eng zusammen und selbst auf die Gefahr hin, damit wieder in die schlechte Angewohnheit des Positivis-
mus zurückzufallen, möchte ich behaupten, daß die
Rabbinen in ihren Geschichten (einschließlich der vorliegenden) mehr als nur die Wahrnehmung (und Anerkennung) des christlichen Aufbruchs vom gemeinsamen
Grund des rabbinischen Judentums offenbaren. Wahrnehmung und Anerkennung sind alles andere als ab-
strakte Konstrukte, denn sie gründen in der *Wirklichkeit* und *Erfahrung* des Geschehens. Beide können und
müssen in allen Einzelheiten beschrieben werden. Was
die Geschichten über Jesus und seine Anhänger betrifft,
so offenbaren sie in der Tat Kenntnisse von der christlichen Sekte und ihres Helden, und diese Kenntnisse sind
nicht etwa ein verzerrter und vager Mischmasch aus diesem und jenem, sondern eine gut durchdachte Attacke
gegen das, was die Rabbinen als die Wirklichkeit der jüdisch-christlichen Botschaft erfuhren.[37]

Mit diesen methodologischen Überlegungen im Sinn
wollen wir uns noch einmal der Geschichte R. Eliesers
zuwenden. Sie kombiniert zwei Stränge, die beide auf die
neutestamentliche Botschaft reagieren.

(1) Der erste Strang, der Kern der Geschichte, ist die
Anklage gegen R. Elieser, den angeblich christlichen Häretiker, wegen Prostitution bzw. sexueller Orgien. Dieser

---

ob er nicht seine methodisch völlig richtigen Absichten vergessen
hat.
[37] Zur wichtigen Unterscheidung zwischen palästinischen
und babylonischen Quellen siehe unten, S. 228ff.

Vorwurf paßt sehr gut zu dem, was wir bisher über Jesus selbst gehört haben: daß er das illegitime Kind aus der Liaison seiner Mutter Miriam mit dem römischen Soldaten Pandera war, daß er persönlich ein recht unseriöses Leben führte und daß er von seinem Lehrer wegen frivoler Gedanken exkommuniziert wurde. Jesus und sexuelle Verstöße scheinen ein immer wiederkehrendes Thema in der (späteren) talmudischen Behandlung des Christentums zu sein, und die Geschichte von R. Elieser ist der früheste Beleg für dieses Motiv.[38] Allerdings ist es dort nicht gegen Jesus selbst, sondern gegen seine Anhänger gerichtet. Wir werden sehen, daß diese besondere Variante mit den Fragmenten antichristlicher Polemik, die bei frühen christlichen Autoren des zweiten Jahrhunderts n. Chr. zitiert werden, übereinstimmt.[39] In jedem Falle kommt dieser Strang der Elieser-Geschichte sehr nahe an das heran, was als die historische Wirklichkeit des aufkommenden Christentums wahrgenommen wurde.

(2) Der zweite Strang – von Boyarin, im Anschluß an Lieberman[40] und Guttmann[41] angemessen herausgearbeitet – ist weniger direkt und wird erst erkennbar, wenn

---

[38] Interessanterweise spielt derselbe R. Chisda, der unsere Geschichte (im Bavli und in QohR) mit der ironischen Aussage beschließt, man müsse vier Ellen von der Dirne entfernt bleiben, eine prominente Rolle in mehreren anderen Jesus-Geschichten des Bavli.

[39] Siehe unten, S. 201ff.

[40] In dessen unveröffentlichten Vorlesungen.

[41] Alexander Guttmann, „The Significance of Miracles for Talmudic Judaism", *HUCA* 20, 1947, S. 374ff.; ders., *Studies in Rabbinic Judaism*, New York: Ktav, 1976, S. 58ff.

wir die rabbinische Persönlichkeit des R. Elieser b. Hyrkanos näher in den Blick nehmen. R. Elieser ist berühmt
für seinen Zusammenstoß mit seinen rabbinischen Kollegen in einer komplizierten, aber relativ unwichtigen
halakhischen Frage, der Struktur des Akhnaiofens. Als
die Kollegen seine Argumentation zurückweisen, nimmt
er Zuflucht zu „unorthodoxen" Methoden:

Es wird gelehrt: An jenem Tage machte R. Elieser alle Ein-
wendungen der Welt, aber sie [seine Kollegen] nahmen sie
nicht von ihm an.

Er sagte zu ihnen: Wenn die Halakha auf meiner Seite ist,
so mag dies dieser Johannisbrotbaum beweisen! [Daraufhin]
rückte der Johannisbrotbaum hundert Ellen – andere sagen
vierhundert Ellen – von seinem Ort. Sie erwiderten: Man
bringt keinen Beweis von einem Johannisbrotbaum!

Ein weiteres Mal sagte er zu ihnen: Wenn die Halakha auf
meiner Seite ist, so mag dieser Wasserlauf dies beweisen!
[Daraufhin] floß der Wasserlauf rückwärts. Sie erwiderten:
Man bringt keinen Beweis von einem Wasserlauf!

Ein weiteres Mal sagte er zu ihnen: Wenn die Halakha auf
meiner Seite ist, so mögen die Wände des Lehrhauses dies beweisen! [Daraufhin] neigten sich die Wände des Lehrhauses
und drohten einzustürzen. Aber R. Jehoschua schrie sie an:
Wenn die Gelehrten in einen halakhischen Disput verwickelt
sind, was geht das euch an? Daher stürzten sie nicht ein, wegen der Ehre von R. Jehoschua, aber sie richteten sich auch
nicht wieder auf, wegen der Ehre von R. Elieser; sie stehen immer noch schräg geneigt.

Wieder sagte er zu ihnen: Wenn die Halakha auf meiner
Seite ist, so möge der Himmel dies beweisen! [Daraufhin] er-
scholl eine Himmelsstimme (*bat qol*): Warum streitet ihr mit
R. Elieser – die Halakha ist stets auf seiner Seite! [Daraufhin]
stand R. Jehoschua auf und sagte: Sie [die Tora] ist nicht im
Himmel (Deut 30, 12). Was bedeutet: Sie ist nicht im Himmel? R. Jirmeja sagte: Da die Tora schon auf dem Berg Sinai

gegeben wurde, beachten wir eine Himmelsstimme nicht, weil du [Gott] schon seit langem in der Tora auf dem Berg Sinai geschrieben hast: Nach der Mehrheit soll man entscheiden (Ex 23, 2).[42]

Was geht hier vor? Ein anfänglich ganz normaler halakhischer Disput unter Rabbinen über eine nicht besonders wichtige Frage gerät außer Kontrolle. R. Elieser kann sich in diesem Disput nicht behaupten und greift auf die stärkste Waffe zurück, die ihm bleibt: Magie.[43] Er versetzt einen Johannisbrotbaum, läßt einen Wasserlauf rückwärts fließen, droht, die Wände des Lehrhauses, in dem die Rabbinen versammelt sind, einstürzen zu lassen und erhält schließlich Bestätigung vom Himmel. Aber vergebens. Seine Kollegen lassen sich von seinen magischen Künsten nicht beeindrucken und erklären kühl, Fragen der Halakha seien durch Magie nicht zu entscheiden. Und was die himmlische Stimme anbelangt, so erklären sie noch kühler, daß Gott sich in diese Angelegenheit nicht einmischen soll, denn er hat den Menschen seine Tora gegeben – und den Rabbinen die Macht, im Konfliktfall zu entscheiden.[44] Es geht hier also um nüchternes und solides halakhisches Argumentieren im Sinne der Mehrheitsentschei-

---

[42] b BM 59b.
[43] In b Sanh 68a ist eine andere magische Darbietung R. Eliesers überliefert. Auf Bitten seines Kollegen R. Aqiva, ihn in der magischen Kunst, Gurken zu pflanzen, zu unterweisen, läßt R. Elieser durch ein Wort ein ganzes Feld mit Gurken bedecken und durch ein anderes Wort letztere sich zu einem Haufen ansammeln.
[44] Der Belegtext von R. Jirmeja ist alles andere als überzeugend: In seinem ursprünglichen biblischen Kontext besagt er das genaue Gegenteil.

dung gegen Magie, und die Botschaft ist: Rabbinische
Autorität beruht auf rabbinischen Spielregeln, nicht auf
Magie, selbst dann nicht, wenn der Himmel zustimmt.
Indem R. Elieser versucht, den halakhischen Konsens
seiner Kollegen mit seinen magischen Tricks und mit
Hilfe himmlischer Intervention außer Kraft zu setzen,
verletzt R. Elieser den Kern rabbinischer Autorität.
Darum verdient er, ernsthaft bestraft zu werden, und
zwar mit der strengsten Strafe, die den Rabbinen zur
Verfügung steht (und die nach Ansicht vieler Kommen-
tatoren der halakhischen Bedeutung der Auseinandersetzung völlig unangemessen ist): der Exkommunikation: „Es wurde berichtet: An jenem Tage wurden alle
Gegenstände, die R. Elieser für rein erklärt hatte, eingesammelt und dem Feuer (als unrein) übergeben. Dann
stimmten sie ab und exkommunizierten ihn."[45] Die Rabbinen beauftragten R. Aqiva, einen der größten Gelehrten seiner Generation, R. Elieser ihre furchtbare Entscheidung zu überbringen, weil ein weniger respektierter
und weniger taktvoller Rabbi dessen ungezügelten Zorn
hervorrufen und ihn dazu bringen könnte, seine magischen Kräfte einzusetzen und die Welt zu zerstören. R.
Aqiva entledigt sich dieser heiklen Aufgabe, wie von ihm
erwartet, aber dennoch, als R. Elieser klar wird, was
seine Kollegen ihm angetan haben,

zerriß auch er seine Kleider,[46] zog seine Schuhe aus, stellte
[seinen Stuhl] weg und setzte sich auf die Erde, und Tränen

---

[45] Wörtl.: „sie segneten ihn", ein Euphemismus für „exkommunizierten ihn".

[46] Aqiva erschien bei R. Elieser in schwarzer Trauerkleidung
(auf diese Weise konnte er ihm „diskret" andeuten, was geschehen war).

strömten aus seinen Augen. Dann wurde die Erde geschlagen: ein Drittel der Olivenernte, ein Drittel des Weizen und ein Drittel der Gersteernte. Manche sagen, sogar der Teig gor unter den Händen der Frauen.

Es wird gelehrt: Groß war das Unheil an jenem Tage, denn alles, worauf er [R. Elieser] seine Augen richtete, verbrannte.[47]

Selbst in der Niederlage bewies R. Elieser noch einmal seine magische Kraft – und daß die Rabbinen ihn zurecht exkommunizierten, wenn sie ihre Autorität nicht Wundertätern und Magiern ausliefern wollten. R. Eliesers ungezügelte magische Kraft, die die Autorität der Rabbinen und *darum* (in dieser Reihenfolge) die Existenz der Welt bedrohte, mußte unter Kontrolle gebracht werden – und das geschah in der Tat, bis zu seinem Tod.[48] Indem die Rabbinen R. Elieser als den gefährlichen Erz-Magier hinstellen, zeichnen sie ihn ganz nach dem Vorbild des anderen Erz-Magiers, der ihre Autorität bedrohte – Jesus. Mit anderen Worten: R. Elieser wird der rabbinische Doppelgänger von Jesus. In Person und Leben vereint er die zwei Hauptstränge der rabbinischen Wahrnehmung von Jesus und seinen Anhängern: sexuelle Ausschweifungen und magische Macht. Es ist also nicht allein der schmerzhafte Prozeß des Wegbrechens des „Christentums" vom „Judentum", der hier sichtbar wird. Wir gewinnen vielmehr einen Einblick in die Waffen, die die Rabbinen einsetzten – nicht nur um sich von Judenchristen abzugrenzen, sondern auch, um sie mit all den Mitteln zu bekämpfen, die ihnen zur Ver-

---

[47] b BM 59b.
[48] b Sanh 68a.

fügung standen. Und dies war ein Kampf auf Leben und
Tod, denn selbst der römische Statthalter sprach R. Elieser von der Anklage sexueller Orgien frei, und sogar der
Himmel stimmte seinem Einsatz von Magie gegen die
rabbinische Argumentation zu – der von ihm propagier-
ten anarchischen und destruktiven Kraft gegen die so-
lide und nüchterne Auslegung der Tora, dem in ihm ver-
körperten „Christentum" gegen die rabbinische Version
des „Judentums"! In der Tat, „die Christen sind unter
uns", wie Boyarin formuliert, aber – und das ist die Botschaft der Elieser-Geschichte – sie müssen entlarvt und
ein für allemal besiegt werden.

5. Heilung im Namen Jesu

Der mysteriöse Häretiker namens Jakob erscheint ein weiteres Mal in einer Geschichte, die sowohl in palästinischen wie in babylonischen Quellen überliefert ist. Diesmal verführt er keinen Rabbi durch seine bestechende Bibelauslegung und deckt damit verborgene Neigungen des armen Rabbi zum Christentum auf, sondern führt sich selbst als der sprichwörtliche Wunderheiler ein, der ein besonders wirksames magisches Wort bzw. eine magische Formel über einer Wunde oder gegen eine Krankheit flüstert und durch die Macht des ausgesprochenen Wortes den Kranken heilt.

Das rabbinische Judentum verhält sich zwiespältig gegenüber dem Brauch, zu Heilungszwecken „über einer Wunde zu flüstern". In der bereits zitierten Passage Mischna Sanhedrin 10, 1[1] zählt R. Aqiva solche Wunderheiler zu denen, die „keinen Anteil an der kommenden Welt haben": „Jemand, der über einer Wunde flüstert und spricht: Ich werde dir keine der Krankheiten schicken, die ich den Ägyptern geschickt habe. Denn ich, der Herr, bin dein Heiler (Ex 15, 26)." Dies klingt nach einem strikten Verbot. Die Tosefta hingegen ist viel weniger streng. Dort heißt es klar: „[Es ist erlaubt], über einem Auge, einer Schlange und einem Skorpion (= über dem von einer Schlange oder einem Skorpion beige-

---

[1] Siehe oben, S. 63f.

brachten Biß) zu flüstern und am Sabbat [ein Heilmittel]
über das Auge zu führen,"[2] und diese Überlieferung wird
sowohl im Jerusalemer wie im babylonischen Talmud
wiederholt.[3] Die Tosefta und die beiden Talmude halten
es somit für selbstverständlich, daß Leute über Wunden
flüstern um zu heilen und erlauben dies auch am Sabbat.
Der Jeruschalmi führt sogar mit einem gewissen Sinn
für Ironie ausgerechnet R. Aqiva als jemanden an, über
dessen krankes Auge ein (heilender) Gegenstand geführt
wurde.

Die Talmude lösen den Widerpruch zwischen Aqivas
strengem Verbot in der Mischna und der in der Tosefta
und verwandten Traditionen bezeugten Tatsache, daß
solche Bräuche von den Rabbinen nicht nur (widerstre-
bend) geduldet wurden, sondern daß sie üblich und
selbst am Sabbat ausdrücklich erlaubt waren, nicht auf.
Einen bequemen Ausweg aus diesem Dilemma mag der
Vorschlag Raschis (dem die Soncino-Übersetzung des
Bavli folgt) anbieten: Über einer Schlange oder einem
Skorpion flüstern bedeutet nicht, über einem von diesen
giftigen Tieren zugefügten Biß zu flüstern, sondern über
den Tieren selbst (= sie zu beschwören), um sie „zahm
und harmlos zu machen";[4] dementsprechend heißt „einen Gegenstand über das Auge führen (ma'avirim keli
'al gav ha-'ajin)" nicht wörtlich, daß ein Gegenstand

---

[2] t Schab 7, 23 (nach Ms. Erfurt in der Zuckermandel-Edi-
tion; Ms. Wien hat „sie führen [ein Heilmittel] über den Bauch
(me'ajin)."

[3] j Schab 14, 3/5, fol. 14c; b Sanh 101a (als Baraita).

[4] Soncino-Übersetzung; Raschi versichert seine Leser sogar,
daß eine solche Besänftigung der Schlangen das Jagen nicht einschließt, das natürlich am Sabbat verboten ist.

(Heilmittel) über das Auge geführt wird, um es zu heilen, sondern vielmehr, „daß ein Gegenstand am Sabbat über das Auge gelegt werden darf [um es zu schützen].“[5] Dies ist offensichtlich eine „zahme“ Lesung des Textes, deren Ziel es ist, letzteren von jeglichen magischen Implikationen zu reinigen.

Sieht man sich die Mischna genauer an, schlägt sie eine andere Lösung vor. Die Mischna nennt zunächst anonym jene, die keinen Anteil an der kommenden Welt haben (jene, die nicht an die Auferstehung[6] und an den himmlischen Ursprung der Tora glauben, der Apikoros), und dann fügt Aqiva noch zwei weitere Kategorien hinzu: jemand, der nichtkanonische Bücher liest und jemand, der über einer Wunde flüstert; schließlich bezieht Abba Schaul (ein Lehrer aus der Generation nach Aqiva) auch denjenigen, der den göttlichen Namen gemäß seinen Buchstaben ausspricht,[7] in die Liste ein. Nach dieser Liste scheint es sehr wahrscheinlich, daß die Mischna sich hier nicht mit gewöhnlichen Juden befaßt, sondern mit Gruppen von Häretikern (*minim*), die nicht als Teil von „ganz Israel“ (*kol Jisrael*) angesehen werden. Während alle diejenigen, die zu Israel gehören, Anteil an der kommenden Welt haben, gilt dies nicht für die Häretiker, die der anonyme Autor, Aqiva und Abba Schaul aufzählen – denn sie gehören nicht (mehr) zu Israel.[8] Hier-

---

[5] Soncino-Übersetzung.

[6] Oder, mit der Ergänzung „in der Tora“, daß der Glaube an die Auferstehung nicht in der Tora enthalten ist.

[7] D.h. einer, der das Tetragramm ausspricht.

[8] So hat offensichtlich der spätere Bearbeiter, der die programmatische Überschrift „*Ganz* Israel hat Anteil an der kommenden Welt“ (fehlt in der besten Handschrift; Hervorhebung

aus ergibt sich, daß einer, der über einer Wunde flüstert, nach R. Aqiva kein gewöhnlicher Jude, sondern ein Häretiker ist. Mit anderen Worten, Aqiva verbietet den Brauch, zur Heilung über einer Wunde geheime Namen zu flüstern nicht an sich, sondern nur, wenn dieser von einem Häretiker praktiziert wird, der nicht zur Gemeinde Israels (*klal Jisrael*) gehört.

Dies genau ist der Kontext, in den unsere zweite Erzählung über den mysteriösen Jakob eingebettet ist.[9] Die Tosefta (Chul 2, 20f.) stellt klar, daß die Bücher der Häretiker (*minim*) als magische Bücher[10] gelten und daß Juden nicht mit Häretikern Handel treiben, deren Söhnen nicht ein Handwerk beibringen oder um Heilung bei ihnen nachsuchen sollen, sei es in Fragen des Eigentums oder ihres persönlichen Wohlbefindens.[11] Dann folgt eine exemplarische Geschichte (Chul 2, 22f.):[12]

---

zugefügt) dem Text beigegeben hat, die Liste der Mischna von jenen, die keinen Anteil an der kommenden Welt haben, verstanden: Sie sind Häretiker und gehören *darum* nicht zu Israel. Alle, die zu Israel gehören (*klal Jisrael*) haben Anteil an der kommenden Welt. Siehe zu dieser Mischna Israel Yuval, „All Israel Have a Portion in the World to Come" (im Druck).

[9] Die Parallele in b AS 27b leitet die Geschichte folgendermaßen ein: „Niemand sollte sich mit *Häretikern* abgeben, noch ist es erlaubt, sich von ihnen heilen zu lassen, selbst wenn man damit eine Stunde seines Lebens [riskiert]" (Hervorhebung eingefügt).

[10] Das mag sich auf Aqivas nichtkanonische Bücher in der Mischna beziehen.

[11] Interessanterweise unterscheidet die Mischna (AS 2, 2) nicht nur zwischen Heilung von Eigentum (erlaubt) und von Einzelpersonen (verboten), sondern spricht auch ganz unzweideutig von Nichtjuden (*gojim*) und nicht von Häretikern (*minim*).

[12] Parallelen: j AS 2, 2/12, fol. 40d-41a; j Schab 14, 4/13, fol. 14d-15a; QohR 1, 24 zu Pred 1, 8 (1, 8 [3]); b AS 27b.

Eine Begebenheit (*ma'ase*) betreffend R. Eleasar b. Dama,[13] den eine Schlange gebissen hatte. Da kam Jakob aus Kefar Sama,[14] um ihn im Namen von Jesus, Sohn des Pantera, zu heilen.[15] Aber R. Jischmael ließ ihn [Jakob] nicht gewähren.[16]

---

[13] In QohR und im Bavli ist er der Sohn von R. Jischmaels Schwester.

[14] QohR und Bavli: Kefar Sekhanja/Sikhnaja, wie in der ersten Jakobsgeschichte (vgl. oben). Die „Kefar Sama" Version ist nicht nur ein Wortspiel mit Eleasar b. Dama, sondern auch mit *sam/samma* – wörtl. „Medizin" oder „Gift".

[15] j Schab: „und Jakob … kam im Namen von Jesus Pandera, ihn zu heilen"; j AS: „und Jakob … kam, ihn zu heilen. Er [Jakob] sagte zu ihm: wir werden im Namen von Jesus, Sohn des Pandera, zu dir sprechen" (QohR hat ebenfalls Pandera); die explizite Bezugnahme auf Jesus fehlt im Bavli (in allen mir zugänglichen Handschriften), aber in Ms. München 95 wird Jakob als „Jakob der Häretiker (*min*) aus Kefar Sekhaniah/Sikhnaja" bezeichnet. Jacob Neusner (*The Talmud of the Land of Israel: An Academic Commentary to the Second, Third, and Fourth Divisions*, Bd. 26: *Yerushalmi Tractate Abodah Zarah*, Atlanta, GA: Scholars Press, 1999, S. 50) läßt die Bezugnahme auf Jesus stillschweigend weg. Über die Gründe dafür kann man nur spekulieren: höchstwahrscheinlich, weil sie sich in einigen traditionellen Ausgaben des Jeruschalmi nicht findet. Neusner hat sich nicht die Mühe gemacht, die Leidener Handschrift und die *editio princeps* zu überprüfen, wo die Bezugnahme sich findet. Was noch bedenklicher ist, Neusner erklärt, seine Übersetzung mit der deutschen Übersetzung von Gerd Wewers verglichen und dabei nur unbedeutende Unterschiede (ebenda, S. XV) festgestellt zu haben. Tatsache ist, daß Wewers sich über alle Varianten in den zugänglichen Manuskripten und der *editio princeps* Rechenschaft abgelegt hat und nach Ms. Leiden und der *editio princeps* übersetzt; vgl. Gerd A. Wewers, *Avoda Zara. Götzendienst*, Tübingen: J.C.B. Mohr (Paul Siebeck), 1980, S. 49.

[16] Oder: „Aber R. Jischmael erlaubte ihm (Eleasar b. Dama) nicht, [die Heilung zuzulassen]."

Sie sagten[17] zu ihm [Eleasar b. Dama]: Es ist dir nicht erlaubt, [die Heilung durch Jakob zuzulassen], Ben Dama!

Er [Eleasar b. Dama] sagte zu ihm [Jischmael]:[18] Ich werde dir einen Beweis[19] bringen, daß er mich heilen darf!"[20] Doch er hatte keine Zeit mehr, den Beweis zu bringen, bevor er starb.[21]

R. Jischmael sagte: Glückselig bist du, Ben Dama, daß du in Frieden[22] die Welt verlassen hast und nicht das Verbot (*geseran*), das die Weisen aufgestellt haben, durchbrochen hast! Denn jeden, der den Schutzwall (*gederan*),[23] den die Weisen errichtet haben, durchbricht, ereilt schließlich seine Strafe, wie es heißt: Wer einen Schutzwall (*geder*) einreißt, wird von einer Schlange gebissen (Pred 10, 8).

Über die Hauptfigur dieser Geschichte, R. Eleasar b. Dama, der unter so tragischen Umständen stirbt, ist nicht viel bekannt. Nach dem Bavli[24] war er der Neffe von R. Jischmael, der herausragenden Figur des frühen rabbinischen Judentums, der ihn liebevoll „mein Sohn" nannte.[25] Da Jischmael anscheinend kurz vor Ausbruch des Bar Kokhba Aufstandes (132 n. Chr.) gestorben ist, muß der Tod seines Neffen sich irgendwann im ersten Drittel des zweiten Jahrhunderts n. Chr. ereignet haben.

---

[17] j AS und QohR: „Er [R. Jischmael] sagte zu ihm …".

[18] Im Bavli ist hier eingefügt: „R. Jischmael, mein Bruder, laß ihn, so daß ich durch ihn geheilt werde!"

[19] QohR und Bavli: „aus der Tora".

[20] QohR und Bavli: „daß er erlaubt ist."

[21] Bavli: „bevor seine Seele auszog und er starb."

[22] Bavli: „denn dein Körper ist rein [geblieben] und deine Seele hat dich in Reinheit verlassen."

[23] Ein Wortspiel von *geserah* (Entscheidung, Verbot) und *geder* (Schutzwall, Zaun).

[24] b Ber 56b; b Men 99b.

[25] t Schevu 3, 4.

Anders als in den anderen Geschichten, die wir bisher diskutiert haben, ist in diesem besonderen Fall die Möglichkeit nicht völlig auszuschließen, daß die Begegnung zwischen Eleasar b. Dama und seinem Onkel Jischmael eine bestimmte historische Realität widerspiegelt. Jischmael ist berüchtigt für seine unnachgiebige und kompromißlose Haltung nicht nur gegenüber Häretikern,[26] sondern sogar gegenüber dem, was die rabbinische Literatur „griechische Weisheit" nennt, also die Kultur der Griechen und Römer. Und wieder ist es, nach dem Bericht des Bavli, ausgerechnet der arme Eleasar b. Dama, der das am eigenen Leibe erfahren mußte:[27]

Ben Dama, der Sohn von Jischmaels Schwester, fragte einst R. Jischmael: Darf jemand wie ich, der die ganze Tora studiert hat, griechische Weisheit lernen? Er [Jischmael] las ihm daraufhin den folgenden Vers vor: Über dieses Buch der Tora sollst du immer reden und Tag und Nacht darüber nachsinnen (Jos 1, 8). Geh also und finde eine Zeit, die nicht Tag und nicht Nacht ist, um griechische Weisheit zu lernen!

Aus dieser Geschichte geht klar hervor, daß, so sehr Jischmael auch die heidnische Kultur verachtete, sein Neffe Neigungen dazu gehabt haben muß. Das paßt auch gut zu der Geschichte von seinem unglückseligen Tod: Eleasar b. Dama verkehrt mit einem Häretiker und will durch ihn und seinen wirksamen Zauberspruch geheilt werden, aber sein erbarmungsloser Onkel zieht es vor, den geliebten Neffen eher sterben als ihn durch einen Häretiker heilen zu lassen. Die bittere Ironie im Verhalten Jischmaels ist kaum zu übersehen. Statt seine

---

[26] b Ber 56b; b Schab 116a.
[27] b Men 99b.

Weigerung, die Heilkraft des Häretikers zu akzeptieren, mit einem entsprechenden Vers aus der Bibel zu rechtfertigen, zieht er sich auf die Autorität der Rabbinen zurück: Welch glücklichen Tod hast du erlitten, Ben Dama – nicht, weil du die Gebote der Tora nicht übertreten hast, nein, weil du unsere, der Rabbinen Gebote, nicht übertreten hast. Denn, wer den Schutzwall oder Zaun, den wir um die Tora errichtet haben, übertritt, den ereilt unausweichlich der Tod. Wir, die Rabbinen sind sehr viel mächtiger als irgendeiner dieser Häretiker, denn wir entscheiden in letzter Instanz über Leben und Tod.

Aber die Ironie geht noch weiter. Es ist gerade der Bibelvers, den Jischmael zitiert, um das böse Schicksal desjenigen, der die rabbinischen Gebote übertritt, zu beweisen (er wird von der Schlange gebissen), der seine Scheinheiligkeit offenbart: Eleasar b. Dama war von einer Schlange gebissen worden, *bevor* er Gelegenheit hatte, den Schutzwall der Rabbinen zu durchbrechen – er hat die rabbinischen Gebote nicht übertreten, wurde aber gleichwohl von einer Schlange gebissen! Den Redaktoren beider talmudischer Versionen, im Bavli und im Jeruschalmi, ist die Ironie nicht entgangen, aber sie reagieren unterschiedlich darauf. Der fromme Redaktor des Jeruschalmi antwortet auf die naheliegende Frage: „Und hatte eine Schlange ihn denn nicht schon gebissen?" mit dem Verweis auf Eleasars Erlösung in der kommenden Welt: Es stimmt, er war von einer Schlange gebissen worden, aber weil er die Gebote der Rabbinen nicht übertrat, „wird ihn in der kommenden Welt keine Schlange beißen."[28]

---

[28] Dieselbe Antwort gibt QohR.

Der Bavli gibt eine andere, sehr viel schärfere Antwort:[29]

Der Meister sagte: Du hast die Worte deiner Kollegen nicht übertreten, die gesagt haben: Wer einen Schutzwall (*geder*) durchbricht, wird von einer Schlange gebissen (Pred 10, 8)?! Aber eine Schlange hat ihn doch gebissen!

[Das ist] die Schlange der Rabbinen, gegen die es kein Heilmittel gibt!

Was ist es denn, das er gesagt haben könnte? – Ihr sollt durch sie leben (Lev 18, 5), nicht durch sie sterben![30]

Der Redaktor des Bavli ist R. Jischmael eindeutig gewachsen: Er erkennt nicht nur den offensichtlichen Widerspruch in Jischmaels heuchlerischer Argumentation (Eleasar b. Dama war ja schon von der Schlange gebissen), er identifiziert auch die wahre Schlange, die den armen Eleasar gebissen hat: die Rabbinen.[31] Nicht der Biß der Schlange bewirkte seinen Tod, sondern der Biß der Rabbinen, die ihre eigenen Gebote über die der Tora stellten. Der Vers, den Eleasar nicht mehr zitieren konnte, lautet: „Ihr sollt meine Vorschriften und Satzungen achten. Wer sie einhält, wird durch sie leben: Ich bin der Herr" (Lev 18, 5); mit anderen Worten, die Tora

---

[29] b AS 27b.

[30] Dieser letzte Satz mit dem Leviticus-Zitat kommt auch in der Version des Jeruschalmi vor.

[31] Es scheint somit, daß der Bavli die Schlange aus Fleisch und Blut, die Eleasar b. Dama gebissen hatte, im Gegensatz zum Jeruschalmi, mit den Rabbinen identifiziert. Nach dem Jeruschalmi wurde Eleasar b. Dama *nicht* von der metaphorischen Schlange der Rabbinen (die für die Überschreitung ihrer Gebote straft) gebissen, aber nach dem Bavli *ist* die Schlange, die ihn gebissen hat, in Wahrheit die metaphorische Schlange der Rabbinen (weil sie verhinderten, daß er geheilt wurde).

gibt Leben, die Rabbinen verhängen den Tod. Dies ist
eine vernichtende Kritik an den Rabbinen, die letztlich
R. Jischmael – einen der meist respektierten Rabbinen
des tannaitischen Judentums – für den Tod seines Neffen verantwortlich macht. Den Rabbinen geht es nach
dieser Kritik nur um ihre eigene Bedeutung, nicht um die
Tora – und schon gar nicht um das persönliche Schicksal
Einzelner.

Darüberhinaus impliziert die Kritik des Bavli[32] an R.
Jischmael, daß R. Eleasar b. Dama nach der eigentlichen
Bedeutung der Tora (im Gegensatz zum heuchlerischen
rabbinischen „Schutzwall") richtig handelte und tatsächlich durch den Häretiker Jakob hätte geheilt werden
sollen. Der Redaktor des Bavli ist mit der Ansicht, nur
nichthäretischen Juden sollte es erlaubt sein, durch „Flüstern über einer Wunde" zu heilen, nicht einverstanden:
Er schließt den Häretiker unmißverständlich mit ein.[33]
Jakobs Versuch, R. Eleasar zu heilen, war völlig legitim,
denn in einer lebensbedrohenden Lage wie der des Rabbi
kam es nicht darauf an, ob der Heiler der Häresie ver-
dächtigt wurde oder nicht. Es war allein wichtig, ob die
Worte, die er flüsterte, wirksam genug waren, den Patienten zu retten. Und ganz offensichtlich gab es unter
den Akteuren unserer Geschichte niemanden, der die
Heilungskraft des von Jakob angewendeten Wortes be-
zweifelte: den Namen Jesus ben Pantera/Pandera.

---

[32] Und wahrscheinlich auch die des Jeruschalmi.

[33] Daß der Redaktor des Bavli im nächsten Schritt (oder sogar im selben) dieses Ergebnis mit R. Jischmaels strenger Sicht
harmonisiert (Jischmael hätte die Heilung durch Häretiker nur
privat, aber nicht in der Öffentlichkeit zugelassen), mindert die
Kühnheit seines Arguments in keiner Weise.

Wir sind dem Namen Panthera als dem von Jesu Vater im polemischen Traktat des Kelsos aus der zweiten Hälfte des zweiten Jahrhunderts n. Chr. und (als Pandera) im Bavli in den Traktaten Schabbat und Sanhedrin bereits begegnet. Die Tosefta (mit Pandera in der Parallelstelle Qohelet Rabba) ist der früheste Beleg dieses Namens in den rabbinischen Quellen. Wie ich oben dargelegt habe, steht der Annahme nichts entgegen, daß der Name Jesus ben Panthera/Pandera sich auf den Jesus des Neuen Testaments bezieht. Die Tatsache, daß die Version unserer Geschichte im Bavli den Namen, mit dem Jakob versuchte, Eleasar zu heilen, nicht nennt, ist auffällig, bedeutet aber nicht unbedingt, daß eine andere (frühere) Version ohne den Namen Jesus in Palästina im Umlauf war, welche dann Babylonien erreicht hätte[34] – denn schließlich kennt der Bavli den Namen Jesus ben Pandera, und es mag andere Gründe gegeben haben, ihn hier wegzulassen.

Auch Kelsos' Bericht erwähnt ausdrücklich den Zusammenhang zwischen Jesus und seinen magischen (in Ägypten erworbenen) Fähigkeiten und kommt zu dem Ergebnis, daß Jesus aufgrund dieser Fähigkeiten überzeugt war, Gott zu sein: „Er [Jesus] verdingte sich in Ägypten als Arbeiter und versuchte sich auch an gewissen magischen Praktiken, auf die die Ägypter stolz sind; er kehrte dann zurück und habe sich viel auf diese Kräfte eingebildet und sich ihretwegen öffentlich als Gott erklärt."[35]

---

[34] Maier, *Jesus von Nazareth*, S. 188, 191.
[35] Or.Cels., I, 28, vgl. oben S. 38 mit Anm. 26.

Daß der Magier und der Gott, den er beschwört, identisch sind, ist in griechischen wie in jüdischen Quellen gut bezeugt. In den griechischen magischen Papyri aus dem griechisch-römischen Ägypten (!) sichert sich der Magier die Kraft des Gottes Hermes, indem er sagt: „Denn du bist ich und ich bin du; dein Name ist meiner und meiner ist deiner. Denn ich bin Dein Ebenbild […] Ich kenne dich, Hermes, und du kennst mich. Ich bin du, und du bist ich. Darum tue alles für mich und wende dich mir zu mit viel Glück und einem Glück bringenden Daimon, sofort, sofort; schnell, schnell."[36] Ähnlich ruft er die magische Kraft des Heptagramms an, des Namens aus sieben Buchstaben (in dem der Name Iao,[37] eine übliche Abkürzung des Tetragramms JHWH, enthalten ist):[38] „Denn du bist ich und ich, du. Alles, was ich sage, muß geschehen, denn ich habe deinen Namen als einzigartiges Phylakterium in meinem Herzen, und kein Fleisch […] wird mich überwältigen; kein Geist wird sich gegen mich stellen – weder Daimon noch Heimsuchung noch irgend ein anderes böses Wesen aus dem Hades, weil ich deinen Namen in meiner Seele trage und ihn anrufe."[39]

---

[36] *PGrM* VII, 35–50, in Betz, *Greek Magical Papyri*, S. 146.

[37] „Iao" ist die griechische From von hebräisch „Jaho". Vgl. zum Namen R. Ganschinietz, „Iao", in *Paulys Real-Encyclopädie der Classischen Altertumswissenschaft*, Neue Bearbeitung, begonnen von Georg Wissowa, … hrsg. von Wilhelm Kroll, Siebzehnter Halbband, Stuttgart: Metzler, 1914, Sp. 698–721.

[38] Vgl. Hugo Odeberg, *3 Enoch or, The Hebrew Book of Enoch*, Cambridge: Cambridge University Press, 1928 (Nachdruck, New York: Ktav, 1973), S. 188–192 (mit Parallelstellen aus der gnostischen Literatur).

[39] *PGrM* XIII, 795–800, in Betz, *Greek Magical Papyri*, S. 191.

In jüdischen Quellen fällt vor allem die Figur des Menschen bzw. Engels Henoch-Metatron auf, der durch die Kraft seines Namens in besonders enger Verbindung mit Gott steht. Der vorsintflutliche Held Henoch, der nach der Hebräischen Bibel nicht gestorben ist, sondern in den Himmel aufgenommen wurde (Gen 5, 24: „Henoch war seinen Weg mit Gott gegangen; dann war er nicht mehr da, denn Gott hatte ihn weggenommen"), wurde tatsächlich – wie das Dritte (hebräische) Buch Henoch, einer der Texte der Merkava Mystik, erklärt – physisch in den höchsten Engel Metatron verwandelt und auf einen Thron gesetzt, der Gottes Thron der Herrlichkeit ähnelt. Er wurde mit einer majestätischen Robe bekleidet, mit einer Königskrone gekrönt und „der kleine JHWH" (*JHWH ha-qatan*) genannt, wie es heißt: Denn in ihm ist mein Name gegenwärtig (Ex 23, 21)."[40] Dieser Vers bezieht sich auf den Engel des Herrn,[41] der mit Gott identisch ist, weil Gottes Name in ihm ist, d.h. weil er Gottes Namen trägt. Während in der Bibel der „Engel des Herrn" in Wirklichkeit Gott selbst ist, wird im 3. Henoch Metatron aufgrund der Kraft des Gottesnamens, der Bestandteil seines Namens ist, das höchste Wesen nach Gott.

---

[40] Peter Schäfer, Hrsg., *Synopse zur Hekhalot-Literatur*, Tübingen: J.C.B. Mohr (Paul Siebeck), 1981, § 15 und Parallelen; auch in b Sanh 38b.

[41] Der vollständige biblische Kontext lautet: „Ich werde einen Engel schicken, der dir vorausgeht. Er soll dich auf dem Weg schützen und dich an den Ort bringen, den ich bestimmt habe. Achte auf ihn und höre auf seine Stimme! Widersetz dich ihm nicht! Er würde es nicht ertragen, wenn ihr euch auflehnt; denn in ihm ist mein Name gegenwärtig" (Ex 23, 20f.).

Aber wo finden wir den Gottesnamen im Namen „Metatron"? Scharen von Gelehrten haben den rätselhaften Namen „Metatron" zu erklären versucht[42] – und die wahrscheinlichste Erklärung ist wohl *(ho) meta thronon* = der dem (göttlichen) Thron nächste (Thron) –, aber keine der möglichen Ableitungen erklärt die Beziehung zwischen Gottes Namen und dem Namen Metatron (es sei denn, wir akzeptieren die eher unwahrscheinliche Erklärung, daß „Metatron" das griechische *tetra* – „vier" und damit eine Anspielung auf das Tetragramm enthalte). Die Vermutung legt sich nahe, daß die Erzählung im 3. Henoch und im Talmud eine spätere Entwicklung widerspiegelt und daß eine frühere Version einen Namen enthielt, der dem Namen Gottes ähnlicher war. Tatsächlich kommt unter den vielen Namen Metatrons, die er in der esoterischen Literatur angenommen hat, sehr häufig der Name „Jahoel" vor,[43] ein Name, den wir auch von anderen und früheren Quellen kennen, die mit der Henoch/Metatron-Tradition nichts zu tun haben. In der Apokalypse Abrahams, die nur in Slavisch erhalten ist, aber vermutlich wenig nach 70 n. Chr. in Hebräisch verfaßt wurde,[44] spielt der Engel Iaoel eine wichtige Rolle. Dort sagt er von sich selbst: „Ich bin Iaoel, und so wurde ich von dem genannt, der jene, die mit mir sind [die anderen Engel im siebten Himmel] ... erzittern läßt, eine Macht, die durch seinen unaussprechlichen Namen

---

[42] Vgl. die Zusammenstellung bei Philip Alexander, „3 (Hebrew Apocalypse of) Enoch", in *OTP*, Bd. 1, S. 243.

[43] In der *Synopse zur Hekhalot-Literatur*, § 76, ist Jahoel der erste der insgesamt siebzig Namen Metatrons.

[44] Ryszard Rubinkiewicz, „Apocalypse of Abraham", in *OTP*, Bd. 1, S. 682.

in mir gegeben ist."[45] Das ergibt viel mehr Sinn: Der Name „Iaoel" bzw. „Jahoel" enthält tatsächlich den göttlichen Namen „Iao" bzw. „Jaho", die Abkürzung des Tetragramms JHWH, der auch in den griechischen magischen Papyri gebraucht wird. Es scheint also, daß Exodus 23, 21 ursprünglich auf den Engel Iaoel bzw. Jahoel bezogen wurde und dieser dann erst später, nachdem Metatron Jahoel absorbiert hatte, durch den Menschenengel Metatron ersetzt wurde.[46]

Indem der gottgleiche Magier den Namen Gottes annimmt, übt er seine Kunst durch den theurgischen Gebrauch dieses Namens aus. Nicht von ungefähr ist es gerade der Name des jüdischen Gottes, der in den griechisch-römischen magischen Texten der Spätantike sehr häufig anzutreffen ist.[47] Die Juden galten als besonders mächtige Magier (hatte nicht schon Moses die Magier Pharaos in Ägypten überboten?), welch besseren Namen konnte man also für magische Ziele einsetzen als den Namen ihres Gottes? Daß die Juden selbst vermieden, das Tetragramm, den heiligsten Namen Gottes, auszusprechen, mag die Attraktivität dieses Namens nur noch verstärkt haben. Der jüdische Geschichtsschreiber Flavius Josephus erwähnt dieses Ver-

---

[45] Apokalypse Abrahams 10, 8 (vgl. auch 10, 3); nach der Übersetzung von Rubinkiewicz in *OTP*, Bd. 1, S. 693f.

[46] Das hat schon Gershom Scholem, *Die jüdische Mystik in ihren Hauptströmungen*, Frankfurt a.M.: Suhrkamp, 1967, S. 73f., vorgeschlagen; vgl. auch Philip Alexander, „The Historical Setting of the Hebrew Book of Enoch", *JJS* 28, 1977, S. 161; ders., „3 (Hebrew Apocalypse of) Enoch", S. 244.

[47] Vgl. Ganschinietz, „Iao", Sp. 709–713; Johann Michl, „Engel II (jüdisch)", in: *RAC*, Bd. 5, Stuttgart: Hiersemann, 1962, Sp. 215, Anm. 102.

bot in seinen *Antiquitates*,[48] und nach rabbinischer
Tradition wurde das Tetragramm nur einmal im Jahr
vom Hohen Priester während des Gottesdienstes am
Versöhnungstag im Allerheiligsten ausgesprochen.[49]
Demgemäß rufen griechische magische Texte den unaussprechlichen Namen an: „Ich rufe dich an, Ewiger,
der nicht geschaffen wurde, nicht gezeugt, der Einer ist,
der allein die ganze Schöpfung aller Dinge zusammen-
hält, den niemand versteht, den die Götter verehren,
dessen Namen nicht einmal die Götter aussprechen
können,"[50] oder: „Ich beschwöre dich bei dem heiligen
Namen, der nicht ausgesprochen werden kann."[51]

Auf diesem Hintergrund ist die Heilung im Namen
des Jesus ben Pantera in unserer Geschichte zu sehen. Jakob, der magische Heiler, hielt den Namen Jesu für einen der mächtigsten göttlichen Namen, und, wie wir gesehen haben, nicht nur Eleasar b. Dama folgte ihm in
dieser Einschätzung, sondern auch Jischmael, der Spre-

---

[48] Flav.Jos.Ant. 2, 276.

[49] Vgl. m Joma 6, 2 (wo die Priester und die Menschen im
Tempelhof ihn jedoch den Namen aussprechen hören konnten);
m Sot 7, 6 (wonach die Priester im Tempel den Namen ausspra-
chen, wenn sie den Priestersegen rezitierten). Zu den rabbinischen Belegstellen siehe Ephraim E. Urbach, *The Sages: Their
Concepts and Beliefs*, Jerusalem: Magnes, 1979, Bd. 1, S. 127–
129.

[50] *PGrM* XIII, 840–845, in Betz, *Greek Magical Papyri*,
S. 191.

[51] Auguste Audollent, *Defixionum tabellae*, Luteciae Parisiorum: A. Fontemoing, 1904, no. 271/19 (S. 374). Siehe auch Papy-
rus Berol. 9794, in *Abrasax. Ausgewählte Papyri religiösen und
magischen Inhalts*, Bd. 2, hrsg. von Reinold Merkelbach und
Maria Totti, Opladen: Westdeutscher Verlag, 1991, S. 124–125,
Nr. 13.

cher jener, die die Heilung durch einen vermeintlichen
Häretiker für verboten erklärten. Ein solcher Glaube
verweist direkt auf das Neue Testament oder, anders gesagt, das Neue Testament ist eine wichtige Quelle für
den Glauben an die magische Kraft des göttlichen Namens – und möglicherweise auch die direkte Quelle für
unsere Geschichte.[52] Das Markusevangelium gibt folgendes Gespräch zwischen dem Apostel Johannes und
Jesus wieder:

> Da sagte Johannes zu ihm: Meister, wir haben gesehen, wie
> jemand in deinem Namen (*en tô onomati sou*) Dämonen aus-
> trieb; und wir versuchten, ihn daran zu hindern, weil er uns
> nicht nachfolgt. Jesus erwiderte: Hindert ihn nicht! Keiner,
> der in meinem Namen ein machtvolles Werk tut (*hos poiêsei
> dynamin epi tô onomati mou*), kann so leicht schlecht von
> mir reden. Denn wer nicht gegen uns ist, der ist für uns.[53]

Im Namen Jesu Dämonen austreiben bedeutet nicht einfach, die Autorität (*exousia*) Jesu anzurufen,[54] sondern
wörtlich, daß man die Macht (*dynamis*), die dem Namen Jesu innewohnt, einsetzt. Der Name „Jesus" galt
somit als ein Name von magischer Kraft und erlaubte
dem Magier, der diesen Namen besaß, Dämonen auszu-
treiben und so, einen Besessenen zu heilen. Aus der Frage

---

[52] Heilung im Namen Jesu ist ein weit verbreiteter frühchrist-
licher Brauch: Apg 3, 6. 16; 4, 7. 10. 30; vgl. Röm 10, 13. Nach
Apg 19, 13 versuchten „einige der umherziehenden jüdischen Be-
schwörer, den Namen Jesu, des Herrn, über den von bösen Gei-
stern Besessenen anzurufen", aber der böse Geist antwortete ihnen: „Jesus kenne ich, und auch Paulus ist mir bekannt. Doch
wer seid ihr?" (19, 15).

[53] Mk 9, 38–40; siehe auch Lk 9, 49–50.

[54] Wie in Mk 3, 15.

des Johannes und der Antwort Jesu wird ferner klar,
daß den mächtigen Namen Jesu *gebrauchen* und an ihn
glauben nicht dasselbe war. Ganz im Gegenteil, obwohl
der Magier kein Anhänger Jesu war, war er dennoch bei
der Austreibung der Dämonen im Namen Jesu erfolgreich. Anders gesagt, der magische Erfolg des Namens
Jesu stellte sich automatisch ein, ganz gleich, ob der Magier an Jesus glaubte oder nicht. Dies nun ist die Umkehrung unserer rabbinischen Geschichte, in der der Anhänger Jesu einen Ungläubigen heilen will. Die Heilungskraft des Namens hängt weder vom Glauben des Magiers
noch von dem des Patienten ab. Wenn Jesus die Benut-
zung seines Namens selbst durch Ungläubige ausdrücklich erlaubt (freilich aus recht „eigennützigen" Gründen), erkennt er damit die magische Kraft, die seinem
Namen eigen ist, an.[55]
    Es geht also in unserer Geschichte letztlich nicht um
die Heilungskraft des Namen Jesu – sie wird vorausgesetzt – sondern wieder um die Frage der Autorität. R.
Jischmael (das Haupt der aufkommenden rabbinischen
Elite) hat ein höheres Ziel vor Augen, wenn er einen
Schutzwall oder Zaun um die Tora errichtet: Er wehrt
nicht nur Verletzungen der Tora durch Anhänger seiner
eigenen Gruppe (der Rabbinen) ab, sondern will auch
jene abwehren, die nicht zum Judentum gehören, wie er
und seine rabbinischen Kollegen es definieren. Mit anderen Worten, was wir hier vor uns haben, ist ein (früher)
Versuch, Grenzen zu markieren, das Judentum durch
den Ausschluß von Häretikern – die in diesem Fall eindeutig einer Gruppe angehörten, die sich durch ihren

---

[55] Morton Smith, *Jesus the Magicien*, S. 114f.

Glauben an Jesus von Nazareth definierte – neu zu bestimmen.

Nur in den palästinischen Quellen (Jeruschalmi und Midrasch Qohelet Rabba) begegnen wir noch einer anderen mit Jesus verbundenen Heilungsgeschichte. Diesmal sind die dramatis personae R. Jehoschua b. Levi und sein Enkel:[56]

Er [R. Jehoschua b. Levi] hatte einen Enkel, der (etwas Gefährliches) verschluckt hatte. Jemand (*chad*)[57] kam und flüsterte über ihm im Namen Jesu, Sohn des Pandera,[58] und er wurde geheilt.[59] Als er [der Magier] fortging, sagte er [R. Jehoschua] zu ihm: Was hast du über ihm gesprochen?

Er antwortete: Dieses und jenes Wort.[60]

Er [R. Jehoschua] sagte zu ihm [dem Magier]: Wieviel (besser) wäre es für ihn gewesen,[61] wenn er gestorben wäre, ohne dieses Wort zu hören![62]

Und so geschah es mit ihm: wie ein Versehen (*schegaga*), das ein Machthaber zu begehen pflegt (Pred 10, 5).

---

[56] j AS 2, 2/7, fol. 40d; j Schab 14, 4/8, fol. 14d; Qoh R 10, 5. Ich folge j AS und verweise in den Anmerkungen auf die wichtigsten Varianten.

[57] j Schab: „ein Mann" (*bar nasch*).

[58] In der Leidener Handschrift ist der Name Jesus entfernt und dann vom zweiten Glossator wieder eingefügt; QohR: „er holte jemanden von den Leuten um den Sohn Panderas, um ihn vor dem Ersticken zu bewahren." Neusner läßt in seiner Übersetzung des Jeruschalmi den Namen Jesus wieder aus, vgl. oben, Anm. 15.

[59] Die erfolgreiche Heilung ist in QohR nicht ausdrücklich erwähnt, aber vorausgesetzt.

[60] Lies (mit j Schab) *millat* statt *le-millat*. QohR: „diesen und jenen Vers" oder „einen Vers nach dem anderen".

[61] j Schab: „es wäre besser für ihn gewesen …".

[62] QohR: „er wäre besser begraben worden, ohne daß du diese Verse über ihm gesprochen hättest."

R. Jehoschua ist einer der bedeutendsten palästinischen Rabbinen, der in der ersten Hälfte des dritten Jahrhunderts n. Chr. in Lydda lebte und für seine aggadischen Lehren bekannt ist. Sein Enkel, der offensichtlich am Ersticken war, wurde durch einen anonymen Häretiker, einen Anhänger Jesu, gerettet. Wir haben hier also das Gegenteil von der Geschichte über Eleasar b. Dama vor uns: Während Eleasar b. Damas Heilung (durch R. Jischmael) verhindert und er damit zum Tode verurteilt wurde (dafür aber sein Leben in der kommenden Welt gewann), wurde Jehoschuas Enkel gerettet (verlor aber sein Leben in der kommenden Welt). Letzterer wurde versehentlich, aber wirksam geheilt, wie durch ein Versehen, das ein Machthaber zu begehen pflegt (nach der Erklärung des Verses in Prediger). Ein sehr unheilvolles Versehen, wie sein Großvater meint, denn es kostete ihn sein ewiges Leben.[63]

Anders als in der Eleasar b. Dama-Geschichte, wo wir nur von einer (versuchten) Heilung „im Namen Jesu, Sohn des Pantera/Pandera" hören, haben wir hier eine

---

[63] Richard Kalmin macht mich (in einem Kommentar zu meinem Manuskript, aber vgl. auch sein „Christians and Heretics", S. 162) auf eine noch verheerendere Lesung aufmerksam: Das „Versehen, das ein Machthaber begeht" ist nicht etwa das Versehen, das in der Magie des Häretikers (bzw. der Heilung) besteht, sondern vielmehr das Versehen des Großvaters: Der ungestüme und zornige Ausbruch R. Jehoschuas „Wieviel (besser) wäre es für ihn gewesen, wenn er gestorben wäre", realisierte sich, obwohl er dieses schreckliche Ende nicht (wirklich) gewollt hatte. Die Magie des Häretikers wirkte also, aber der Großvater schaltete sie aus (oder besser übertraf sie)! Nach dieser Interpretation war R. Jehoschua b. Levi keine Spur besser als R. Jischmael in der Eleasar b. Dama-Geschichte.

Heilung im Namen Jesu vor uns, die durch das Aussprechen gewisser Worte durch den Magier bewirkt wird,
wobei es sich vermutlich um Verse oder Versteile aus der
Bibel handelt. In seinem unermüdlichen Eifer, die Bedeutung des Namens Jesu für den magischen Vorgang
herunterzuspielen, legt Maier das Hauptgewicht auf die
Bibelverse und sieht hier – und nicht so sehr in der Anwendung des Namens Jesu – den eigentlichen Anstoß.[64]
Doch ist dies erneut eine reduktionistische Interpretation, die am Kern der Geschichte vorbei geht, denn es ist
erst der Name Jesu, der dem Gebrauch der Bibelverse
Autorität und Wirksamkeit verleiht. Ohne die Autorität
Jesu würde das Flüstern der Bibelverse sinnlos und ohne
Wirkung bleiben. Es war also am Ende Jesus, der R. Jehoschuas Enkel geheilt hat und nicht einfach die Anwendung einiger Verse aus der Bibel (und darum ist es auch
unwichtig, welche Verse dies genau waren). Noch einmal: Wir erfahren nicht viel über den historischen Jesus
als Person und als Lehrer, aber wir erhalten erneut die
Bestätigung – die mit dem Neuen Testament übereinstimmt – daß er ein mächtiger Magier war, dessen magische Kraft unabhängig von dem Objekt, auf das sie an-
gewandt wurde, wirksam war. Einmal ausgesprochen,
tat die magische Formel ihr Werk, und der arme Großvater konnte nur noch hilflos zusehen, wie der Enkel
seine physische Existenz auf Kosten seines ewigen Lebens aufrecht erhielt.

Wir können sogar noch einen Schritt weiter gehen.
Die Geschichte von Jehoschua b. Levi und seinem Enkel
bestätigt nicht nur die automatische Wirksamkeit von

---

[64] Maier, *Jesus von Nazareth*, S. 195.

Magie, sie enthält zugleich eine ironische Kritik am Glauben Jesu und seiner Anhänger an ihre eigene magische Macht. Gewiß, so wird hier argumentiert, die magische Kraft ist unbestreitbar. Sie wirkt, und man kann nichts gegen ihre Wirksamkeit tun. Aber es bleibt eine nicht autorisierte und mißbrauchte Kraft. Es ist nur *schegaga* – ein Fehler, ein unseliger Irrtum.[65] Die Botschaft unserer Geschichte ist somit letztlich folgende: Dieser Jesus und seine Anhänger behaupten, den Schlüssel zum Himmel zu halten,[66] ihre magische Kraft mit

---

[65] Oder, wenn sich diese *schegaga* auf R. Jehoschuas letztlich erfüllten Wunsch bezieht, daß es besser für den Enkel sei zu sterben: Der Wunsch des Rabbis übertrifft jede noch so starke, aber nicht autorisierte magische Kraft.

[66] Wir können hierin sogar eine weitere Anspielung auf eine neutestamentlichen Erzählung bzw. deren Umkehrung sehen. Als Petrus in Jesus den Messias erkennt, gibt Jesus ihm die berühmte Antwort: „Ich aber sage dir: du bist Petrus und auf diesen Fels werde ich meine Kirche bauen, und die Mächte der Unterwelt werden sie nicht überwältigen. Ich werde dir die Schlüssel des Himmelreichs geben; was du auf Erden binden wirst, das wird auch im Himmel gebunden sein, und was du auf Erden lösen wirst, das wird auch im Himmel gelöst sein" (Mt 16, 18f.; vgl. auch Mt 23, 14, wo die Schriftgelehrten und Pharisäer beschuldigt werden, Menschen aus dem Himmelreich auszuschließen). Binden und lösen sind nicht nur technische Termini im Zusammenhang mit der rabbinischen Autorität, die in halakhischen Fragen erlaubt oder verbietet; auch in magischen Texten sind sie technische Termini und beziehen sich dort auf magische Macht. Siehe dazu den magischen Gebrauch der Verben *asar* („durch einen Zauber binden") und *schere* („von einem Zauber lösen") bei Sokoloff, *Dictionary of Jewish Babylonian Aramaic*, S. 150f., 1179; ders., *A Dictionary of Jewish Palestinian Aramaic of the Byzantine Period*, Ramat-Gan: Bar Ilan University Press, 1990, S. 68, 567; Giuseppe Veltri, *Magie und Halakha. Ansätze zu einem empirischen Wissenschaftsbe-*

göttlicher Autorisierung auszuüben – aber nichts ist ferner! Daß der Himmel das, was sie tun, annimmt, bedeutet noch lange nicht, daß er ihm auch zustimmt. Ganz
im Gegenteil, sie sind Schwindler und Hochstapler, die
ihre Macht mißbrauchen. Die wahre Macht und Autorität liegt immer noch bei ihren Gegnern, den Rabbinen.

griff im spätantiken und frühmittelalterlichen Judentum, Tübingen: J.C.B. Mohr (Paul Siebeck), 1997, S. 32, 78, 123. Siehe auch
Smith, *Jesus the Magician*, S. 114.

6. Die Hinrichtung Jesu

Daß Jesus vom römischen Statthalter Pontius Pilatus zum Tode verurteilt, anschließend gefoltert und gekreuzigt, am dritten Tage nach der Kreuzigung wieder auferweckt und in den Himmel erhoben wurde, bildet die Gründungserzählung des Christentums. Alle vier Evangelien beschreiben – allerdings mit großen Unterschieden – das von der römischen Obrigkeit durchgeführte Gerichtsverfahren und den Tod Jesu am Kreuz (Mt 27–28; Mk 15–16; Lk 22–24; Joh 18–21); die theologische Interpretation des Geschehens bietet der Apostel Paulus. Wie gut vertraut waren die Rabbinen, die geistigen Führer des rabbinischen Judentums, mit den Auslegungen des Geschehens durch die Evangelisten oder, vorsichtiger formuliert: Was davon hielten sie für wert, in ihrer Literatur zu erwähnen?

Die unmittelbare und kurze Antwort ist: sehr wenig. Im umfangreichen Korpus der rabbinischen Literatur finden wir nur einen einzigen Verweis auf den Prozeß Jesu und seine Hinrichtung, und das auch nur beiläufig, als Bestandteil einer breitangelegten halakhischen Diskussion, die nichts mit Jesus als historischer Figur zu tun hat. Es kann (nach dem Textmaterial, das wir bisher geprüft haben) kaum überraschen, daß sich dieser Verweis nur im Bavli findet. Dort wird im Traktat Sanhedrin die Mischna diskutiert, die die Prozedur der Todesstrafe regelt. Die Bibel kennt vier Arten, die Todesstrafe zu voll-

strecken, nämlich Steinigung, Verbrennen, Erhängen
(letzteres später als ein postmortales Erhängen einer zu
Tode gesteinigten Person, eine Art öffentlicher Kundma-
chung, daß ein Todesurteil vollstreckt wurde)[1] und Tod
durch das Schwert. Das talmudische Recht läßt Erhängen als eigene Todesstrafe fallen und fügt Erdrosseln
hinzu,[2] jedoch bleiben die Diskussionen in der talmudischen Literatur weitgehend akademisch, da die Rabbinen keine Befugnis hatten, die Todesstrafe zu voll-
strecken.[3] Hinsichtlich der meistverbreiteten Hinrichtungsart, der Steinigung, erklärt die Mischna:[4]

Wenn sie ihn [den Angeklagten] unschuldig finden, lassen sie
ihn frei und wenn nicht, so wird er hinausgeführt, um gesteinigt zu werden. Ein Herold geht vor ihm her [und verkün-
det]:
N.N., der Sohn von N.N., wird hinausgeführt, um gesteinigt zu werden, weil er dieses und jenes Verbrechen begangen

---

[1] Erhängen als eigene Hinrichtungsart gilt in der Bibel als ein
nichtjüdisches Gesetz (Gen 40, 22; Jos 8, 29; 2 Sam 21, 6–12; Esr
6, 11; Est 7, 9). Zur Todesstrafe siehe Haim Cohn, *The Trial and
Death of Jesus*, New York: Harper and Row, 1971, S. 211–217
sowie die knappe Zusammenfassung von Haim Hermann Cohn
und Louis Isaac Rabinowitz, „Capital Punishment", in *EJ*, 1971,
Bd. 5, Sp. 142–147.
[2] m Sanh 7, 1: Steinigung (*seqilah*), Verbrennen (*serefah*), Er-
schlagen (*hereg*) und Erdrosseln (*cheneq*).
[3] Paul Winter schlägt in seinem klassischen Werk *On the
Trial of Jesus* (Berlin: de Gruyter, 1961, S. 70–74) nicht sehr
überzeugend vor, die Todesstrafe durch Erdrosseln hätten die
Rabbinen eingeführt, um heimlich, auch bei Kapitalverbrechen,
Rechtsprechung zu praktizieren, obwohl sie nach 70 n. Chr. das
Recht dazu eingebüßt hatten.
[4] m Sanh 6, 1.

hat, und N.N. sind seine Zeugen. Jeder, der etwas zu seiner Verteidigung weiß, soll kommen und es vorbringen.

Diese Mischna kommentiert der Bavli folgendermaßen:[5]

Abaje sagte: Er [der Herold] muß auch sagen: An diesem und jenem Tag, zu dieser und jener Stunde und an diesem und jenem Ort (wurde das Verbrechen begangen);[6] falls es welche gibt, die etwas (Gegenteiliges) wissen, so sollen sie kommen und (den Zeugen der Anklage) beweisen, daß sie falsche Zeugen sind, (die vorsätzlich falsches Zeugnis abgelegt haben).

Und ein Herold geht vor ihm etc.:[7] vor ihm her,[8] ja!, doch nicht, vorher![9]

Aber, es wird doch (im Gegensatz dazu) gelehrt (*tanja*):

(Am Vorabend des Sabbat und)[10] am Vorabend des Passahfestes wurde Jesus von Nazareth[11] gehängt (*tela'uhu*).[12] Und ein Herold ging 40 Tage vor ihm aus (und verkündete): Jesus von Nazareth[13] wird hinausgeführt, um gesteinigt zu werden, weil er Zauberei praktiziert (*kischschef*) und Israel aufgewiegelt (*hesit*) und (zum Götzendienst) verführt (*hiddiach*) hat. Jeder, der etwas zu seiner Entlastung weiß, soll kommen und es vorbringen. Aber weil man nichts zu seiner

---

[5] b Sanh 43a. Ich folge der Handschrift Florenz (II.I.8–9) und berücksichtige die anderen verfügbaren Handschriften.

[6] Oder (eine andere Möglichkeit): „An diesem und jenem Tag, zu dieser und jener Stunde und an diesem und jenem Ort (wird der Verbrecher hingerichtet)", womit die genaue Zeit und Örtlichkeit bekannt gegeben werden.

[7] Dies ist das Stichwort der Mischna, das im folgenden ausgelegt wird.

[8] Im wörtlichen Sinne: vor ihm her, auf dem Weg zur Hinrichtung.

[9] Zeitlich gemeint, irgendwann vor der Hinrichtung.

[10] Nur in Ms. Florenz.

[11] Der Name „Jesus" in Ms. München getilgt.

[12] Wörtl. „sie hängten ihn".

[13] Der Name „Jesus" in Ms. München getilgt.

Entlastung fand, hängte man ihn (am Vorabend des Sabbat und)[14] am Vorabend des Passahfestes.

Ulla sagte: Meinst du denn, daß Jesus von Nazareth[15] jemand war, für den man eine Entlastung hätte vorbringen können? Er war doch ein *mesit* (einer der Israel zum Götzendienst anstiftete), über den der Barmherzige [Gott] sagt: Du sollst kein Erbarmen mit ihm haben und (seine Schuld) nicht bedecken (Deut 13, 9).

Mit Jesus von Nazareth[16] verhält es sich anders, weil er der Regierung (*malkhut*) nahestand.

Dies ist eine bemerkenswerte Sugja des Bavli. Sie beginnt mit dem Kommentar Abajes, eines babylonischen Amoräers des frühen vierten Jahrhunderts, der verlangt, daß die vage Formulierung „dieses und jenes Verbrechen" der Mischna zu präzisieren sei. Der Herold dürfe das Verbrechen nicht nur erwähnen, sondern müsse auch Tag, Stunde und Ort des Verbrechens genau angeben. Nur eine so präzisierte Beschreibung der Umstände des Verbrechens könne den Aussagen neuer Zeugen Gültigkeit verleihen, die den Zeugen der Anklage, durch deren Zeugnis der Angeklagte zum Tode verurteilt wurde, widersprechen.[17] Die Absicht von Abaje ist eindeutig, die Freilassung des Angklagten zu erleichtern.

---

[14] Wieder nur in Ms. Florenz.

[15] Der Name ist in Ms. München wieder getilgt.

[16] Dito.

[17] Wenn wir Abajes Kommentar so verstehen, daß der Herold sich auf die präzise Zeitangabe für die Hinrichtung bezieht (und nicht für die Ausführung des Verbrechens), so widerspräche er der danach folgenden Auslegung des Stichworts der Mischna („vor ihm her, nicht zuvor"), was zwar durchaus möglich ist, aber nicht gut zur Struktur der Sugja paßt: Abaje würde dann mit der Baraita übereinstimmen, die der anonymen Auslegung des Mischna-Stichworts widerspricht.

Der Bavli kehrt dann zum Stichwort der Mischna, unter dem das Vorgehen des Herolds geregelt wird, zurück. Der anonyme Autor des Bavli klärt die Bedeutung des anscheinend unzweideutigen „vor ihm [dem Verurteilten]" und präzisiert: physisch vor dem Verurteilten auf seinem Weg zur Hinrichtung ist gemeint und nicht zeitlich, im Sinne von einer bestimmten Frist vor dem Tag der Hinrichtung. Diese Klarstellung, die ganz im Einklang mit dem einfachen Wortsinn der Mischna steht, stößt auf eine konträre Lehrmeinung, die sich durch ihre Einleitungsformel *tanja* als (frühe) Baraita zu erkennen gibt: Es gibt den Präzedenzfall des Jesus von Nazareth, argumentiert sie, bei dem der Herold nicht etwa direkt vor der Hinrichtung hinausging, sondern vierzig Tage vor dieser (also entweder vierzig Tage lang bis zur Hinrichtung oder lediglich am vierzigsten Tag vor der Hinrichtung). Wie immer diese vierzig Tage zu verstehen sind (wahrscheinlich im letzteren Sinne), in jedem Falle ist klar, daß diese Baraita der Mischna-Auslegung des anonymen Bavli-Autors widerspricht, indem sie nämlich eine beträchtliche Zeitspanne zwischen der Verkündigung des Herolds und der tatsächlichen Hinrichtung zugesteht. Diese Spannung zwischen der Mischna (im Sinne des Bavli) und der Baraita wird in dem folgenden Schlagabtausch zwischen Ulla (ebenfalls ein Amoräer des frühen vierten Jahrhunderts) und seinem anonymen Gesprächspartner „gelöst": Weil Jesus Freunde an höchster Stelle hatte, ergriffen die Juden besondere Vorsichtsmaßnahmen, bevor sie ihn hinrichteten. Sie gingen über den Buchstaben des Gesetzes hinaus, damit niemand unter seinen mächtigen Freunden sie bezichtigen konnte, einen unschuldigen Mann hinzurichten.[18] Jesu Fall war also, dies scheint die Schlußfolgerung der Sugja zu sein, eine absolute Ausnahme und kein halakhisch gültiger Präzedenzfall;[19] das heißt mit anderen Worten, Baraita und Mischna widersprechen einander nicht.

Diesem halakhischen Diskurs sind einige Details über Verurteilung und Hinrichtung Jesu zu entnehmen:

- Er wurde am Vorabend des Passahfestes, der nach einer Handschrift auch der Vorabend des Sabbat war, „gehängt".
- Der Herold machte seine gesetzlich vorgeschriebene Verkündigung 40 Tage bevor die Hinrichtung vollzogen wurde.
- Jesus wurde wegen Zauberei hingerichtet und weil er Israel zum Götzendienst verführte.
- Niemand brachte etwas zu seiner Entlastung vor.
- Er hatte gute Beziehungen zur Regierung.

Mehrere dieser Einzelheiten sind auf dem Hintergrund der relevanten Mischna im Traktat Sanhedrin leicht zu erklären. Dort wird die übliche Prozedur nach dem rabbinischen Recht folgendermaßen erklärt:[20]

Alle, die gesteinigt werden, werden auch [hinterher] gehängt (*nitlin*) [an einen Baum]:[21] (Dies sind) die Worte R. Eliesers.

---

[18] Diese Klärung der Textstelle verdanke ich einem Hinweis Richard Kalmins.

[19] So argumentiert auch Maier, *Jesus von Nazareth*, S. 223.

[20] m Sanh 6, 4; vgl. auch Sifre Deuteronomium, 221 (ed. Finkelstein, S. 253–255). Zu m Sanh 6 siehe jetzt Beth A. Berkowitz, *Execution and Invention: Death Penalty Discourse in Early Rabbinic and Christian Cultures*, Oxford: Oxford University Press, 2006, S. 65–94.

[21] Aus Deut 21, 22f. geht hervor, daß die Erhängung an einem Baum durchgeführt wurde; was die Mischna unter „Baum" versteht, wird im folgenden diskutiert.

Aber die Weisen sagten: Nur der Gotteslästerer (*ha-me-gaddef*) und der Götzendiener (*ha-'oved 'avodah sarah*) werden gehängt.

Einen Mann hängt man mit dem Gesicht zum Volk, eine Frau (hängt man) mit dem Gesicht zum Baum: (Dies sind) die Worte R. Eliesers.

Aber die Weisen sagten: Einen Mann hängt man, aber eine Frau wird (überhaupt) nicht gehängt. [...]

Wie hängt man ihn?

Man treibt einen Pfosten in die Erde, und ein Balken (wörtl.: das Holz) geht von ihm aus. Dann bindet man seine beiden Hände übereinander und hängt ihn auf.

R. Jose sagt: Der Pfosten lehnt gegen die Wand, und man hängt ihn daran, wie (es) die Schlachter machen.

Und man bindet ihn sofort los. Denn, wenn er über Nacht (an dem Baum) bleibt, verstößt man gegen ein Verbot, das ihn betrifft, wie es heißt: Du sollst seine Leiche nicht über Nacht am Baum lassen, sondern ihn noch am selben Tag begraben, denn ein Aufgehängter (*talui*) ist ein von Gott Verfluchter (*qilelat elohim*),[22] usw. (Deut 21, 23). Das heißt: Aus welchem Grund ist dieser [Mann] gehängt worden? Weil er den Namen verflucht[23] hat und der Name des Himmels[24] profaniert wurde.

Die Mischna gibt sich daran, systematisch und in der für sie typischen, durchstrukturierten Weise die Prozedur des „Hängens" zu klären: Wer wird gehängt, wie wird er bzw. sie gehängt und für wie lange? Auf die Frage „Wer?" geben R. Elieser und die Weisen unterschiedliche Antworten: Während R. Elieser in der Regel jeden erhängen läßt, der zu Tode gesteinigt wurde, be-

---

[22] So im Sinne des Bibeltextes. Zur doppelsinnigen Bedeutung siehe unten.

[23] Wörtl. „gesegnet" (Euphemismus für „verflucht").

[24] Der Name Gottes.

grenzen die Weisen dieses Vorgehen auf die Kapitalverbrechen der Gotteslästerung und des Götzendienstes.
Sowohl R. Elieser als auch die Weisen gehen aber davon
aus, daß Erhängen eine postmortale Bestrafung (nach
der Steinigung) ist, womit sie der biblischen Weisung folgen, die anläßlich der Steinigung des aufrührerischen
Sohnes konstatiert: „Wenn jemand ein Verbrechen begangen hat, auf das die Todesstrafe steht, und hingerichtet wird (durch Steinigung), und du hängst ihn an einen
Baum" (Deut 21, 22 und weiter mit Vers 23: „dann sollst
du seine Leiche nicht am Baum lassen"). In einer ähnlich
breiten Definition bezieht R. Elieser das Erhängen nach
der Steinigung gleicherweise auf Mann und Frau (wobei
er das Geschlecht nur insofern berücksichtigt, als der
Mann mit dem Gesicht zur der Hinrichtung beiwohnen-
den Menge und die Frau davon abgewandt erhängt
wird), während die Weisen Frauen ganz vom Erhängen
ausnehmen.

Was das „Wie" der Hinrichtung betrifft, so definiert
die Mischna den „Baum" und die Art und Weise, wie
der Verurteilte daran gehängt wird. Der biblische
„Baum" (*ez*) ist mehrdeutig und kann sowohl „Pfahl"
(z.B. Gen 40, 19) als auch „Galgen" oder sogar Pfählen
auf einem Pfahl (z.B. Est 9, 13) bedeuten. Die Mischna
bietet zwei Erklärungen für den „Baum": die erste (anonyme) Beschreibung kommt am ehesten dem Galgen
nahe – ein in die Erde getriebener Pfahl und ein davon
abgehender Balken, wahrscheinlich am oberen Ende –,
während R. Jose sich einen Pfahl vorstellt, dessen unte-
res Ende auf der Erde aufliegt und dessen oberes Ende an
einer Mauer lehnt. Entsprechend ist der Verurteilte im
ersten Fall am Balken aufgehängt, während er bzw. sie

im zweiten Fall am Pfahl hängt, so wie Schlachter das geschlachtete Vieh aufhängen – vermutlich mit dem Kopf nach unten und den Füßen oben an den Pfahl gebunden.

Die dritte Frage, „Wie lange?", wird eindeutig und mit Verweis auf das biblische Gebot beantwortet: Die öffentliche Zurschaustellung der Leiche des Hingerichteten muß am Ende des Tages der Hinrichtung aufhören, weil er bzw. sie am selben Tage beerdigt werden muß; die Leiche darf nicht über Nacht am „Baum" hängen bleiben. Und indem die Mischna dann die Fortsetzung des Bibelverses interpretiert, kehrt sie zur Frage zurück, wer gehängt wird und warum. Die Wendung *qilelat elohim* ist ebenfalls zweideutig[25] und wird hier als „Fluch *gegen* Gott" verstanden im Sinne eines gegen Gott geäußerten Fluches des Verbrechers (indem er Gottes Namen verfluchte). Er ist also ein Gotteslästerer (*megaddef*), der nach Meinung der Weisen (und selbstverständlich auch R. Eliesers) gehängt werden muß.

Nachdem wir diesen Hintergrund geklärt haben, versteht sich, daß nach Ansicht der Autoren unserer Bavli-Erzählung Jesus erst gesteinigt und dann gehängt werden mußte.[26] Das stimmt völlig mit der Halakha der Mischna überein. Dasselbe gilt für den Grund der Stei-

---

[25] Sie bedeutet wörtlich: „ein Fluch Gottes" und kann, jenachdem, ob man sie als *genitivus objectivus* oder *subjectivus* liest, als ein *von* Gott oder *gegen* Gott ausgesprochener Fluch verstanden werden.

[26] Daß der Talmud auffälligerweise die Steinigung wegläßt und nur das Erhängen erwähnt, ist offensichtlich vom neutestamentlichen Bericht beeinflußt und versteht somit Erhängen als „am Baum = Kreuz erhängen", also gekreuzigt werden.

nigung und des Erhängens: Er war ein Zauberer und
verführte Israel zum Götzendienst. Beide Verbrechen
werden in Mischna Sanhedrin eingehend erläutert: Während die oben zitierte Mischna nur den Gotteslästerer
und den Götzendiener erwähnt, gibt die Mischna an
späterer Stelle eine viel längere Liste von Verbrechen, auf
die die Todesstrafe steht, darunter den *mesit*, den *maddiach* und den *mekhaschschef* (Zauberer)[27] – genau so,
wie sie in unserer Bavli-Erzählung aufgelistet sind. Der
mesit ist jemand, der eine Einzelperson zum Götzendienst verleitet,[28] während der *maddiach* als jemand
gilt, der öffentlich viele Menschen zum Götzendienst
verführt.[29] Jesus, so sagt uns der Talmud, war beides: Er
hat nicht nur irgendeine Einzelperson, sondern ganz Israel zum Götzendienst verführt. Erschwerend kommt
hinzu, daß er auch noch als Zauberer in dem von der
Mischna genauer präzisierten Sinne auftrat: als jemand,
der tatsächlich magische Praktiken anwendet und nicht
nur „die Augen (der Leute) auf sich zieht" (*ha-'oches et
ha-'enajim*), also den Leuten eine optische Täuschung
vorspiegelt (was erlaubt ist).[30] Und schließlich folgt auch
die Forderung, ein Herold müsse das Verbrechen öffentlich verkünden und Entlastungszeugen aufrufen, ganz
der Regelung der Mischna, bis auf den Unterschied, auf
den wir bereits verwiesen haben, daß der Herold dies
schon vierzig Tage vor der Hinrichtung tut. Was allerdings im Bavli nicht ausdrücklich erwähnt wird, ist die

---

[27] m Sanh 7, 4.
[28] m Sanh 7, 10.
[29] Ebenda, am Ende der Mischna; siehe auch m Sanh 10, 4.
[30] m Sanh 7, 11.

Regelung – der Bibel wie der Mischna –, daß die Leiche des Hingerichteten nicht über Nacht in der Öffentlichkeit ausgestellt bleiben darf.

Vergleichen wir nun die Bavli-Erzählung mit dem Zeugnis des Neuen Testamentes.[31] Zunächst die *Anklage*: Der Bavli nennt Zauberei und Götzendienst bzw. Verführung (von ganz Israel) zum Götzendienst, aber da der Götzendiener in der Mischna mit dem Gotteslästerer gekoppelt ist,[32] kann man davon ausgehen, daß der Vorwurf der Gotteslästerung im Bavli ebenfalls vorausgesetzt wird. Die Evangelisten berichten von einer zweifachen Anklage gegen Jesus: Sowohl im Prozeß vor dem Rat des Hohen Priesters, der Schriftgelehrten und der Ältesten (dem Sanhedrin) als auch vor dem römischen

---

[31] Eine Zusammenfassung des neutestamentlichen Berichts vom Prozeß Jesu (die säuberlich zwischen Primär- und Sekundärüberlieferungen und editorischen Erweiterungen unterscheidet) gibt Winter, *Trial of Jesus*, S. 136–148. Viel gründlicher ist Raymond E. Brown, *The Death of the Messiah: From Gethsemane to the Grave: A Commentary on the Passion Narratives in the Four Gospels*, 2 Bde., New York: Doubleday, 1994. Zu einer Kritik dessen, was er als „kritizistische Ignoranz" eines Teils der neueren neutestamentlichen Forschung bezeichnet, siehe Martin Hengel, „Jesus der Messias", in *Der messianische Anspruch Jesu und die Anfänge der Christologie*, hrsg. von M. Hengel und A. M. Schwemer, Tübingen: Mohr Siebeck, 2001, S. 45–62 (S. 62). Was auch immer diese Analysen zum Verständnis des historischen Ereignisses beitragen mögen (oder auch nicht), ist das hier nicht mein Anliegen: Mir geht es um die (mögliche) *talmudische Lesung* des Neuen Testamentes, nicht um die historische Realität. Auch Winters kurze Analyse unserer talmudischen Baraita (S. 144) ist einzig an der eng formulierten Frage der Historizität interessiert und beweist, natürlich, deren „unhistorischen Charakter".

[32] m Sanh 6, 4 und 7, 4.

Statthalter Pontius Pilatus behauptete Jesus, der Messias zu sein. Aber während die Juden diese Behauptung als seinen Anspruch verstehen, der Sohn Gottes zu sein und ihm deswegen Gotteslästerung vorwerfen,[33] schließt Pilatus aus dem Messiasanspruch, daß Jesus der König der Juden bzw. Israels sein will (und daher als ein politischer Aufrührer anzusehen ist).[34] Das Neue Testament erwähnt nicht explizit die Anklage der Zauberei, aber die erste Beschuldigung, die gegen Jesus von den (falschen) Zeugen vorgebracht wird, ist die angebliche Behauptung Jesu, er könne den Tempel zerstören und in drei Tagen wieder aufbauen:[35] Diese Behauptung konnten die Talmud-Editoren leicht als Zauberei auslegen. Darüber hinaus wird Jesu Praxis, böse Geister zu vertreiben, ausdrücklich mit dem Messiasanspruch verknüpft[36] und mag tatsächlich im Prozeß vor dem Hohen Rat vorausgesetzt sein. Wie wir gesehen haben, beschließt Kelsos sein Porträt des aus Ägypten „mit gewissen Zauberkräften" zurückkehrenden Jesus mit der Feststellung, er „habe sich viel auf diese Kräfte eingebildet und sich ihretwegen öffentlich als Gott erklärt."[37] Zauberei und der Anspruch, Gott zu sein, sind hier klar miteinander verknüpft. Es ist also müßig, den Vorwurf der Gotteslästerung (Neues Testament) zu scharf von dem des Göt-

---

[33] Mt 26, 62–65; Mk 14, 61–64; Lk 22, 66–71; Joh 19, 7.
[34] Mt 27, 17. 22. 29. 37. 39–43; Mk 15, 2. 12. 18. 26. 32; Lk 23, 2–5. 35. 37. 39; Joh 18, 33. 37; 19, 3. 12. 14f., 19. 21.
[35] Mt 26, 61; Mk 14, 58.
[36] Mt 12, 23f. (Mk 3, 22; Lk 11,15).
[37] Siehe oben, S. 115.

zendienstes bzw. der Zauberei (Bavli) zu trennen.[38] Sowohl im Neuen Testament wie im Bavli sind die Erzählungen für einen so minimalistischen Zugang viel zu komplex und zu „dicht". Noch einmal: Es geht hier nicht um eine (angebliche) talmudische Quelle für den Prozeß Jesu (die dekonstruiert werden muß), sondern darum, wie der Talmud die Erzählung des Neuen Testamentes liest und auslegt. In Bezug auf die Anklage sind sie einander näher als man auf den ersten Blick annehmen mag.

Was den *Ablauf* der Hinrichtung betrifft, so stimmt die neutestamentliche Erzählung ganz mit den Vorschriften der Mischna überein, wonach die Zeugen, vor allem in der Kapitalgerichtsbarkeit, sorgfältig befragt werden müssen, um falsche Zeugnisse auszuschließen.[39] Sowohl Matthäus wie auch Markus berichten, daß der Sanhedrin zur Durchführung des Prozesses Zeugen brauchte,[40] die Durchführung des Verfahrens aber von vorneherein eine Farce war – also insofern nicht mit der Mischna übereinstimmte –, weil der Sanhedrin mit Vorsatz nach falschen Zeugen Ausschau hielt.[41] Der Sanhedrin fand schließlich zwei Zeugen, die, wie gesetzlich vorgeschrieben, miteinander übereinstimmten. Diese beschuldigten Jesus der Zerstörung und Wiedererbau-

---

[38] Maier, *Jesus von Nazareth*, S. 227. Siehe dazu die Kritik von Horbury, *Jews and Christians*, S. 104.

[39] m Sanh 4 und 5. Um Mißverständnissen vorzubeugen: Ich behaupte (hier und in ähnlichen Formulierungen) nicht, daß die Evangelien auf der Mischna basieren. Was ich lediglich sagen will, ist, daß die in den Evangelien vorausgesetzte Halakha der (später) in der Mischna kodifizierten Halakha ähnlich ist.

[40] Mt 26, 59; Mk 14, 55.

[41] Ausdrücklich nur bei Markus.

ung des Tempels (innerhalb von drei Tagen).[42] Da Jesus
auf diese offensichtlich fabrizierte Anklage nicht rea-
gierte, brachte der Hohe Priester die vernichtende Anschuldigung der angeblichen Gotteslästerung vor: Jesu
Anspruch, der Messias und Sohn Gottes zu sein, den Jesus eindeutig bestätigte (Markus)[43] bzw. doppelsinnig
offen ließ (Matthäus).[44] Da es sich hier in den Augen der
Evangelisten um ein so offensichtlich fehlerhaft geführ-
tes Verfahren handelte, lag es auch nahe, daß sie in ihrem Bericht den Herold ausließen, dessen Aufgabe es
war, Entlastungszeugen beizubringen, die möglicherweise das belastende Zeugnis der Zeugen der Anklage
entkräften konnten. Der Hohe Priester, nur zu glücklich
darüber, daß Jesus den Vorwurf der Gotteslästerung ak-
zeptierte, ließ ihn durch den Sanhedrin zum Tode verurteilen[45] und übergab ihn dann ohne weitere Umschweife
dem römischen Statthalter, um das Urteil bestätigen und
ausführen zu lassen – ein Vorgehen, wie es die Mischna
für den Einsatz des Herolds vorschreibt, hätte da nur
dem sorgfältig vorbereiteten Scheinverfahren im Wege
gestanden.

Warum aber insistiert der Talmud auf diesem merkwürdigen Detail des Herolds, der die Hinrichtung vierzig Tage vor der Ausführung öffentlich verkünden muß?
Seine unmittelbare Antwort ist die, um eventuellen Ent-

---

[42] Die übereinstimmenden Zeugnisse nur bei Matthäus (26,
60); Markus besteht darauf, daß die beiden Zeugen sogar hier
hinsichtlich der Umstände des Verbrechens nicht übereinstimmten (14, 59).
[43] „Ich bin es" (Mk 14, 62).
[44] „Du hast es gesagt" (Mt 26, 64).
[45] Mt 26, 65f.; Mk 14, 63f.

lastungszeugen für Jesus genug Zeit zu lassen, sich zu melden und gegen die Anklage zu argumentieren. Es mag hier aber einen weiteren Subtext geben, der feinsinnig (oder auch nicht so feinsinnig) auf die Erzählung des Neuen Testamentes reagiert.[46] Dort sagt Jesus seinen Schülern dreimal voraus, daß er getötet und am dritten Tage wieder auferweckt werden würde,[47] zuletzt auf seinem Weg nach Jerusalem vor der Passion, unmittelbar vor dem Passahfest:

(32) Während sie auf dem Weg hinauf nach Jerusalem waren, ging Jesus voraus. Die Leute wunderten sich über ihn, die Jünger aber hatten Angst. Da versammelte er die Zwölf wieder um sich und kündigte ihnen an, was ihm bevorstand. (33) Er sagte: Wir gehen jetzt nach Jerusalem hinauf; dort wird der Menschensohn den Hohenpriestern und den Schriftgelehrten ausgeliefert; sie werden ihn zum Tode verurteilen und den Heiden übergeben; (34) sie werden ihn verspotten, anspucken, geißeln und töten. Aber nach drei Tagen wird er auferstehen.[48]

Wenn der Bavli hervorhebt, daß der Herold Jesu Hinrichtung nicht etwa unmittelbar vor der Ausführung bekannt gab, sondern genau vierzig Tage davor, widerspricht er der Voraussage Jesu direkt: Warum all dies Aufheben um Jesus als Prophet, der seinen Prozeß, seine Verurteilung und seinen Tod so dramatisch voraussieht – nicht nur einmal, sondern dreimal, zuletzt sogar wenige Tage, bevor es geschehen sollte? Wir wissen doch

---

[46] Dies ist ein Vorschlag meines Doktoranden Moulie Vidas, den er während eines privaten Lesekurses mit mir machte.
[47] (1) Mt 16, 21; Mk 8, 31; Lk 9, 22; (2) Mt 17, 22f.; Mk 9, 30f.; Lk 9, 44; (3) Mt 20, 17–19; Mk 10, 32–34; Lk 18, 31–33.
[48] Mk 10, 32–34.

alle, so der Talmud, daß man ihn hinrichten würde: weil unser (jüdisches) Gericht diese Entscheidung in öffentlicher Sitzung – wie nach jüdischem Recht üblich – getroffen und sogar noch einen Herold ausgeschickt hatte, der dieses Urteil vierzig Tage vor der Hinrichtung (eine ungewöhnlich lange Frist, die die Mischna nicht vorschreibt) öffentlich verkündete, damit jeder Kenntnis davon erlangen könne und, falls nötig, ausreichend Zeit hätte, entlastende Beweise vorzubringen, um ein Fehlurteil zu verhindern. Indem der Bavli die Vierzig-Tage-Frist einführt, beabsichtigt er somit erneut, Jesus als Schwindler und falschen Propheten zu entlarven, der sich lächerlich macht, weil er vorgibt, etwas zu prophezeien, was jeder ohnehin schon wußte.

Nun zur *Todesstrafe und Hinrichtung.* Hier gibt es eine größere Diskrepanz zwischen Neuem Testament und Talmud: Nach dem Neuen Testament wurde Jesus gekreuzigt (offensichtlich nach römischem Recht),[49] während er nach dem Talmud (nach rabbinischem Recht) gesteinigt und anschließend gehängt wurde. Diese Diskrepanz erklärt sich aus der simplen Tatsache, daß der Sanhedrin die Todesstrafe nicht auferlegen und ausführen konnte, sondern dies der römischen Obrigkeit überlassen mußte, die natürlich dem römischen und nicht dem rabbinischen Recht folgte. Sollen wir daraus schließen, daß der Talmud keinerlei verläßliche Information über den (historischen) Prozeß Jesu und seine Hinrichtung bewahrt hat und stattdessen (anachronistisch) rabbinisches

---

[49] Siehe dazu z.B. Martin Hengel, *Crucifixion in the Ancient World and the Folly of the Message of the Cross*, London: SCM, und Philadelphia: Fortress, 1977, bes. S. 33ff.

Recht aus späterer Zeit über ihn verhängt?[50] Ja, gewiß, aber dies ist hier wieder nicht die richtige Frage. Nicht um die historischen Einzelheiten der Hinrichtung – Kreuzigung oder Steinigung und darauffolgendes Erhängen – geht es hier, sondern um die Frage, *warum* der Talmud es für selbstverständlich hält oder genauer, darauf besteht, daß Jesus nach rabbinischem Recht hingerichtet wurde.

Was *diese* Frage angeht, so waren sich die Rabbinen zweifellos darüber im Klaren, daß Kreuzigung die übliche Todesstrafe der Römer war[51] und daß Jesus tatächlich gekreuzigt und nicht gesteinigt und anschließend gehängt wurde. Warum bestanden sie dann aber so hartnäckig auf letzterem? Weil hierin genau der Kern ihrer polemischen Gegenerzählung zu den Evangelien liegt. Der Autor unserer Bavli-Baraita braucht den eigentlichen Bericht des Neuen Testamenets gar nicht zu verfälschen: Die Tatsache, daß Jesus vor Gericht gestellt und wie ein gewöhnlicher Verbrecher hingerichtet wurde, war verheerend genug – solch eine Geschichte kann man kaum verschlimmern. Statt den neutestamentlichen Bericht zu verfälschen, wählt er aus den zwei (sich in der Tat widersprechenden) Berichten über den Prozeß Jesu im Neuen Testament den „jüdischen" aus und ignoriert den „römischen" ganz. Anders als Pilatus, der die politische Seite der Anklage gegen Jesus hervorhebt, übernimmt und in-

---

[50] Maier, *Jesus von Nazareth*, S. 227f.

[51] t Sanh 9, 7; vgl. auch Sifre Deuteronomium, 221 (ed. Finkelstein, S. 254), wo die Todesstrafe des Aufhängens bei lebendigem Leibe, „wie es von der [nichtjüdischen] Regierung durchgeführt wird", ausdrücklich erwähnt ist. Zur Kreuzigung in jüdischen Quellen siehe Ernst Bammel, „Crucifixion as a Punishment in Palestine", in ders., *The Trial of Jesus*, S. 162–165.

terpretiert unser Bavli-Autor die Version vom Verfahren vor dem Sanhedrin und verknüpft sie mit der Rechtsprechung der Mischna: als Anklage und Verurteilung eines Gotteslästerers und Götzendieners, der ganz Israel verführt hat. Wir, die Juden, argumentiert er, haben ihn vor Gericht gebracht und für das verurteilt, was er war: ein Gotteslästerer, der behauptete, Gott zu sein und nach unserem jüdischen Recht dafür die Todesstrafe verdiente. Mit dieser absichtlichen „Fehllesung" der neutestamentlichen Erzählung holt der Bavli Jesus (zurück) in das jüdische Volk – allerdings nur, um ein für allemal seine Behauptungen und die seiner Anhänger zurückzuweisen. Ja, es stimmt, gibt der Bavli zu, Jesus war ein jüdischer Häretiker, dem es gelang, viele von uns zu verführen. Aber man hat sich seiner angenommen, wie es das jüdische Recht verlangt, er hat seine gerechte Strafe bekommen – und damit ist die Angelegenheit erledigt.

In der Baraita unserer Bavli-Erzählung gibt es noch ein weiteres bemerkenswertes Detail, das unsere Aufmerksamkeit verdient. Alle unzensierten Manuskripte und gedruckten Ausgaben des Bavli geben den genauen Tag der Hinrichtung an: Jesus wurde am Vorabend des Passahfestes „gehängt", d.h., am Tage vor dem Passahfest. Das trifft auch für die einzige rabbinische Parallele zu unserer Erzählung (ebenfalls im Bavli) zu, wo es heißt, daß der Sohn von Stada am Vorabend des Passahfestes in Lod (Lydda) gehängt wurde.[52] Dieses auffällig genaue

---

[52] b Sanh 67a; die palästinischen Parallelen (t Sanh 10, 11; j Sanh 7, 16/1, fol. 25c-d; j Jev 16, 1/23, fol. 15d) erwähnen nur Ben Stadas Hinrichtung durch Steinigung, nicht aber, daß er am Vorabend des Passahfestes gehängt wurde. Zu Ben Stada siehe oben, Kapitel 1.

Datum stimmt mit Johannes überein, dessen Bericht den drei synoptischen Evangelien widerspricht: Während Matthäus, Markus und Lukas hinsichtlich des Datums von Prozeß und Hinrichtung ganz unbestimmt bleiben, aber eindeutig berichten, daß Jesus das Passahmahl (das „Letzte Abendmahl") mit seinen Schülern ißt, *bevor* er gefangengenommen wird (Mt 26, 3f. erwähnt sogar ausdrücklich, daß die Hohenpriester und Ältesten des Volkes die Gefangennahme Jesu bis nach dem Passahfest aufschieben, um Aufruhr unter dem Volk zu vermeiden)[53] und am ersten Tag des Festes (dem 15. Tag des Monats Nisan) gekreuzigt wurde, sagt nur Johannes, daß das letzte Abendmahl nicht das Passahmahl ist, sondern vor dem Passahfest stattfindet.[54] Stattdessen findet nach Johannes das Gerichtsverfahren vor Pilatus gegen Mittag desselben Tages statt, an dem (am Abend) das Passahfest beginnt (dem vierzehnten Nisan).[55] Während also die drei synoptischen Evangelien darin übereinstimmen, daß Jesus am fünfzehnten Nisan (dem ersten Passahtag) hingerichtet wurde, ist es nur Johannes, der behauptet, die Hinrichtung habe am vierzehnten Nisan (dem Tag *vor* dem Passahfest) stattgefunden.[56] Bemerkenswerterweise gibt Johannes die besondere Heiligkeit des Passahfestes, das auf den Sabbat fällt, als

---

[53] Mt 26, 20ff.; Mk 14, 12ff.; Lk 22, 15 (Jesus erzählt seinen Schülern, daß er begierig auf das Essen des Passahmahls mit ihnen ist, bevor er leiden wird).

[54] Joh 13, 1ff.

[55] Joh 19, 14.

[56] Ms. Florenz hebt hervor, daß der Tag der Hinrichtung am Vorabend des Sabbat, also am Freitag, war, was mit allen vier Evangelien übereinstimmt.

Grund für die Forderung der Juden an, Jesus und die beiden anderen Verurteilten noch an demselben Freitag zu begraben: Die Juden wollten die Leichen der Hingerichteten nicht über Sabbat am Kreuz lassen.[57] Hier mag es sich um eine (leicht abgewandelte) Bezugnahme auf das biblische und rabbinische Gesetz handeln, daß die Leiche eines hingerichteten Verbrechers nicht über Nacht (jede Nacht, nicht nur die Sabbatnacht) an dem Baum bzw. Kreuz bleiben darf.[58]

Und schließlich bietet der Bavli noch ein weiteres auffälliges Detail, das intime Kenntnis der neutestamentlichen Passionsgeschichte verrät: daß nämlich Jesus der Regierung nahe gestanden habe (und deswegen der Herold vierzig Tage vor der Hinrichtung ausgeschickt wurde, um andere Zeugen zu finden); dieses besondere Detail gehört nicht zur Baraita, sondern ist die Entgegnung auf Ullas (späteren) Einwand. In allen vier Evangelien versucht Pilatus, der römische Statthalter, Jesus zu retten und an seiner Stelle Barabbas kreuzigen zu lassen.[59] Daraus kann man durchaus den Eindruck gewin-

---

[57] Joh 19, 31.

[58] Josephus bemerkt (mit Bezug auf die ermordeteten Hohen Priester Ananos und Jesus während des ersten jüdischen Krieges) richtig: „Sie [die Mörder] trieben ihren Frevel damit auf die Spitze, daß sie die Leichen unbeerdigt hinauswarfen, obwohl doch die Juden für die Beerdigung der Toten so sehr besorgt sind, daß sie sogar die Leichen der zum Kreuzestod Verurteilten vor Sonnenuntergang herunternehmen und beerdigen" (Flav.Jos.bell. 4, 317: Otto Michel und Otto Bauernfeind, Hrsg. und Übers., *De Bello Judaico. Der Jüdische Krieg. Griechisch und Deutsch*, Bd. II, Buch IV–V, München: Kösel, 1963, S. 53).

[59] Mt 27, 17–23; Mk 15, 9–15; Lk 23, 13–25; Joh 18, 38–19, 16.

nen, Jesus habe keinen geringeren als den mächtigen
Statthalter selbst als seinen Beschützer gehabt.[60] Pilatus
macht tatsächlich große Anstrengungen, die Juden davon zu überzeugen, daß er keinen Anklagepunkt gegen
Jesus finden kann und will ihn entlassen, aber die Juden
geben nicht nach. Wieder ist hier das Johannesevangelium besonders ausführlich. Danach schreien die Juden
Pilatus, als er versucht, Jesus zu entlassen, an: „Wenn du
diesen Mann frei läßt, bist du kein Freund des Kaisers.
Jeder, der sich als König ausgibt, lehnt sich gegen ihn
[den Kaiser] auf!"[61] Auf diese Weise spielen sie den römischen Statthalter gegen seinen Herrn, den Kaiser, aus
– und nichts auf der Welt brauchte Pilatus weniger als
bei Tiberius wegen mangelnder Loyalität angeschwärzt
zu werden. Jesus gewinnt keinen Aufschub, so der Talmud, sondern wird sofort verurteilt und hingerichtet.

Die Tatsache, daß die Behauptung des Talmuds, Jesus
habe der römischen Regierung nahegestanden, eine Vertrautheit – sicher nicht mit dem historischen Ablauf der
Ereignisse,[62] wohl aber mit dem Bericht des Neuen Testamentes (besonders in der Version des Johannes) widerspiegelt, wird kaum noch überraschen. Erstaunlich
ist aber, daß dieses besondere Detail die römische Regierung vom Makel der Verurteilung Jesu freispricht und,
genau wie die Evangelien, den Juden die Hauptlast auf-
erlegt. Ich habe für diese erstaunliche Konklusion keine
definitive Erklärung, aber sie könnte mit der Tatsache

---

[60] Der nach Matthäus von seiner Frau beeinflußt wurde
(Mt 27, 19).
[61] Joh 19, 12.
[62] Dies ist wieder die Strohpuppe, auf die Maier einschlägt
(*Jesus von Nazareth*, S. 231f.)

zusammenhängen, daß dieser Teil der Geschichte nicht
zur (frühen palästinischen?) Baraita,[63] sondern in den
babylonischen Diskurs darüber im vierten Jahrhundert
n. Chr. gehört. Ist es denkbar, daß die Juden in Babylonien eine entspanntere Einstellung gegenüber der römischen Regierung in Palästina hatten als ihre palästinischen Brüder, die zunehmend unter der christlichen
Spielart der römischen Regierung litten? Die Juden in
Babylonien dürften recht gut gewußt haben, was im frühen vierten Jahrhundert in Palästina vorging – Ulla war
zwar ein babylonischer Amoräer, war aber von Palästina
nach Babylonien gekommen und reiste häufig zwischen
Babylonien und Palästina hin und her. Im übrigen ist es
eine Sache, dem Neuen Testament darin zu folgen, daß
Pilatus große Anstrengungen machte, Jesus zu retten,
aber eine ganz andere, die Botschaft zu akzeptieren, daß
– darum – den Juden die Schuld am Tod Jesu zukommt.
Andererseits sollten wir nicht vergessen, daß es auch der
Kern der Baraita war, daß die Juden die Verantwortung
für die Hinrichtung Jesu auf sich genommen hatten. Der
spätere babylonische Diskurs mag daher zwar die von
den Evangelien den Juden auferlegte *Schuld* am Tod Jesu
nicht akzeptieren wollen; er mag aber, wie die Baraita,
jedoch mit anderen Argumenten, die Botschaft übermitteln wollen: Ja, wir nehmen die *Verantwortung* für sei-

---

[63] Die Tatsache, daß wir eine Baraita vor uns haben, bedeutet
nicht notwendigerweise, daß es sich um eine frühe palästinische
Baraita handelt, denn nicht alle Baraitot im Bavli sind ursprünglich; vgl. Günter Stemberger, *Einleitung in Talmud und Midrasch*, München: Beck, 8. Aufl., 1992, S. 199f. Im vorliegenden
Fall deutet allerdings nichts daraufhin, daß unsere Baraita zwei-
felhafter Herkunft ist.

nen Tod auf uns. Der römische Statthalter wollte ihn zwar frei lassen, aber wir haben nicht nachgegeben. Jesus war ein Gotteslästerer und Götzendiener, und wenn sein Schicksal den Römern auch ganz gleichgültig war, so haben wir durchgesetzt, daß er bekam, was er verdiente. Wir haben den römischen Statthalter sogar davon überzeugt (oder besser gesagt: ihn gezwungen), daß dieser Häretiker und Hochstapler hingerichtet werden mußte – und wir sind stolz darauf.

Was wir also hier im Bavli vor uns haben, ist eine eindrückliche Bestätigung der neutestamentlichen Passionsgeschichte, jedoch eine kreative Neuinterpretation, die nicht nur einige präzise Einzelheiten kennt, sondern auch selbstbewußt die Verantwortung für Jesu Hinrichtung auf sich nimmt. Am Ende, und genauer betrachtet, haben wir es daher mit einer völligen Umkehrung der neutestamentlichen Botschaft von Scham und Schuld zu tun: Wir akzeptieren – so der Talmud – die Verantwortung für den Tod dieses Häretikers, aber es gibt keinen Grund für Scham oder Schuldgefühle. Wir sind nicht die Mörder des Messias und des Gottessohnes, auch nicht des Königs der Juden, wie es Pilatus gerne gehabt hätte. Wir sind vielmehr die rechtmäßigen Vollstrecker des Urteils über einen Gotteslästerer und Götzendiener, der mit dem vollen Gewicht *unseres* Rechtes, aber auch nach einem fairen Verfahren, verurteilt wurde. Wenn diese Interpretation zutrifft, sind wir hier mit einer Botschaft konfrontiert, die stolz und geradezu aggressiv die Beschuldigung der Christen, die Juden seien die Mörder Jesu, pariert. Zum ersten Mal in der Geschichte treffen wir Juden an, die, statt in die Defensive zu gehen, ihre Stimme erheben und sich ge-

gen das wehren, was bald die ewig gültige Botschaft
der triumphierenden Kirche werden sollte.

7. Die Schüler Jesu

Daß Jesus einen Kreis von Schülern um sich sammelte, gehört zum Grundbestand der neutestamentlichen Erzählung. Die Wahl dieser Schüler zog sich über längere Zeit hin. Sie begann anscheinend mit vier Auserwählten (Simon Petrus und sein Bruder Andreas, Jakob, der Sohn des Zebedäus und sein Bruder Johannes)[1] und endete schließlich bei zwölf, sicher in Anspielung auf die zwölf Stämme Israels.[2] Diese zwölf Schüler begleiteten Jesus bis zu seiner Festnahme im Garten Gethsemane, feierten das Letzte Abendmahl mit ihm, waren Zeugen des Verrats durch einen von ihnen (Judas), der Jesus an die Obrigkeit auslieferte, und die verbleibenden elf sahen ihn nach seiner Auferstehung.[3]

Es ist darum nicht verwunderlich, daß der Bavli unmittelbar im Anschluß an seinen Bericht von der Hinrichtung Jesu noch eine Geschichte über seine Schüler anfügt. Sie ist wieder als eine (frühe) Baraita überliefert:[4]

---

[1] Mt 4, 18–20; Mk 1, 16–20; Lk 5, 1–11 (nur Simon, Jakob und Johannes); Joh 1, 35–42 (zwei Schüler von Johannes dem Täufer, einer anonym und der andere Andreas, der Bruder von Simon Petrus).

[2] Mt 10, 1–4; Mk 3, 14–19; Lk 6, 12–16.

[3] Mt 28, 16–20; Mk 16, 14–17 (der längere Schluß); Lk 24, 36–50; Joh 20, 19–31, 21.

[4] b Sanh 43a-b.

Unsere Meister haben gelehrt: Jesus von Nazareth[5] hatte fünf
Schüler. Und diese sind es:

Mattai, Naqqai, Nezer, Buni und Todah.

Als man Mattai (bei Gericht) vorführte, sagte er [Mattai]
zu ihnen [den Richtern]: Mattai soll getötet werden? Es steht
doch geschrieben: Wann (*matai*) komme ich zu sehen das Angesicht Gottes (Ps 42, 3)? Sie [die Richter] entgegneten ihm:
Ja, Mattai soll getötet werden, denn es steht geschrieben:
Wann (*matai*) wird er sterben und seine Name vergehen (Ps
41, 6)?

Als sie Naqqai (bei Gericht) vorführten, sagte er [Naqqai]
zu ihnen [den Richtern]: Naqqai soll getötet werden? Es steht
doch geschrieben: Du sollst den Unschuldigen (*naqi*) und Gerechten nicht töten (Ex 23, 7). Sie [die Richter] entgegneten
ihm: Ja, Naqqai soll getötet werden, denn es steht geschrieben: Im Verborgenen (*be-mistarin*)[6] tötet er den Unschuldigen (*naqi*) (Ps 10, 8).

Als sie Nezer (bei Gericht) vorführten, sagte er [Nezer] zu
ihnen [den Richtern]: Nezer soll getötet werden? Es steht doch
geschrieben: Ein Sproß (*nezer*) wird aus seinen Wurzeln sprie-
ßen (Jes 11, 1). Sie [die Richter] entgegneten ihm: Ja, Nezer
soll getötet werden, denn es steht geschrieben: Du wirst aus
deinem Grab weitab hingeworfen werden wie ein verachteter
Sproß (*nezer*) (Jes 14, 19).

Als sie Buni (bei Gericht) vorführten, sagte er [Buni] zu ihnen [den Richtern]: Buni soll getötet werden? Es steht doch
geschrieben: Mein Sohn (*beni*), mein Erstgeborener ist Israel
(Ex 4, 22). Sie [die Richter] entgegneten ihm: Ja, Buni soll getötet werden, denn es steht geschrieben: Siehe, ich werde deinen erstgeborenen Sohn (*binkha*) töten (Ex 4, 23).

---

[5] Der volle Name in Mss. Jad ha-Rav Herzog I, Florenz II.
I.8–9 und Karlsruhe Reuchlin 2; Ms. München hat den Namen
und einen beträchtlichen Teil des Textes getilgt (siehe die Tabelle,
unten S. 276, und das Frontispiz dieses Buches).

[6] Oder: auf geheimnisvolle Weise.

Als sie Todah (bei Gericht) vorführten, sagte er [Todah] zu ihnen [den Richtern]: Todah soll getötet werden? Es steht doch geschrieben: Ein Lied zum Dankopfer (*todah*) (Ps 100, 1). Sie [die Richter] entgegneten ihm: Ja, Todah soll getötet werden, denn es steht geschrieben: Wer ein Dankopfer (*todah*) schlachtet, ehrt mich (Ps 50, 23).

Dies ist ein außerordentlich subtiler Kampf mit biblischen Versen, und zwar ein Kampf auf Leben und Tod. Ob der ganze Abschnitt eine frühe tannaitische Baraita oder eine babylonische Erfindung oder vielleicht nur die Namensliste die Baraita ist und die anschließenden Auslegungen eine spätere babylonische Ergänzung sind[7] – dies ist für unser Anliegen ohne Bedeutung.[8] Ganz sicher haben wir es hier mit einer babylonischen Tradition zu tun, die vielleicht auf einigen früheren palästinischen Elementen basiert und vielleicht auch nicht. Wir sollten uns auch nicht bei der Tatsache aufhalten, daß der Bavli nur fünf Schüler Jesu nennt statt der zwölf im Neuen Testament. Man könnte hier auf den allmählichen Prozeß der Auswahl der Schüler verweisen und argumentieren, daß der Bavli ein früheres Stadium reflektiert, als die Zahl der Zwölf noch nicht erreicht war,[9] oder auch damit, daß ein Rabbi wie Jochanan b. Sakkai fünf berühmte Schüler hatte[10] – aber dies wäre eine pseudo-

---

[7] Die Namensliste ist Hebräisch, während die anschließenden Interpretationen Aramäisch sind.

[8] Maier, *Jesus von Nazareth*, S. 232 f., ist wieder daran gelegen, die „Authentizität" des Textes zu widerlegen.

[9] Tatsächlich beginnt das Johannesevangelium mit fünf zuerst auserwählten Schülern (Joh 1, 37–51): zwei Schüler von Johannes folgten Jesus, einer von ihnen Andreas; ferner Simon Petrus, Philip und Nathanael.

[10] m Avot 2, 8.

historische Erklärung eines Textes,[11] der nicht die ge-
ringste Absicht hat, eine historische Mitteilung über Jesus und seine Schüler zu machen. Wichtig daran ist allein
die Botschaft, die der Autor bzw. Redaktor übermitteln
will.

Zunächst ist festzuhalten, daß der Bavli davon ausgeht, die Schüler Jesu seien, genauso wie ihr Meister,
hingerichtet worden. Es gab diesmal allerdings kein
sorgfältiges Verfahren, keine Anklage, keine Verurteilung und kein formales Todesurteil – die Fünf sind einfach getötet worden, und wir erfahren nicht einmal, welche Hinrichtungsart ihnen beschieden war. Wir können
nur vermuten, daß man ihnen dasselbe Verbrechen zur
Last legte wie Jesus: Gotteslästerung und Götzendienst.
Und man kann dem wohl noch hinzufügen, daß sie unmittelbar nach Jesu Hinrichtung vor Gericht gestellt und
getötet wurden, vermutlich auf dieselbe Weise wie ihr
Lehrer. Schon diese merkwürdigen Umstände legen den
Verdacht nahe, daß unser Autor bzw. Redaktor mit einem gewissen Vorsatz die Unterschiede zwischen Jesus
und seinen Schülern verwischt: Es sieht so aus, als ob sie
bzw. ihr Schicksal identisch waren.

Mit der Ausnahme von Mattai, dessen Name möglicherweise auf den Apostel Matthäus anspielt[12] (den angeblichen Autor des Evangeliums dieses Namens), erin-

---

[11] Dessen Historizität selbst von Klausner, *Jesus of Nazareth*,
S. 29f., aufrecht erhalten wird. Er schlägt folgende Identifizierun-
gen vor: Mattai = Matthäus; Naqqai = Lukas; Nezer = entweder
ein Wortspiel mit *nozrim* („Christen") oder eine korrupte Form
von Andrai = Andreas; Buni = Nicodemus oder eine korrupte
Form von Juhanni/Juani = Johannes; Todah = Thaddäus.

[12] Mt 9, 9; 10, 3.

nern die Namen der übrigen vier Schüler an keinen der zwölf Apostel. Aber auch im Falle von Mattai liegt keine historische Information vor, weil von Anfang an klar wird, daß alle fünf Namen, also auch Mattai, literarische Konstruktionen und im Hinblick auf die biblischen Verse entworfen sind, mit denen sich die Schüler verteidigen bzw. auf denen ihre Verurteilung basiert. So ist Mattai ein Wortspiel mit dem hebräischen Wort *matai* („wann"), das Psalm 42, 3 (die Verteidigung) als „Mattai wird kommen und vor dem Herrn erscheinen"[13] sowie Psalm 41, 6 (die Verurteilung) als „Mattai wird sterben und sein Name vergehen" deutet. Dasselbe gilt für die anderen vier Schüler: Im Falle von Naqqai ist der Verteidigungsvers Exodus 23, 7 als „Du sollst Naqqai[14] und den Gerechten nicht töten" und der Verurteilungsvers Psalm 10, 8 als „Im Verborgenen/im Geheimen/auf geheimnisvolle Weise wird Naqqai getötet" gedeutet.[15] Im Falle von Nezer wird der Verteidigungsvers Jesaja 11, 1 ausgelegt als „Nezer soll aus seinen Wurzeln sprossen", d.h., er soll weiterhin gedeihen, und der Verurteilungsvers Jesaja 14, 19 als „Der verabscheute Nezer wird aus seinem Grab weitab hingeworfen werden." Der Name Buni wird vom hebräischen Wort *beni* („mein Sohn") abgeleitet, und während Buni Exodus 4, 22 auf sich selbst bezieht (Buni als Erstgeborener Israels kann nicht

---

[13] Daß das Verb im Originaltext in der ersten Person Singular steht („Wann werde ich kommen"), in der Auslegung aber in die dritte Person Singular verändert wird („Mattai wird kommen"), stört den Verfasser nicht.

[14] Das hebräische Wort *naqi* kann ebenfalls als „Naqqai" gelesen werden.

[15] Lies *jehareg* statt *jaharog*.

getötet werden), wenden die Richter den nachfolgenden
Vers Exodus 4, 23, der sich auf den Erstgeborenen Ägyptens bezieht (Buni, der Erstgeborene Ägyptens soll getötet werden), gegen ihn an. Der von Todah zur Verteidigung beigebrachte Vers Psalm 100, 1 wird als „Ein Psalm
für Todah" ausgelegt (wonach also Todah gepriesen und
nicht getötet werden soll) und der zur Verurteilung die-
nende Vers Psalm 50, 23 als „Wer ein Dankopfer schlachtet = Todah tötet, ehrt mich [Gott]".

Wenn wir uns nun die Bibelverse, die die Richter zur
Verurteilung anführen, näher ansehen, stoßen wir auf
einige bemerkenswerte Querverbindungen. Mattai ist
am auffälligsten, weil er Psalm 42 zitiert, einen Text, der
unschwer auf Jesus am Kreuz angewendet werden kann,
der verzweifelt Gottes Hilfe erfleht und von der vorbei-
ziehenden Menge verspottet wird. Man vergleiche Psalm
42, 10f. („Ich sage zu Gott, meinem Fels: Warum hast du
mich vergessen? Warum muß ich trauernd umhergehen,
von meinen Feinden bedrängt? Mit einem Zerschlagen
in meinen Knochen [*be-rezach be-'azmotai*][16] verhöh-
nen mich meine Bedränger, denn sie rufen mir ständig
zu: Wo ist nun dein Gott?") mit dem Bericht der Evangelien über Jesus am Kreuz: Die Vorbeigehenden verspotten ihn und fordern ihn auf, vom Kreuz herabzusteigen,
wenn er denn wirklich Gottes Sohn ist,[17] worauf Jesus
ausruft: „Mein Gott, mein Gott, warum hast du mich
verlassen?!"[18] Wenn man das schwierige *be-rezach be-*

---

[16] So wörtlich, also vermutlich: „meine Knochen zerschla-
gend".
[17] Mt 27, 39–44; Mk 15, 29–32; Lk 23, 35–37.
[18] Zitat eines anderen Psalmverses (Ps 22, 1): Mt 27, 46; Mk
15, 34.

'*azmotai* in der Tat auf das Zerschlagen der Knochen bezieht, kann man hier leicht einen Bezug zu Johannes 19, 31–24 (wieder: nur Johannes) herstellen, wonach die Soldaten kommen, um die Beine Jesu und die der zwei „Räuber" zu zerschlagen (um ihren Tod zu beschleunigen), aber als sie entdecken, daß Jesus bereits tot ist, seine Beine nicht brechen, sondern stattdessen seine Seite mit einer Lanze durchbohren.

Auf diesem Hintergrund könnte man Mattai (oder Jesus) in der Bavli-Geschichte etwa folgendermaßen verstehen: Macht mit mir was ihr wollt, selbst wenn ihr mich tötet – ich werde ohnehin bald vor dem Angesicht Gottes im Himmel stehen, d.h. ich werde von den Toten auferstehen! Und die Antwort der Richter lautet: Nein, Mattai (bzw. Jesus) wird gewiß sterben, und nicht nur das – sein Name wird vergehen, man wird ihn völlig vergessen. Es gibt keine Auferstehung und demzufolge auch keine Gemeinde von Anhängern, die weiter an ihn glauben werden. Ein vernichtenderes Urteil ist schwer vorstellbar.

Auch Naqqai kann leicht auf Jesus bezogen werden: Pilatus erklärt ihn im Prozeß ausdrücklich für unschuldig (*naqi*)[19] und will ihn nicht hinrichten lassen, aber die Juden verlangen seinen Tod. So ist Naqqai eigentlich Jesus, der behauptet, unschuldig und rechtschaffen zu sein

---

[19] Nach Mt 27, 19 bittet Pilatus' Frau ihren Mann: „Laß deine Finger von diesem unschuldigen (*tô dikaiô*) Menschen, denn ich habe heute sehr durch einen Traum von ihm gelitten!" Das griechische Wort für „unschuldig" ist *dikaios* – „gerecht", die griechische Entsprechung von hebräisch *zaddiq*, dem Wort, das in Ex 23, 7 zusammen mit *naqi* („unschuldig") gebraucht ist.

und um sein Leben fleht (ganz im Unterschied zu den Evangelien, wo er sich nicht verteidigt). Die Juden akzeptieren aber seine Unschuldserklärung nicht und argumentieren, daß er nicht „unschuldig" ist, sondern einfach den Namen „Naqqai" trägt.

Die messianischen Implikationen – und damit auch der Bezug auf Jesus – werden hinsichtlich der übrigen „Schüler" noch stärker. Was Nezer angeht, so ist Jesaja 11, 1f. einer der klassischen biblischen Texte zum Nachweis des davidischen Messias: Der Sproß (*nezer*), der aus seinen Wurzeln erwächst, ist tatsächlich David, der Sohn des Jesse. Und genau diese davidische Beziehung stellt das Neue Testament her (am offenkundigsten in Mt 1, wo die davidische Abstammung Jesu etabliert wird: Jesus, der Messias, der Sohn des David, des Sohnes von Jesse). Diesem Anspruch auf davidische Abstammung setzen die Richter eine ganz andere Botschaft entgegen: Du, Nezer, bist nicht davidischer Abstammung, Gott behüte, sondern der „verachtete Sproß", der unbegraben bleibt, „mit der Lanze durchbohrt" – ein anderer Verweis auf das Evangelium[20] – „wie ein zertretener Leichnam" (Jes 14, 19). Hier bezieht sich der Bavli direkt auf den neutestamentlichen Bericht von der Wiedererweckung Jesu, oder besser, er präsentiert eine Gegenerzählung. Du wirst nicht nur sterben, argumentieren die Richter, du wirst auch unbegraben bleiben, das schlimmste Schicksal, das einen Hingerichteten erwartet, weil, wie wir aus der Mischna wissen, sogar der übelste Verbrecher ein Anrecht darauf hat, vom Baum bzw. Kreuz

---

[20] Joh 19, 34: „Aber einer der Soldaten stieß mit der Lanze in seine Seite, und sogleich floß Blut und Wasser heraus".

abgenommen und ordentlich begraben zu werden. Jesus ist schlimmer als der übelste Verbrecher, denn, wie Jesaja fortfährt, „Du hast dein eigenes Land zugrunde gerichtet, hingemordet dein eigenes Volk" (Jes. 14, 20). In der Lesung des Bavli heißt das: Du hast Gott gelästert und dein Volk zum Götzendienst verführt. Und dieses Schicksal ist nicht nur Jesus selbst, sondern auch seinen Anhängern beschieden. Wenn Jesaja fortfährt: „Richte ein Schlachthaus her für seine Söhne wegen der Sünden ihres Vaters,[21] damit sie sich niemals wieder erheben und die Welt in Besitz nehmen" (Jes 14, 21), so leitet der Bavli daraus ab, daß die Schüler Jesu wegen dessen Schuld hingerichtet werden und daß ihre Hoffnung, wiedererweckt zu werden trügerisch ist, genau so wie es Jesu eigene Erwartung war. Niemals werden sie wieder auferstehen und die Erde in Besitz nehmen, wie Jesus nach Matthäus seinen Schülern nach seiner Auferstehung verspricht: „Mir ist alle Macht gegeben im Himmel und auf der Erde. Darum geht zu allen Völkern und macht alle Menschen zu meinen Jüngern; tauft sie auf den Namen des Vaters, des Sohnes und des Heiligen Geistes, und lehrt sie, alles zu befolgen, was ich euch geboten habe."[22] Nein, behauptet unsere Bavli-Erzählung, weder war Jesus der Messias, noch lebt seine Botschaft unter seinen Anhängern weiter. Sie sind alle tot.

Was nun Bunis Anspruch anbelangt, Israel, Gottes erstgeborener Sohn zu sein, so sind die Implikationen sogar noch kühner. Zunächst, Buni besteht darauf, Got-

---

[21] „Ihrer Väter" im hebräischen Text, aber der Singular ist hier eher angebracht (siehe auch die alten Übersetzungen).

[22] Mt 28, 18–20; Mk 16, 15f.

tes *Sohn* zu sein. Dies ist ein weiterer Bezug auf einen Bibelvers mit stark messianischen Untertönen, nämlich Psalm 2, 7: „Er [der Herr] sprach zu mir: Mein Sohn (*beni*) bist du, heute habe ich dich gezeugt." Nach dem Neuen Testament öffnen sich die Himmel, als Johannes Jesus tauft, der Heilige Geist kommt als Taube herab, und eine himmlische Stimme verkündet: „Du bist mein geliebter Sohn!"[23] – eine eindeutige Anspielung auf Psalm 2, 7. Das gleiche gilt für Jesu Verklärung auf dem Berg, wo eine Stimme vom Himmel (eindeutig Gottes Stimme) verkündet: „Dies ist mein geliebter Sohn, an dem ich Gefallen gefunden habe."[24] Noch stärker kommt dies zum Ausdruck, wenn Paulus in der Synagoge von Antiochia in Pisidien die Geschichte von Leben und Tod Jesu zusammenfaßt (die Juden verlangten von Pilatus, Jesus zu töten, obwohl sie keinen Grund für ein Todesurteil finden konnten; nach seiner Tötung wurde er „vom Baum"[25] abgenommen und in einem Grab begraben, aber Gott erweckte ihn von den Toten)[26] und seine Reihe von biblischen Belegen mit einem vollständigen Zitat von Psalm 2, 7 beginnt: „Mein Sohn bist du; heute habe ich dich gezeugt!" Und schließlich zitiert auch der Autor des Hebräerbriefes, als er Jesus als Gottes Sohn vorstellt, der als solcher allen Engeln überlegen ist, wieder Psalm 2, 7, um seine Behauptung abzusichern.[27]

---

[23] Mk 1, 10f.; Mt 3, 16f.; Lk 3, 21f.
[24] Mt 17, 5; Mk 9,7; Lk 9, 35.
[25] Griechisch *apo tou xylou*, wörtlich „vom Holz".
[26] Apg 13, 28–30.
[27] Hebr 1, 5; siehe auch 5, 5.

Weiterhin besteht Buni darauf, Gottes *Erstgeborener* zu sein. Dies spielt offenbar auf den oft von Paulus vorgebrachten Anspruch an, Jesus sei der wahre Erstgeborene der Schöpfung und vor aller Schöpfung geboren: „Er [Jesus] ist das Ebenbild des unsichtbaren Gottes, der Erstgeborene der ganzen Schöpfung. Denn in ihm wurde im Himmel und auf der Erde alles erschaffen … alles ist durch ihn und auf ihn hin geschaffen."[28] Da er auch der „Erstgeborene der Toten"[29] ist, werden alle seine Anhänger durch ihn leben: „Nun aber ist Christus von den Toten auferweckt worden als der Erste der Entschlafenen. Da nämlich durch einen Menschen der Tod gekommen ist, kommt durch einen Menschen auch die Auferstehung der Toten. Denn wie in Adam alle sterben, so werden in Christus alle lebendig gemacht werden."[30] Jesus und seine Anhänger bilden das neue Israel, die „Kinder der Verheißung" im Gegensatz zu den „Kindern des Fleisches": „Das bedeutet: Nicht die Kinder des Fleisches sind Kinder Gottes, sondern die Kinder der Verheißung werden als Nachkommen anerkannt."[31] Und mit einem Zitat von Hosea fährt Paulus fort: „Ich werde als mein Volk berufen, was nicht mein Volk war, und als Geliebte jene, die nicht geliebt war."[32] Wenn also Buni behauptet, Gottes (geliebter) Sohn zu sein, sein (wahrer) Erstgeborener, so formuliert er damit den Anspruch der christlichen Kirche, das „alte Israel" der Juden zu ersetzen. Auf diesen Anspruch, an die Stelle Israels zu treten,

---

[28] Kol 1, 15f.; siehe auch Hebr 1, 6.
[29] Kol 1, 18.
[30] 1 Kor 15, 20–22; vgl. auch Röm 8, 29.
[31] Röm 9, 8.
[32] Röm 9, 25; vgl. Hos 2, 23; 1, 10.

antworten die Richter: Du Tor, du bist nicht der Erstgeborene Gottes, sondern der Erstgeborene des Pharao, des Bösewichts, der erfolglos versuchte, Israel zugrunde zu richten. Der selbsternannte Messias entpuppt sich in Wahrheit als der Nachkomme des schlimmsten Bedrückkers, des Erzfeindes Israels.

Nun zu Todah, dem letzten der Schüler Jesu. Das hebräische Wort *todah* bedeutet „Dank" und „Dankesgabe", im engeren Sinne auch „Dankopfer". Mit dieser letzten Bedeutung spielt unser Text. Todah, der „Schüler", bringt vor: „Ich bin das Dankopfer für Israel und muß als solches gepriesen, nicht aber getötet werden." Aber die Richter kontern: „Das Gegenteil ist wahr, deine Tötung – die alles andere als ein Opfer im kultischen Sinne des Wortes ist – ist unumgänglich, und wer sie durchführt, erfüllt den Willen Gottes." Damit weisen die Richter den Anspruch des Neuen Testamentes zurück, Jesus sei das Opfer des neuen Bundes, das neue Passah-Lamm, das „die Sünde der Welt hinwegnimmt".[33] Paulus bezeichnet Jesus ausdrücklich „als Gabe und Gott angenehmes Opfer",[34] wobei er wahrscheinlich auf das Brandopfer mit dem angenehmen Duft in Exodus 29, 18 anspielt, als Sühneopfer, bei dem Jesus von Gott dazu bestimmt ist, „Sühne zu leisten mit seinem eigenen Blut."[35] Das Brandopfer, genauer gesagt, das vollständige Brandopfer oder auch Ganzopfer (*'olah*) – weil das Opfertier vom Altarfeuer vollständig verbrannt wird – ist das häufigste Opfer in der Hebräischen Bibel, und das Sühneop-

---

[33] Joh 1, 29; siehe auch 1 Kor 5, 7; Apk 5, 6. 9. 12; 13, 8.
[34] Eph 5, 2.
[35] Röm 3, 25; siehe auch 1 Joh 2, 12.

fer mag auf das biblische Sündopfer (*chatat*) oder Schuld-
opfer (*ascham*) verweisen. Der Hebräerbrief entfaltet eine
ganze Theorie von Jesus als dem neuen Hohen Priester,
„der sich selbst ... Gott als makelloses Opfer dargebracht
hat",[36] jedoch nicht, „um sich selbst viele Male zu opfern,
wie der Hohe Priester, der jedes Jahr mit fremdem Blut in
das Heiligtum hineingeht", sondern Jesus ist „am Ende
der Zeiten ein einziges Mal erschienen, um durch sein
Opfer die Sünde zu tilgen."[37]

Fassen wir zusammen. Dieser Kampf mit biblischen
Versen ist kein (oder nur nach außen hin ein) Scheinpro-
zeß, bei dem die Schüler Jesu verzweifelt darum kämp-
fen, der Todesstrafe zu entkommen. In Wahrheit geht
es um Jesus – eine spannende und äußerst scharfsin-
nige Disputation zwischen Juden und Christen über das
Schicksal Jesu und einige der zentralen Lehren des christlichen Glaubens. Dazu gehören die Behauptung Jesu und
seiner Anhänger, daß Jesus der Messias aus dem Hause
David ist, das unschuldige Opfer des Zorns der Juden,
der Sohn Gottes, der nach seinem schrecklichen Tod auferweckt wurde, und daß dieser Tod das ultimative Opfer des neuen Bundes ist, das den alten Bund ablöst und
das neue Israel begründet. Insofern ist die Talmud-Ge-
schichte nicht etwa eine bizarre und bedeutungslose Ergänzung zur Erzählung vom Prozeß Jesu und von seinem
Tod, sondern bildet den Höhepunkt der Diskussion über
Jesus und das Christentum im babylonischen Talmud.
Was darüberhinaus besonders auffällt, gerade gegenüber
den berüchtigten Disputationen des Mittelalters, bei de-

---

[36] Hebr 9, 14.
[37] Hebr 9, 25f.

nen ja der Ausgang zugunsten der Christen immer von vorneherein feststand: In dieser Disputation behalten die Juden die Oberhand. Wie der letzte „Schüler" erfahren muß: Nicht das kultische Opfer, sondern die Hinrichtung von Todah-Jesus ehrt Gott und führt zur endültigen Rechtfertigung der jüdischen Religion. Jesus wurde zu Recht getötet, und es gibt absolut nichts, das nach seinem Tod von ihm und von seiner Lehre übrig bleibt.

8. Die Höllenstrafe Jesu

Nach dem Neuen Testament ist Jesus, wie er vorausgesagt hatte, tatsächlich am dritten Tag nach seiner Kreuzigung auferstanden und seinen Schülern erschienen. Die synoptischen Evangelien berichten nichts darüber, was nach seiner Auferstehung mit ihm geschah (bei Lukas segnet er die Schüler und entschwindet dann einfach),[1] und nur der Anhang bei Markus ergänzt „er wurde in den Himmel aufgenommen und setzte sich zur Rechten Gottes" (Mk 16, 19). Die Einleitung zur Apostelgeschichte kennt jedoch genauere Einzelheiten: Dort zeigt sich Jesus seinen Schülern 40 Tage (!) nach seiner Passion[2] lebend und verspricht ihnen bei seinem letzten Erscheinen die Macht des Heiligen Geistes, um den neuen Glauben auf der ganzen Welt zu verbreiten:

(9) Als er dies gesagt hatte, wurde er vor ihren Augen emporgehoben, und eine Wolke nahm ihn auf und entzog ihn ihren Blicken. (10) Während sie unverwandt ihm nach zum Himmel emporschauten, standen plötzlich zwei Männer in weißen Gewändern bei ihnen.[3] (11) Sie sagten: Ihr Männer von

---

[1] Lk 24, 51: „Und während er sie segnete, verließ er sie" (einige Handschriften fügen hinzu „und wurde in den Himmel emporgehoben").

[2] Könnte dies die Quelle für die vierzig Tage sein, die der Talmud dem Herold als Frist für die Ankündigung der bevorstehenden Hinrichtung Jesu setzt (siehe oben)?

[3] Zwei Engel.

Galiläa, was steht ihr da und schaut zum Himmel empor?
Dieser Jesus, der von euch ging und in den Himmel aufgenommen wurde, wird ebenso wiederkommen, wie ihr ihn
habt zum Himmel hinaufgehen sehen.[4]

In Umkehrung der Bewegung des „Menschensohnes"
bei Daniel, wo jener in den Wolken des Himmels herabkommt (Dan 7, 13), steigt der auferstandene Jesus auf
einer Wolke in den Himmel hinauf, und die Engel erklären den erstaunten Schülern, daß er später von dort, wo-
hin er gegangen ist, d.h. vom Himmel, zurückkehren
wird. Man kann also davon ausgehen, daß er bis zu seinem letzten und endgültigen Wiedererscheinen auf der
Erde im Himmel bleiben wird.

Wieder ist es dem babylonischen Talmud vorbehalten, eine Gegenerzählung zur Botschaft des Neuen Testamentes zu bringen. In der Tat bietet sie das genaue
Gegenteil von dem, was das Neue Testament verkündet,
nämlich eine höchst drastische und bizarre Geschichte
über den Abstieg Jesu in die Hölle und die Bestrafung,
die ihm dort widerfährt. Der Kontext ist ein weitange-
legter aggadischer Abschnitt über die Zerstörung Jeru-
salems und des Tempels während des ersten jüdischen
Krieges und über Bethar, die letzte Hochburg der Auf-
ständischen während des zweiten jüdischen Krieges (des
sogenannten Bar Kokhba-Aufstandes). Ziel der Erörterung ist es herauszufinden, warum Jerusalem und Bethar
zerstört wurden. Bethar interessiert uns hier nicht, aber
zu Jerusalem ist die folgende Argumentation von Belang.[5]

---

[4] Apg 1, 9–11.
[5] b Git 55b-56a. Zum Gesamtzyklus dieser Geschichten und

Ein gewisser Bar Qamza wurde bei einem Bankett beleidigt, und weil er die Rabbinen für diese Beleidigung teilweise verantwortlich macht, denunziert er sie bei den Machthabern in Rom. Er hinterbringt dem römischen Kaiser, die Rabbinen bereiteten einen Aufstand vor und bringt als Beweis für seine Anschuldigung vor, daß sie sich weigern würden, das übliche Opfer für den Kaiser im Tempel darzubringen.[6] Als der Kaiser sein Opfertier schickt, macht Bar Qamza es für den halakhischen Gebrauch untauglich (indem er ihm einen kleinen körperlichen Makel zufügt), so daß es im Tempel nicht geopfert werden kann. Die Rabbinen neigen dennoch dazu, das untaugliche Tier zu opfern, um die römische Regierung nicht zu brüskieren, aber einer unter ihnen überzeugt sie alle, daß ein so erbärmlicher Kompromiß nicht vertretbar sei. Also, so schließt der Talmud, ist der Tempel wegen der kompromißlosen Rigorosität der Rabbinen in halakhischen Fragen zerstört worden.

Zuerst, und historisch völlig anachronistisch, schicken die Römer den Kaiser Nero gegen die Juden aus. Aber als Nero klar wird, daß Gott ihn als Instrument für die Bestrafung seines Volkes ausersehen hat, flieht er

---

seinen antichristlichen Implikationen siehe Israel J. Yuval, „*Two Nations in Your Womb*": *Perceptions of Jews and Christians in Late Antiquity and the Middle Ages*, Berkeley: University of California Press, 2006, S. 49–56.

[6] Nach Josephus (Flav.Jos.Bell. 2, 409f.) war der vom Tempelvorsteher Eleasar, Sohn des Hohen Priesters Ananias, ausgegebene Befehl, das tägliche Opfer für den Kaiser einzustellen, in der Tat der entscheidende aufrührerische Akt, der den Krieg mit Rom auslöste. Bezeichnenderweise verlagert die rabbinische Literatur die Ereignisse von der Ebene der Priester auf die der Rabbinen.

und wird ein Proselyt (von dem, groteskerweise, R. Meir
abstammt). Dann entsenden die Römer Vespasian, der
seinerseits (historisch völlig korrekt), als er von seiner
Wahl zum Kaiser erfährt, Titus entsendet. Titus schän-
det den Tempel, indem er das Allerheiligste betritt (was
einzig dem Hohen Priester vorbehalten ist) und auf einer
Torarolle mit einer Hure Unzucht treibt. Das Nieder-
brennen des Tempels ist nicht ausdrücklich erwähnt,
nur, daß Titus die Tempelgeräte für seinen Triumphzug
in Rom raubt.[7] Aber als Strafe für den hochmütigen und
bösen Kaiser schickt Gott eine Mücke, die durch seine
Nasenlöcher in sein Gehirn eindringt und sich dort sieben Jahre lang davon ernährt.[8] Als der unglückselige
Kaiser schließlich stirbt und man seinen Schädel öffnet,
stellt sich heraus, daß die Mücke sich zu einem spatzen-
ähnlichen Vogel oder sogar zu einer jungen Taube mit
einem Schnabel aus Messing und Krallen aus Eisen aus-
gewachsen hatte. Bevor er stirbt, bestimmt Titus: „Verbrennt mich und zerstreut meine Asche über die sieben
Weltmeere, damit der Gott der Juden mich nicht findet
und vor Gericht bringt."[9] Der Erzähler des Bavli fährt
dann mit der Geschichte eines gewissen Onqelos, Sohn
des Qaloniqos, fort, der, offenbar nach dem Vorbild des
Kaisers Nero, erwägt, zum Judentum überzutreten:[10]

---

[7] Was wiederum historisch stimmt: Sie werden wirklich
nach Rom gebracht und sind auf dem Titusbogen abgebildet.

[8] Offensichtlich ist die Mücke, wie der Talmud erklärt, nicht
nur darum gewählt, weil sie so klein ist, sondern auch deswegen,
weil sie nur einen Eingang (für die Nahrungsaufnahme) hat, aber
keinen Ausgang (zum Ausscheiden der Nahrung).

[9] b Git 56b.

[10] b Git 56b-57a.

Onqelos, Sohn des Qaloniqos, Schwestersohn des Titus, wollte zum Judentum übertreten. Er ging hin und holte durch Totenbeschwörung Titus aus dem Grab herauf und fragte ihn: Wer ist in jener Welt [der Toten] wichtig?

Er [Titus] antwortete: Israel!

Er [Onqelos] entgegnete: Soll man sich ihnen anschließen?

[Titus:] Ihre (religiösen) Anforderungen sind zahlreich, und du wirst nicht imstande sein, sie (alle) auszuführen. Geh hin und greife sie in dieser Welt [auf der Erde] an, dann wirst du an der Spitze sein, denn es heißt: Ihre Bedränger sind an der Macht (Klgl 1, 5), [was heißt,] wer auch immer Israel bedrängt, kommt an die Spitze.

[Onqelos:] Worin besteht deine Bestrafung [in der Unterwelt]?

[Titus:] In dem, was ich für mich selbst bestimmt habe: Jeden Tag wird meine Asche eingesammelt, dann verurteilt man mich, ich werde verbrannt, und man zerstreut meine Asche [wieder] über die sieben Weltmeere.

Er [Onqelos] ging und holte durch Totenbeschwörung Bileam aus dem Grab herauf und fragte ihn: Wer ist in jener Welt wichtig?

Er [Bileam] antwortete: Israel!

[Onqelos:] Soll man sich ihnen also anschließen?

[Bileam:] Du sollst dich nie und nimmer um einen Friedens- und Freundschaftsvertrag mit ihnen bemühen (Deut 23, 7).

[Onqelos:] Worin besteht deine Bestrafung?

[Bileam:] In kochendem Sperma.

Er [Onqelos] ging und holte durch Totenbeschwörung Jesus von Nazareth (*Jeschu ha-nozri*)/die Frevler Israels (*posch‘e Jisrael*)[11] aus dem Grab herauf und fragte ihn/sie: Wer ist in jener Welt wichtig?

---

[11] *Jeschu ha-nozri* in Ms. Vatikan Ebr. 130; *Jeschu* in Mss. Vatikan 140 und München 95; die Soncino-Druckausgabe läßt

Er/sie [Jesus/die Frevler Israels] antworteten: Israel!
[Onqelos:] Soll man sich ihnen also anschließen?
[Jesus/die Frevler Israels:] Suche ihr Wohl, nicht ihr Unheil. Wer immer sie anrührt, gleicht demjenigen, der seinen [Gottes] Augapfel anrührt.[12]
[Onqelos:] Worin besteht deine Bestrafung?
[Jesus/die Frevler Israels:] In kochendem Kot.
Denn der Meister hat gesagt: Jeder, der über die Worte der Weisen spottet (*mal'ig*), wird mit kochendem Kot bestraft.
Komm und sieh den Unterschied zwischen den Frevlern Israels und den Propheten der Weltvölker![13]

Es wird gelehrt (*tanja*): R. Eleasar[14] sagte: Komm und sieh, wie groß die Kraft der Beschämung ist. Denn der Heilige, Er sei gepriesen, hat sich auf die Seite Bar Qamzas gestellt und hat sein Haus zerstört und seinen Tempel verbrannt!

Die Geschichte beginnt mit Onqelos, der als angeblicher Übersetzer der Hebräischen Bibel ins Aramäische bekannt ist (und mitunter mit Akylas oder Aquila, dem Übersetzer der Bibel ins Griechische verwechselt wird). Der Bavli macht ihn zum Sohn von Titus' Schwester, der darüber nachdenkt, ob er zum Judentum übertreten soll, vermutlich, weil Titus selbst (anders als sein „Vorgänger" Nero) nicht übertrat, sondern es stattdessen vorzog, den Tempel der Juden zu zerstören.[15] Dieser Onqe-

---

beide aus, und die Standard-Druckausgaben haben „Frevler Israels".
[12] Vgl. Sach 2, 12: „Wer euch [Israel] antastet, tastet meinen [Gottes] Augapfel an".
[13] Einige Druckausgaben fügen hinzu „den Götzendienern".
[14] So in Ms. Vatikan Ebr. 130 und den meisten Druckausgaben; Ms. Vatikan 140: „R. Schim'on b. Eleasar"; Ms. München 95: „R. Elieser".
[15] Die palästinische Tradition sieht Aquila als den Sohn der

los holt durch Totenbeschwörung drei Erz-Bösewichte der jüdischen Geschichte aus ihren Gräbern heraus, um sie als Experten zu Rate zu ziehen: Titus, den Zerstörer des Zweiten Tempels, Bileam, den Propheten der Weltvölker und Jesus von Nazareth, der jedoch recht unbestimmt bleibt, weil er in einigen Versionen des Bavli durch die umfassende Kategorie der „Frevler Israels" ersetzt wird. Alle drei befinden sich offensichtlich in der Unterwelt (dem biblischen Sche'ol oder Gehinnom), wo sie für ihre schlimmen Missetaten bestraft werden.

Der Hintergrund für unsere Geschichte ist die bekannte Passage der Mischna, die jene üblen Missetäter auflistet, die keinen Anteil an der kommenden Welt haben.[16] Zu ihnen gehören gewisse Häretiker und Bileam als einer der vier „Privatleute" (zusammen mit Doeg, Achitophel und Gechasi). Wie wir gesehen haben, ersetzt der Bavli im Traktat Berakhot Bileam in der Geschichte vom bösen Schüler durch Jesus und insinuiert mit diesem kühnen Vorgehen, daß Jesus, genau wie Bileam, keinen Anteil an der kommenden Welt hat.[17] In unserer Bavli-Geschichte des Traktats Gittin ist Jesus in diesem Kontext des Lebens nach dem Tode ausdrücklich genannt, und zwar *zusammen* mit Bileam (und mit Titus). Die Parallelstelle zur Mischna in der Tosefta wirft die in der Mischna und im Bavli nicht gestellte (aber in letzterem vermutlich vorausgesetzte) Frage auf, wie lange diese Frevler im Gehinnom bestraft werden: Die

---

Schwester Hadrians; vgl. Peter Schäfer, *Der Bar Kokhba-Aufstand. Studien zum zweiten jüdischen Krieg gegen Rom*, Tübingen: J.C.B. Mohr (Paul Siebeck), 1981, S. 242–244.

[16] m Sanh 10, 1f.; siehe oben, S. 64.
[17] b Ber 17a-b; siehe oben, S. 60ff.

„Frevler Israels" und die „Frevler der Weltvölker" müssen nur zwölf Monate im Gehinnom verbringen: „Nach zwölf Monaten gehen ihre Seelen zugrunde, ihre Körper werden verbrannt, Gehinnom entledigt sich ihrer, sie verwandeln sich in Asche, und der Wind verweht und zerstreut sie unter den Füßen der Gerechten." Hinsichtlich der verschiedenen Arten von Häretikern sowie der Zerstörer des Ersten und Zweiten Tempels (der Assyrer und Römer) aber heißt es: „Der Gehinnom ist hinter ihnen verschlossen, und sie sind darin verurteilt bis ans Ende aller Generationen."[18] So ist die Bestrafung Bileams (der zu den „Frevlern der Weltvölker" gehört) und Jesu bzw. der Frevler Israels im Gehinnom vermutlich zeitlich begrenzt – nach zwölf Monaten hören sie auf zu existieren –, während Titus (der Zerstörer des Zweiten Tempels) auf ewig im Gehinnom verbleiben wird: Sogar „Sche'ol wird untergehen, aber sie [die Zerstörer des Tempels] werden nicht vergehen."[19]

Alle drei im Gehinnom bestraften Sünder geben Onqelos dieselbe Antwort auf seine Frage, wer in jener Unterwelt am wichtigsten sei: Ohne jeden Zweifel ist dies Israel. Jetzt, wo diese Erz-Bösewichte endlich da gelandet sind, wo sie hingehören, merken sie, wem sie auf Erden hätten Respekt erweisen sollen. Aber über die dann folgende Frage, ob man sich Israel anschließen sollte, solange man auf Erden ist, gehen ihre Ansichten auseinander. Titus, anders als sein Vorgänger Nero, gelangt zu der Einsicht, daß es sinnlos sei zu versuchen, den Juden nachzueifern. Er entscheidet sich für die andere Mög-

---

[18] t Sanh 13, 4f.
[19] t Sanh 13, 5.

lichkeit, sie zu verfolgen und auf diese Weise (und wenn auch leider nur vorübergehend) Herrscher der Welt zu werden. Diesen Rat erteilt er auch dem Sohn seiner Schwester. Bileam, der Prophet der Völker, gibt eine etwas überraschende Antwort. Der von ihm angeführte Bibelvers (Deut 23, 7) bezieht sich dort überhaupt nicht auf Israel, sondern auf die Ammoniter und die Moabiter, die Erzfeinde Israels. Die Ammoniter und Moabiter müssen für immer von der „Versammlung des Herrn" ausgeschlossen werden, fordert die Bibel (Deut 23, 4–7), weil sie Bileam beauftragt hatten, Israel zu verfluchen. Wie wir jedoch aus Numeri 22–24 wissen, hat Bileam Israel gar nicht verflucht, wie Balak, der König der Moabiter, verlangt hatte, sondern stattdessen gesegnet. Dennoch wird Bileam dafür zur Rechenschaft gezogen, daß er anfänglich Balaks Wunsch, Israel zu verfluchen, nachkommen *wollte*.[20] Darum verwandelt der Bavli-Erzähler in ironischer Umkehrung des Bibeltextes die Verse, die sich ursprünglich gegen Ammon und Moab richteten, in Bileams Mund in Verse gegen Israel. Damit bekommt Bileam zuguterletzt doch noch, was er eigentlich wollte: die Verfluchung Israels. Und schließlich Jesus bzw. die Frevler Israels: Sie sind die Einzigen, die am Ende Onqelos den Rat geben, Israels Wohl zu suchen und nicht sein Unheil, d.h. in unserem Kontext, sich Israel in der Tat anzuschließen. Die drastische Warnung „Wer immer sie anrührt, gleicht demjenigen, der seinen Augapfel anrührt", ist ein Verweis auf Sacharja 2, 12,

---

[20] Gott ist es, der Bileam von der Verfluchung Israels abhält, und Deut 23, 6 sagt ausdrücklich: „doch der Herr, dein Gott, hat sich geweigert, Bileam zu erhören".

wobei „seinen Augapfel" auf Gott zu beziehen ist: Wer
Israel angreift, greift in Wirklichkeit Gott an. Jesus bzw.
die Frevler Israels schneiden also in diesem Wettstreit
der schlimmsten Missetäter am besten ab – werden aber
dennoch für das, was sie zu ihren Lebzeiten begangen
haben, in der Unterwelt bestraft.

Was haben nun diese Erz-Bösewichte der Geschichte
Israels verbrochen und wie werden sie bestraft (denn offensichtlich steht die Bestrafung in direkter Beziehung
zum gegen Israel begangenen Verbrechen)? Titus' Fall
ist der einfachste unter den dreien: Er hat den Tempel in
Asche gelegt und passend dazu verfügt, daß er nach seinem Tode verbrannt und seine Asche über die Meere verstreut werden solle. In ironischer Umsetzung seiner Verfügung besteht seine Strafe darin, daß sein Körper immer wieder zusammengesetzt und verbrannt und seine
Asche über die Meere verstreut wird – tatsächlich auf
ewig, wie die Tosefta verlangt. Bileams Sünde ist natürlich sein Versuch, Israel zu verfluchen (leider kann er es
nicht sich selbst zuschreiben, daß die Verfluchung schei-
terte und sich in einen Segen verwandelte), aber was hat
es mit dem kochenden Sperma auf sich? Hier ist die Verbindung der biblische Bericht von Israels Zuwendung
zum moabitischen Gott Baal Peor, dessen Kult nach der
Bibel Hurerei mit moabitischen Frauen einschloß (Num
25, 1–3) sowie das Essen von Opfergaben für die Toten
(Ps 106, 28). Ersteres beinhaltet die Teilnahme an sexuellen Orgien im Zusammenhang mit dem Baal Peor-Kult,
und weil Bileam Israel zu dieser sexuellen Verfehlung anstiftete (Num 31, 16), wird er passenderweise in der Unterwelt damit bestraft, in kochendem Sperma zu sitzen.

Nun zu Jesus bzw. den Frevlern Israels: Nichts wird über sein bzw. ihr Verbrechen gesagt, und so können wir auch die Strafe (die zweifellos bizarr ist) nicht als Folge eines bestimmten Vergehens erklären. Auch der Talmud-Bearbeiter steht in seinem ersten Kommentar zu der Jesus- bzw. Frevler Israels-Passage in unserem Text vor demselben Problem. Der anonyme „Meister" spielt auf die einzige Parallelstelle des Talmuds an, in der kochendes Sperma erwähnt wird. Diese lautet:[21]

Und viel Studieren (*lahag*) ermüdet den Leib (*jegi'at basar*)[22] (Pred 12, 12).

Rav Papa, Sohn des Rav Acha bar Adda, sagte im Namen von Rav Acha bar Ulla: Dies lehrt uns, daß jeder, der über die Worte der Weisen spottet (*mal'ig*), mit [Eintauchen in] kochenden Kot bestraft wird.

Rava wandte ein: Aber steht denn geschrieben „spottet" (*la'ag*)? Vielmehr steht geschrieben: „studiert" (*lahag*)! Darum (ist dies die richtige Auslegung):

Jeder, der sie [die Worte der Weisen] studiert, schmeckt den Geschmack (*ta'am*) von Fleisch.

Diese Auslegung des schwierigen Verses aus Prediger, die zwei babylonischen Gelehrten des frühen vierten Jahrhunderts bzw. der Mitte dieses Jahrhunderts zugeschrieben wird, gehört zu einer Reihe von Äußerungen, die die Bedeutung der Lehren der mündlichen Tora gegenüber (ja sogar vorrangig vor) denen der schriftlichen Tora hervorheben. Direkt voraus geht eine Auslegung des ersten Teils des Predigerverses: „Im übrigen, mein Sohn, laß dich warnen! Es nimmt kein Ende mit dem vielen Bücherschreiben" (Pred 12, 12), die mit der Mah-

---

[21] b Er 21b.
[22] Wörtlich: „(resultiert in) Ermüdung des Fleisches".

nung endet: „Mein Sohn, sei noch sorgfältiger (bei der Beachtung) der Worte der Schreiber[23] als bei den Worten der Tora. Denn die Worte der Tora enthalten sowohl positive wie auch negative Gebote (die unterschiedliche Bestrafungen nach sich ziehen); aber jeder, der die Worte der Schreiber übertritt, zieht die Todesstrafe auf sich."[24] Mit Blick auf dieses strenge Urteil erklärt Acha bar Ulla, daß, wer die Worte der Weisen verspottet, die Todesstrafe des (vermutlich ewigen) Sitzens in kochendem Kot verdient. Zu dieser exzentrischen Schlußfolgerung gelangt er, indem er zunächst das hebräische Wort für „Studieren" (*lahag*) als „Spotten" (*la'ag*)[25] interpretiert und zweitens den ungewöhnlichen Ausdruck „Ermüdung des Fleisches" als „Kot" (die Ermüdung des Fleisches führt zu Kot, oder eher, Kot zu produzieren, verschafft Ermüdung des Fleisches). Rava, der bekannte babylonische Amoräer der Mitte des vierten Jahrhunderts, weist diese Auslegung von *lahag* als *la'ag* zurück und zieht eine vor der Verdauung liegende Erklärung vor: Die Worte der Rabbinen zu studieren, verschafft ebenso viel Vergnügen, wie Fleisch zu schmecken.[26]

Wir können kaum davon ausgehen, daß die Erklärung des Verbrechens durch den Meister („Jeder, der

---

[23] Schreiber (*sofrim*) ist hier als (rabbinische) Schriftgelehrte zu verstehen.

[24] b Er 21b.

[25] Offensichtlich liest er das hebräische *lahag harbe* („viel Studieren") als *la'ag ha-rabbanim* („die Rabbinen verspotten").

[26] Wie er von *jegi'at basar* („Ermüdung des Fleisches") zu *ta'am basar* („Geschmack des Fleisches") kommt, bleibt sein Geheimnis. Die Soncino-Übersetzung schlägt vor, daß er die Silbe *'at* in *jegi'at* zu *ta'* in *ta'am* umdreht (wobei es ihn nicht stört, daß das *t* in *jegi'at* ein *taw* ist und kein *tet* wie in *ta'am*).

über die Worte der Weisen spottet") in unserer Bavli-Erzählung vorausgesetzt ist[27] und das von Jesus bzw. den
Frevlern Israels begangene Verbrechen somit wirklich
darin bestand, daß sie die Weisen verspotteten. So ver-
lockend diese Interpretation auch sein mag – nicht zuletzt, wenn man an die Geschichte von dem mißratenen
Schüler Jesus denkt[28] –, ist es doch naheliegender, daß
unser Talmud-Redaktor die Parallele (vom kochenden
Kot) aus Bavli Eruvin anführt, um eine höchst sonderbare Bestrafung für ein Verbrechen zu erklären, dessen
nähere Umstände ihm nicht mehr bekannt waren.[29] Es
ist auch keineswegs sicher, daß der zweite (anonyme)
Kommentar im Bavli („Komm und sieh den Unterschied
zwischen den Frevlern Israels und den Propheten der
Völker") zum ursprünglichen Kern unserer Erzählung
gehörte oder genauer, diesen widerspiegelt, und daß
darum „die Frevler Israels" das ursprüngliche Subjekt
waren und nicht Jesus.[30] Der letzte Bavli-Bearbeiter
wollte zweifellos, daß der Text so verstanden wird, mag
damit allerdings ganz eigene Absichten verfolgt haben.

---

[27] Mit anderen Worten, daß unsere Erzählung in b Gittin auf
b Eruvin zurückgreift, wie Maier vorschlägt (*Jesus von Nazareth*, S. 98).

[28] Siehe dazu Kapitel 2.

[29] Die Ähnlichkeit der Bestrafung für Bileam und Jesus bzw.
die Frevler Israels (heißes Sperma und kochender Kot) lassen es
sehr wahrscheinlich erscheinen, daß die Bestrafung durch heiße
Exkremente eher aus dem Kontext unserer b Gittin-Geschichte
herrührt als aus b Eruvin.

[30] Wie Maier wieder als selbstverständlich annimt (*Jesus von
Nazareth*, S. 98). Das Gegenteil scheint der Fall zu sein, wenn wir
der Logik der Geschichte folgen: Jesus bildet den Höhepunkt
zum Schluß und ist damit der „Frevler Israels" par excellence.

Gewiß, er bezieht sich auf den Unterschied zwischen den Propheten der Völker (Bileam) und den Frevlern Israels hinsichtlich der Ratschläge an Onqelos und nicht im Blick auf ihre Bestrafung und das angebliche Verbrechen: Bileam spricht sich gegen Israel aus, während die Frevler Israels dessen Fürsprecher sind. Die Strafe dagegen ist bei beiden auffällig ähnlich, macht es doch kaum einen Unterschied, ob jemand in der Unterwelt in kochendem Sperma oder in kochendem Kot sitzt. Trotz ihrer ganz unterschiedlichen Haltung zu Israel werden sie also mit praktisch derselben Strafe bedacht oder, anders und genauer gesagt, die positive Haltung der Frevler Israels zu Israel, die sie nach ihrem Tod in der Unterwelt eingenommen haben, hat ihr Schicksal nicht geändert und sich auf ihre Bestrafung im Gehinnom nicht ausgewirkt (sie müssen ihr Zeit dort absitzen, ungeachtet dessen, wie sie *jetzt* zu Israel stehen). Es ist gut denkbar, daß es genau diese Ironie ist, die der letzte Bavli-Bearbeiter mit seiner Bemerkung vermitteln will.

Wenn wir dazu die Aussage der Tosefta zu der Zeitspanne nehmen, die die verschiedenen Kategorien von Frevlern in der Unterwelt verbringen, so gehören die „Frevler Israels" und die „Frevler der Weltvölker" beide zu einer Kategorie (nach zwölf Monaten im Gehinnom hören sie auf zu existieren), während die Häretiker und die Zerstörer des Tempels unter eine andere fallen (sie werden auf ewig bestraft). Hinsichtlich ihrer Bestrafung (und dem vermutlichen Verbrechen, das diese voraussetzt) gibt es also keinen Unterschied zwischen den Frevlern Israels und den Propheten der Völker (Bileam). Dies macht die Aussage des Bavli mit ihrer Betonung des Ratschlages an Onqelos noch obskurer und gezwungener.

Es ist darum keinesfalls abwegig anzunehmen, daß in einem früheren redaktionellen Stadium tatsächlich Jesus der dritte Frevler war, den Onqelos aus der Unterwelt heraufbeschwor,[31] und daß ein späterer Redaktor „Jesus" in „Frevler Israels" abänderte sowie die zwei Kommentare vom „Meister" und dem anonymen Autor hinzufügte. Das paßt auch viel besser zur Logik der Erzählung von den drei Individuen, die im Gehinnom bestraft werden (Titus, Bileam, Jesus) und zu der für die beiden letzten geschilderten ganz ähnlichen Bestrafung (Sitzen in kochendem Sperma bzw. Kot).

Dieser Schluß löst jedoch das Rätsel des Verbrechens Jesu und der tieferen Bedeutung seiner Bestrafung (vorausgesetzt es gabe eine, wie im Fall von Titus und Bileam) noch immer nicht. Wenn wir noch einmal der Kategorisierung der Tosefta folgen, so haben wir Bileam als Repräsentanten der Frevler der Weltvölker und Titus als Repräsentanten der Zerstörer des Tempels. Damit bleibt als angemessene Kategorie für Jesus entweder die

---

[31] Eine außertalmudische Quelle stützt diese Vermutung: In dem Martyrium des Pionios von Smyrna wird den Juden folgende Aussage über die Christen in den Mund gelegt: „Sie [die Juden] sagen ferner, daß sie [die Christen] Totenbeschwörung praktizierten und daß sie Christus [aus der Erde] heraufbrachten, zusammen mit dem Kreuz": Louis Robert, Hrsg. und Übers., *Le Martyre de Pionios Prêtre de Smyrne*, Washington, D.C.: Dumbarton Oaks Research Library and Collection, 1994, S. 28 und 40 (XIII, 8). Das *Martyrium Pionii* (Ende des dritten oder auch erst viertes Jahrhundert n.Chr.) reflektiert hier vermutlich eine (ältere) jüdische Tradition, auf die auch der Talmud zurückgreift. Siehe dazu Stephen Gero, „Jewish Polemic in the Martyrium Pionii and a ‚Jesus' Passage from the Talmud", *JJS* 29, 1978, S. 164–168. Ich verdanke diesen Hinweis Professor Glen Bowersock, Institute for Advanced Study, Princeton.

der Frevler Israels oder die der Häretiker übrig. Lassen wir die künstliche und wahrscheinlich sekundäre Identifizierung Jesu mit den Frevlern Israels einmal unbeachtet, dann können wir Jesus der Kategorie der Häretiker zuordnen, so daß Titus für die Zerstörer des Tempels, Bileam für die Frevler der Weltvölker und Jesus für die Häretiker steht (von denen der erste und der dritte auf ewig im Gehinnom bestraft werden, während die Existenz des zweiten nach zwölf Monaten erlischt). Auf diesem Weg gelangen wir schließlich auch zu einem Verbrechen für Jesus: Er hat keinen Anteil an der kommenden Welt und wird entsprechend im Gehinnom bestraft, weil er einer der schlimmsten Häretiker ist, den das Volk Israel je hervorgebracht hat. Und nach dem System der Tosefta wird er zudem noch *auf ewig* im Gehinnom bestraft (wie Titus). Damit sind wir eindeutig beim innersten Kern der Aussage zu Jesus im Bavli: Er verkündet (wie in b Berakhot, nur viel eindringlicher), daß Jesus nicht nur nicht von den Toten auferstanden ist, sondern daß er immer noch zusammen mit den anderen Frevlern, denen ein Nachleben verwehrt bleibt, in der Unterwelt sitzt und dort auf ewig bestraft wird. Das sendet natürlich die nachdrückliche Botschaft an die Adresse seiner Anhänger, alle Hoffnung auf ein Nachleben auch für ihre eigene Person lieber aufzugeben: Wie für ihren Helden, so wird es auch für sie kein Nachleben geben; sie werden auf ewig im Gehinnom bestraft werden.

Was hat aber nun die Bestrafung zu bedeuten – sollte zwischen ihr und Jesu Verbrechen ein Zusammenhang bestehen und sie nicht einfach nach dem Vorbild Bileams und ohne tiefere Bedeutung verhängt sein? Im Falle von Titus finden wir eine klare Verbindung zwischen dem

Verbrennen des Tempels und dem von Titus' Körper, und bei Bileam ist die Verbindung zwischen der Verführung Israels zu sexuellen Orgien und dem Sitzen in heißem Sperma offensichtlich. Was könnte aber die Verbindung zwischen Jesu Häresie und dem Sitzen in heißen Exkrementen sein? Da der Text selbst (anders als bei Titus) keinen Hinweis gibt und da wir auch die Hebräische Bibel (wie in Bileams Fall) nicht heranziehen können, um die Lücke im Bavli zu schließen, bleibt uns nichts als zu spekulieren – und das werde ich im folgenden tun. Wir suchen nach einer Verbindung zwischen der Häresie Jesu und der Bestrafung dafür (heiße Exkremente), und mein Vorschlag für diese Verbindung ist ebenso drastisch wie diese Bestrafung. Der Talmud sagt uns nicht, worin die Häresie Jesu bestand, aber wir können mit einiger Sicherheit annnehmen – mit unserer Kenntnis der anderen diskutierten Texte –, daß sie mit Götzendienst und Gotteslästerung zu tun hatte. Die erste und offensichtliche Deutungsmöglichkeit, die sich anbietet, ist Jesu Diskussion mit den Pharisäern im Neuen Testament, als die Pharisäer danach fragen, warum die Schüler Jesu sich die Hände vor dem Essen nicht waschen. Jesus erklärt der ihm folgenden Menge: „Nicht das, was durch den Mund in den Menschen hineinkommt, macht ihn unrein, sondern was aus dem Munde des Menschen herauskommt, das macht ihn unrein."[32] Die Jünger erhalten die ausführlichere Erklärung:

(17) Begreift ihr nicht, daß alles, was durch den Mund (in den Menschen) hineinkommt, in den Magen gelangt und dann wieder ausgeschieden wird? (18) Was aber aus dem Mund

---

[32] Mt 15, 1–20; Mk 7, 1–23; Lk 11, 37–41.

herauskommt, das kommt aus dem Herzen, und das macht
den Menschen unrein. (19) Denn aus dem Herzen kommen
böse Gedanken, Mord, Ehebruch, Unzucht, Diebstahl, falsche Zeugenaussagen und Verleumdungen. (20) Das ist es,
was den Menschen unrein macht; aber mit ungewaschenen
Händen essen, macht ihn nicht unrein.[33]

Jesus behauptet hier also offenbar, daß die pharisäischen
Reinheitsvorschriften nicht wirklich maßgeblich sind.
Entscheidend ist nicht die Reinheit von Händen und
Nahrung – weil Nahrung im Körper verarbeitet und jegliche Unreinheit ausgeschieden wird und am Ende in den
Abwässern landet –, sondern die Reinheit des „Herzens"
(weil dieses durch den Mund nach außen gelangt und
wenn es sich äußert, ein verhängnisvolles Eigenleben beginnt). Mit anderen Worten, nicht Nahrung ist unrein,
sondern die Handlungen und Absichten der Menschen
sind es. Die rabbinische Gegenerzählung von Jesu Bestrafung würde hier also Jesu Angriff auf die pharisäischen Reinheitsvorschriften dadurch ironisch umkehren, daß sie ihn in Exkrementen sitzen läßt, um ihm
(ebenso wie seinen Anhängern) eine Lektion zu erteilen:
Du meinst, daß nur das, was aus dem Mund kommt,
verunreinigt; nun, dann magst du auf ewig in deinen eigenen Exkrementen sitzen, damit du am Ende begreifst,
daß auch das verunreinigt, was in den Mund hineingeht
und aus dem Magen wieder herauskommt.

Es ist durchaus denkbar, daß unsere Bavli-Erzählung
sich auf diese besondere Diskussion mit den Pharisäern
im Neuen Testament bezieht. Ich möchte aber noch einen Schritt weiter gehen und eine andere (zugegeben spe-

---

[33] Mt 15, 17–20; Mk 7, 18–23.

kulative) Auslegung anbieten, in deren Mittelpunkt die
Anklage wegen Gotteslästerung und Götzendienst steht
und die eng mit Titus und Bileam parallel läuft (Jesu Angriff auf die rabbinischen Reinheitsvorschriften kann
kaum als Gotteslästerung und Götzendienst angesehen
werden). Nehmen wir zuerst noch einmal die Analogie
zu Bileam. Sperma, im Falle Bileams, wird durch sexuellen Verkehr produziert. Ganz ähnlich bringt Essen Exkremente hervor: Jeder, der ißt, produziert Exkremente.
Bileam verführte Israel zu sexuellen Orgien – und wird
folglich damit bestraft, in Sperma zu sitzen. Jesus verführte Israel zum Essen – und wird folglich damit bestraft, in dem zu sitzen, was Essen produziert: in Exkrementen. Und was ist das „Essen", das Jesus seinen Anhängern auferlegte? Keine geringere Nahrung als sich
selbst – sein eigen Fleisch und Blut.[34] Wie er seinen Jüngern beim letzten Abendmahl sagte:

(26) Während des Mahls nahm Jesus das Brot und sprach den
Lobpreis; dann brach er das Brot, reichte es den Jüngern und
sagte: Nehmt und eßt; das ist mein Leib. (27) Dann nahm er
den Kelch, sprach das Dankgebet und reichte ihn den Jüngern
mit den Worten: Trinkt alle daraus; (28) das ist mein Blut, das
Blut des (neuen) Bundes, das für viele vergossen wird zur Vergebung der Sünden.[35]

---

[34] Das Verdienst – oder der Tadel (je nach Sichtweise) –, auf
diese besonders gewagte Interpretation verfallen zu sein, gebührt
Israel Yuval. Ich erinnere mich noch lebhaft, wie er, während wir
bei der gemeinsamen Vorbereitung unseres Seminars die Analogie zwischen Bileam und Jesus immer weiter vorantrieben, plötzlich mit diesem Vorschlag herausplatzte, für den spricht, daß er
die spezifische Bestrafung Jesu ernst nimmt.
[35] Mt 26, 26–28; Mk 14, 22–24; Lk 22, 19–20; vgl. 1 Kor
11, 23–26.

Was also in unserer Bavli-Erzählung vorliegt, ist eine
vernichtende und ausgesprochen boshafte Polemik gegen die Botschaft der Evangelien, daß jeder, der Jesus
folgt und, wörtlich, ihn ißt, in den neuen Bund aufgenommen wird, der an die Stelle des alten Bundes mit den
Juden tritt. Es ist umstritten, wie früh die Eucharistie
wörtlich als das Konsumieren von Fleisch und Blut Jesu
verstanden wurde, aber anscheinend hat schon Ignatius
von Antiochien (bald nach 110 n. Chr. als Märtyrer gestorben?) gegen Häretiker gekämpft, die diese Sicht nicht
annehmen wollten.[36] Wichtiger ist, daß das Johannesevangelium (um 100 n. Chr. verfaßt) eine Diskussion
zwischen Jesus und den Juden über genau diese Frage,
wie das Essen von Jesu Fleisch zu verstehen sei, bietet:[37]

(48) Ich bin das Brot des Lebens. (49) Eure Väter haben in der
Wüste das Manna gegessen und sind gestorben. (50) So aber
ist es mit dem Brot, das vom Himmel herabkommt: Wenn jemand davon ißt, wird er nicht sterben. (51) Ich bin das lebendige Brot, das vom Himmel herabgekommen ist. Wer von diesem Brot ißt, wird in Ewigkeit leben. Das Brot, das ich geben
werde, ist mein Fleisch, (ich gebe es hin) für das Leben der
Welt.

  (52) Da stritten sich die Juden und sagten: Wie kann er uns
sein Fleisch zu essen geben? (53) Jesus sagte zu ihnen: Amen,
amen, das sage ich euch: Wenn ihr das Fleisch des Menschensohnes nicht eßt und sein Blut nicht trinkt, habt ihr das Leben
nicht in euch. (54) Wer mein Fleisch ißt und mein Blut trinkt,
hat das ewige Leben, und ich werde ihn auferwecken am

---

[36] Ignatius, Letter to the community of Smyrna 7, 1 (*Early
Christian Fathers*, Bd. 1, hrsg. und übers. von Cyril C. Richardson, Philadelphia: Westminster, 1953, S. 114); vgl. auch Iust.1.
apol., 66.
[37] Joh 6, 48–58.

Letzten Tag. (55) Denn mein Fleisch ist wirklich eine Speise, und mein Blut ist wirklich ein Trank. ... (57) wie mich der lebendige Vater gesandt hat und wie ich durch den Vater lebe, so wird jeder, der mich ißt, durch mich leben. (58) Dies ist das Brot, das vom Himmel herabgekommen ist. Mit ihm ist es nicht wie mit dem Brot, das die Väter gegessen haben; sie sind gestorben. Wer aber dieses Brot ißt, wird leben in Ewigkeit.

Hier haben wir alles: Zunächst die klare Gleichung vom Essen des Brotes und vom Essen des Fleisches sowie vom Trinken (vermutlich Wein) und vom Trinken des Blutes Jesu. Dann die ungläubigen Juden, die genau diese groteske Forderung Jesu an seine Anhänger, sein Fleisch zu essen, bestreiten. Wie kann jemand, der bei Sinnen ist, ernsthaft vorschlagen, sein Fleisch zu essen? Drittens die unzweideutige Gegenüberstellung des alten und des neuen Bundes: Die Juden essen das Brot des Himmels, das Manna; die Anhänger Jesu essen das wahre Brot des Himmels, sein Fleisch. Und schließlich, und am auffälligsten, das Essen von Manna führt zum Tode; das Essen von Jesu Fleisch (und das Trinken seines Blutes) führt zum Leben – nicht einfach zu einer Verlängerung des Lebens, sondern zu ewigem Leben.

Diesen Anspruch, den nicht von ungefähr das Johannesevangelium explizit macht, attackiert oder besser parodiert die Bavli-Erzählung. Nein, argumentiert sie, Jesus ist tot und wird tot bleiben, und sein Fleisch zu essen, führt nicht zum Leben. Diejenigen, die seiner Aufforderung folgen und sein Fleisch essen, werden nicht nur nicht *ewig* leben, wie er verprochen hat; vielmehr wird er selbst (Jesus) auf *ewig* in der Unterwelt bestraft werden und dabei nicht die mildere Strafe jener erleiden, die nach zwölf Monaten gnädig in die Nichtexistenz entlassen werden.

Und der Gipfel der Ironie: Der Verursacher dieser absurden Häresie wird angemessen damit bestraft, daß er in dem sitzt, was seine Anhänger ausscheiden, wenn sie ihn angeblich gegessen haben: Exkremente! Mit dieser Erklärung kommen wir endlich zu einem Verbrechen (die Häresie der Eucharistie) und der dafür angemessenen Bestrafung. Und nicht zuletzt wird damit auch die Analogie zu Bileam und Titus verständlich.

Eine Bemerkung zum Schluß. Sollte meine Annahme richtig sein, daß eine frühere Schicht der Bavli-Erzählung sich in der Tat auf Jesus bezieht (und nicht auf die Frevler Israels), dann ist besonders auffällig, daß der Ratschlag an Onqelos („Suche ihr Wohl, nicht ihr Unheil. Wer immer sie anrührt, gleicht demjenigen, der seinen Augapfel anrührt") ausgerechnet Jesus in den Mund gelegt wird. Damit will unser Autor offensichtlich andeuten, daß Jesus trotz seiner furchtbaren und verabscheuenswerten Häresie anders ist als der Zerstörer des Tempels und der Prophet der Völker: Er ist immer noch einer von uns, ein Frevler Israels, und vielleicht ist er ja sogar zur Besinnung gekommen, während er im Gehinnom bestraft wurde. Das ist zwar zu spät für ihn – er ist nicht mehr zu retten, und er weiß es, weil sein Verbrechen zu schwer war –, aber mit seinem Rat an Onqelos mag er seinen Anhängern sagen wollen: Glaubt nicht mehr an meine Häresie, verfolgt die Juden nicht länger; bereut und kehrt um zum „alten Bund", weil der angebliche „neue Bund" Trug und Torheit ist.[38] Wenn dies zu-

---

[38] Yuval, *Two Nations in Your Womb*, S. 56, kommt zu einem anderen Ergebnis. Er erkennt hier ein Echo von Augustinus' theologischer Forderung, das Leben der Juden zu schützen, um

trifft, parodiert unser Bavli-Verfasser nicht nur Leben und Tod Jesu und damit einen zentralen Aspekt des christlichen Glaubens, sondern er wendet sich auch an die Christen seiner Zeit und fordert sie auf, dem Aufruf ihres Gründers aus der Unterwelt zu folgen.

---

sie für die zukünftige Erlösung zu erhalten, das Jesus in den Mund gelegt ist.

9. Jesus im Talmud

Die Jesus-Passagen der rabbinischen Literatur, vor allem im babylonischen Talmud, bieten ein farbenprächtiges Kaleidoskop aus vielen – oft als Hirngespinste abqualifizierten – Fragmenten vom Leben Jesu, seinen Lehren und nicht zuletzt von seinem Tod. Sie werden nicht als eine eigene und zusammenhängende Erzählung dargeboten, sondern sind über das gesamte umfangreiche literarische Werk, das uns die Rabbinen hinterlassen haben, verstreut. Hinzu kommt, daß letztere nur sehr selten direkt von Jesus, dem Objekt unserer Untersuchung, sprechen. In vielen Fällen hat das eigentliche Thema des rabbinischen Diskurses nichts mit Jesus und seinem Leben zu tun: Nur im Vorübergehen ist er als ein (unbedeutendes) Detail im Zusammenhang mit einem ganz anderen und wichtigeren Thema erwähnt; oder er und seine Sekte sind sorgfältig hinter Codes verborgen, die es erst zu entschlüsseln gilt. Dennoch zeitigt eine genaue Lektüre der relevanten Texte einige Ergebnisse, die sich zusammenfassen lassen und in ihren passenden Kontext gestellt werden können.

Vor allem verdient die Tatsache hervorgehoben zu werden, daß unsere Texte trotz ihrer zerstreuten und fragmentarischen Darbietung keineswegs als Unsinn und bloße Erfindung, als Hirngespinste[1] einiger unwichtiger

---

[1] Selbst ein Gelehrter wie Morton Smith kann seine Entrü-

Rabbinen abgetan werden können, die nichts von der christlichen Sekte und ihrem Helden wußten oder wissen wollten. Zu einem so voreiligen Urteil kann man nur gelangen – und ist man tatsächlich allzu oft gelangt –, wenn man die falschen Maßstäbe anlegt, d.h., wenn man die rabbinischen Geschichten nach Resten ihrer Historizität durchkämmt, nach der historischen Wahrheit sucht, die sich unter dem Müll und den Ablagerungen verlorener oder falsch verstandener Information verbergen mag. Immer wieder habe ich argumentiert, daß eine solche Herangehensweise wenig (wenn überhaupt irgendetwas) ergibt, daß damit schlicht die falsche Frage an die falschen Texte gestellt wird. Unsere rabbinischen Texte bewahren keine historische Information über Jesus und das Christentum, die dem Neuen Testament vergleichbar wäre und die ein neues (und anderes) Licht auf die neutestamentliche Erzählung wirft – und sie hatten auch nie die Absicht, dies zu tun. Eine solche Einstellung – die fast in der gesamten einschlägigen Forschung, wenn auch in unterschiedlichem Maße und mit unterschiedlichen Ergebnissen, vorherrscht – ist naiv und muß ein für allemal zurückgewiesen werden. Dies gilt für den positivistischen Versuch, die rabbinischen Texte als historische Quellen für das Leben Jesu wiederzuentdecken und zu rechtfertigen (als prominentester Vertreter ist hier Travers Herford zu nennen) ebenso wie für die nicht weniger positivistischen Anstrengungen, das Gegenteil zu beweisen und zu folgern, daß die rabbinischen Ge-

---

stung über die „reine Phantasie" und den „Unsinn" einiger unserer rabbinischen Geschichten nicht unterdrücken; vgl. z.B. sein *Jesus the Magician*, S. 49.

schichten wertlos sind und sich meist überhaupt nicht auf Jesus beziehen (wofür als extremer Vertreter Johann Maier steht). Keine dieser Herangehensweisen bringt uns wirklich weiter; letzlich sind sie nichts anderes als eine müßige Übung in steriler Gelehrsamkeit.

Beide Ansätze verkennen den literarischen Charakter sowohl des Neuen Testaments wie auch der rabbinischen Quellen und unterschätzen den Scharfsinn ihrer Autoren. In den meisten Lagern der neutestamentlichen Forschung (ausgenommen ihre fundamentalistischen und evangelikalen Kreise) ist man sich seit langem darüber einig, daß das Neue Testament keinen „rein" historischen Tatsachenbericht von dem, was „wirklich" geschehen ist, liefert – was freilich noch lange nicht heißt, es biete nur fiktive Geschichten. Vielmehr ist es die Nacherzählung dessen, „was geschehen ist", in seiner eigenen Art und Weise oder, genauer, in den recht unterschiedlichen Weisen seiner verschiedenen Autoren. Dasselbe gilt für die rabbinische Literatur und ist von den meisten ihrer Erforscher akzeptiert, daß nämlich die Rabbinen nicht sonderlich an dem interessiert waren, „was geschehen ist" – für einen solchen historistischen bzw. positivistischen Zugang hatten sie nur das abschätzige Urteil *mai de-hawa hawa* („was geschehen ist, ist geschehen") übrig –, sondern ihre eigene Geschichte erzählen: auch dies keineswegs als Fiktion, sondern als ihre besondere und höchst eigenwillige Interpretation von dem, „was geschehen ist".[2]

---

[2] Zur rabbinischen Geschichtskonzeption siehe Arnold Goldberg, „Schöpfung und Geschichte. Der Midrasch von den Dingen, die vor der Welt erschaffen wurden", *Judaica* 24, 1968, S. 27–44 (wieder abgedruckt in ders., *Mystik und Theologie des*

Dies trifft genau für unsere rabbinischen Geschichten von Jesus und der christlichen Sekte zu. Diese Geschichten sind eine wohlüberlegte und sorgfältig formulierte Nacherzählung – nicht dessen was „wirklich geschehen ist", sondern dessen, was den Rabbinen zur Kenntnis gelangte und was ihre Aufmerksamkeit erregte. Ihre Bezugsquelle ist nicht irgendwelche eigenständige Kenntnis von Jesus, seinem Leben und seinen Anhängern, die sie durch geheime Kanäle erreichte; vielmehr ist es, wie ich im Detail aufzeigen konnte, das Neue Testament (fast ausschließlich die vier Evangelien) in der uns heute bekannten oder einer ihr ähnlichen Form. Somit sind die rabbinischen Geschichten in den meisten Fällen eine Neuerzählung des neutestamentlichen Berichts, eine literarische Antwort auf einen literarischen Text.[3] Im folgenden

---

rabbinischen Judentumns. Gesammelte Studien I, hrsg. von Margarete Schlüter und Peter Schäfer, Tübingen: Mohr Siebeck, 1997, S. 148–161); Peter Schäfer, „Zur Geschichtsauffassung des rabbinischen Judentums", *JSJ* 6, 1975, S. 167–188 (wieder abgedruckt in ders., *Studien zur Geschichte und Theologie des Rabbinischen Judentums*, Leiden: Brill, 1978, S. 23–44; vgl. in der Einleitung, S. 13–15, meine Diskussion mit Herr); Moshe D. Herr, „Tefisat ha-historijah ezel Chasal", in *Proceedings of the Sixth World Congress of Jewish Studies*, Bd. 3, Jerusalem: World Union of Jewish Studies, 1977, S. 129–142; Isaiah Gafni, „Concepts of Periodization and Causality in Talmudic Literature", *Jewish History* 10, 1996, S. 29–32; ders. „Rabbinic Historiography and Representations of the Past", in *Cambridge Companion to the Talmud and Rabbinic Literature*, hrsg. von Charlotte E. Fonrobert und Martin Jaffee, Cambridge: Cambridge University Press, 2007, S. 295–312.

[3] Richard Kalmin stellt diese These in seinem neuen Buch *Jewish Babylonia between Persia and Roman Palestine*, Oxford und New York: Oxford University Press, 2006, S. 9, in einen viel

werde ich die vorherrschenden Topoi zusammenfassen, die in den rabbinischen Quellen auftauchen und die die Rabbinen offensichtlich als repräsentativ für die christliche Sekte und ihren Gründer Jesus betrachteten.

Sex

Das auffälligste Merkmal, das in einer ganzen Reihe rabbinischer Geschichten vorherrscht, ist Sex, genauer sexuelle Promiskuität. Schon in der Gründungserzählung der christlichen Sekte sind wir mit sexueller Promiskuität konfrontiert: Ihr Held ist der Sohn einer gewissen Miriam und ihres Liebhabers Pandera – ein *mamser*, unehelich geboren (weil seine Mutter mit einem gewissen Stada oder Pappos b. Jehuda verheiratet war). Der legale Status des Bastards ist in der Bibel folgendermaßen definiert: „In die Versammlung des Herrn darf kein Bastard (*mamser*) aufgenommen werden; auch in der zehnten Generation dürfen seine Nachkommen nicht in die Versammlung des Herrn aufgenommen werden" (Deut 23, 3), ein Schicksal, das er mit den Eunuchen und den Ammonitern und Moabitern teilt: Von der Ge-

---

weiteren Kontext: „Kapitel Zwei [‚Kings, Priests, and Sages‘], Drei [‚Jewish Sources of the Second Temple Period in Rabbinic Compilations of Late Antiquity‘], und Sieben [‚Josephus in Sasanian Babylonia‘] … zeigen, daß die mönchsgleiche Eigenart der Rabbinen nicht dazu diente, sie von jeglichem Kontakt mit der Außenwelt abzuschotten, denn […] wir werden reichlich Beweise dafür finden, daß nichtrabbinische Literatur die babylonischen Rabbinen erreichte und unter ihnen ein empfängliches Publikum fand."

meinde Israels ist er auf absehbare Zukunft ausgeschlossen.[4] Seine ehebrecherische Mutter verdient – nach biblischem und nach rabbinischem Recht – die Todesstrafe des Steinigens, gemäß dem, was die Bibel für unseren Fall, den Ehebruch zwischen einer verheirateten Frau und ihrem Liebhaber, bestimmt: „Wenn ein Mann dabei ertappt wird, wie er bei einer verheirateten Frau liegt, dann sollen beide sterben, der Mann, der bei der Frau gelegen hat, und die Frau. Du sollst das Böse aus Israel wegschaffen" (Deut 22, 22).[5] Demnach hätte Jesu Mutter bei strikter Anwendung des biblischen Gesetzes gesteinigt werden müssen. Es scheint den Talmud nicht zu interessieren, was weiter mit ihr geschieht, aber ihr Sohn fällt unter die andere Verordnung der Mischna (Götzendienst) und wird tatsächlich gesteinigt werden. So verweist also, hoch ironisch, die Geburt Jesu von einer ehebrecherischen Mutter auf seinen eigenen gewaltsamen Tod.

Wie wir gesehen haben, ist die Geschichte von der ehebrecherischen Mutter und ihrem Bastard-Sohn die perfekte Gegenerzählung zur Behauptung des Neuen Testamentes, Jesus sei von einer Jungfrau geboren, die mit einem Abkömmling aus dem Hause Davids verlobt war. Gegen das Neue Testament (mit seinem wechseln-

---

[4] Zur rabbinischen Definition von *mamser* vgl. m Jev 4, 13; Sifre Deuteronomium, 248 (ed. Finkelstein, S. 276f.); j Jev 4, 15/1–5, fol. 6b-6c; b Jev 49a-b.

[5] Steinigung ist ausdrücklich erwähnt als angemessene Strafe für Unzucht zwischen einer verlobten Jungfrau und einem Mann (Deut 22, 23). Dasselbe gilt für die Mischna (Sanh 7, 4): „Folgende werden gesteinigt: ... wer mit einer verlobten Jungfrau Unzucht begeht."

den Gebrauch von „Ehemann" und „Verlobtem") konstruiert der Talmud seine drastische Gegenerzählung
von der Ehebrecherin und ihrem Bastard-Sohn (vermutlich von einem römischen Söldner), die die völlige Ab-
surdität des Anspruchs auf davidische Abstammung
(und damit der Messianität Jesu) vor Augen führen soll.
Als Bastard gehört Jesus nur noch in einem begrenzten
Sinn zur Gemeinde Israels. Eine der Restriktionen, die
dieser Status mit sich bringt, ist, daß er keine rechtsgül-
tige Ehe mit einer jüdischen Frau eingehen und nicht Vater jüdischer Kinder werden kann – von der Gründung
einer Gemeinde, die den Anspruch erhebt, das „neue Israel" zu sein, ganz zu schweigen.

Diese bissige Attacke gegen die christliche Behauptung der Jungfrauengeburt mag auch den Gebrauch des
sonderbaren Namens Panthera/Pantera/Pandera/Pantiri
in seinen häufigsten Variationen[6] für Miriams Liebhaber und Jesu wirklichen Vater (in griechischen wie in
rabbinischen Quellen) erklären. Die letzte unter all den
möglichen Ableitungen, die Maier diskutiert und „auf
den ersten Blick berückend", aber gleichwohl unakzep-
tabel findet,[7] ist die Vermutung einer absichtlichen Entstellung von *parthenos* („Jungfrau") zu *pantheros* („Panther"). Diese Erklärung, die zuerst F. Nitzsch[8] und nach

---

[6] Sorgfältig aufgelistet und diskutiert bei Maier, *Jesus von
Nazareth*, S. 264–267.

[7] Ebenda, S. 267.

[8] F. Nitzsch, „Ueber eine Reihe talmudischer und patristischer Täuschungen, welche sich an den mißverstandenen Spottnamen Ben-Pandira geknüpft", in *Theologische Studien und Kritiken* 13, 1840, S. 115–120. Nitzsch erklärt die Anspielung auf
„Panther" mit der angeblichen sexuellen Begierde des Panthers

ihm eine Anzahl anderer Gelehrter[9] vorgetragen haben,
scheint in der Tat plausibler als die Ableitung von *porneia* („Hurerei"), die philologisch schwierig ist (Pan-
thera/Pandera als korrupte Form von *pornos/pornê/
porneia?*).[10] Was wir vor uns haben, ist in Wirklichkeit
eine völlig beabsichtigte Entstellung des Wortes *parthenos* dadurch, daß die Buchstaben „r", „th" und „n" in
umgekehrter Reihenfolge gelesen werden: *pantheros*.
Boyarin hat also absolut recht, wenn er argumentiert,
daß es sich hier um die wohlbekannte Praxis der Rabbinen handelt, nach der diese Heiden oder Christen hei-

---

und interpretiert entsprechend „Jeschu ben Pandera" als „Jesus,
Sohn der Hure".

[9] Paulus Cassel, *Apologetische Briefe I: Panthera-Stada-
onokotes: Caricaturnamen Christi unter Juden und Heiden*
(Berlin 1875), wiederabgedruckt in ders., *Aus Literatur und Geschichte*, Berlin und Leipzig: W. Friedrich, 1885, S. 323–347
(334f.); Laible, *Jesus Christus im Thalmud*, S. 24f.; L. Patterson,
„Origin of the Name Panthera", *Journal of Theological Studies*
19, 1918, S. 79–80; Klausner, *Jesus of Nazareth*, S. 24; Karl G.
Kuhn, *Achtzehngebet und Vaterunser und der Reim*, Tübingen:
J.C.B. Mohr (Paul Siebeck), 1950, S. 2, Anm. 2. Zuletzt hat
Boyarin (*Dying for God*, S. 154f., Anm. 27) diese Erklärung wiederentdeckt (deren Ursprung er fälschlich Cassel zuschreibt). Alle
diese Erklärungen basieren auf der (irrigen) Annahme einer philologischen Metathese von „r" und „n".

[10] Samuel Krauss, „The Jews in the Works of the Church Fathers", *JQR* 5, 1892–1893, S. 122–157; 6, 1894, S. 225–261
(S. 143f.: „*Pandera* ist nichts anderes als *pornê*, durch phone-
tische Einflüsse modifiziert. *Jeschu bar Pandera* würde demnach
bedeuten: Jesus, der Sohn der Prostituierten"); ders., *Das Leben
Jesu nach jüdischen Quellen*, S. 276 (*pornos*). Nach dieser Erklärung wird aus *ek parthenou* („von einer Jungfrau") *ek porneia*
(„aus Hurerei").

lige Namen verunstalteten, um sie zu verspotten,[11] wie z.B. *pene elah* („Angesicht Gottes"), aus dem *pene kelev* („Gesicht des Hundes") wird.[12] Aber die Pointe in unserem Fall ist die Rückwärtslesung der Konsonanten im griechischen Wort – die nicht von ungefähr der magischen (!) Praxis folgt, die Konsonanten eines Wortes rückwärts (*le-mafrea'*) zu lesen: Indem die Rabbinen *parthenos* in *pantheros* verkehren, schaffen sie nicht einfach einen Fall von „Kakophonie",[13] sondern sprechen einen magischen Zauber oder einen Exorzismus aus und „verwandeln" dadurch Jesu Geburt von einer Jungfrau in die Abstammung von einem gewöhnlichen römischen Söldner namens Panther. Maiers Haupteinwand gegen diese Ableitung (wer hätte eine solche spitzfindige Anspielung verstehen können?)[14] unterschätzt die Rabbinen wie auch ihre Leserschaft. Alles, was wir von rabbinischen sowie von heidnischen Quellen wissen, weist darauf hin, daß die unfreundliche Gegenbotschaft zum Neuen Testament – Miriam bzw. Maria war eine Hure und ihr Sohn ein Bastard – die jüdische Antwort auf die christliche Propaganda vom göttlichen Ursprung Jesu war.

Die anderen Anspielungen auf sexuelle Promiskuität in unseren rabbinischen Texten beziehen sich auf den mißratenen Sohn, den frivolen Schüler und auf die Auffassung vom Christentum als einem orgiastischen Kult. Der mißratene Sohn, der „seine Speise verdirbt", indem er ein anstößiges Leben führt, erweist sich als der wahre

---

[11] Boyarin, *Dying for God*, S. 154, Anm. 27.
[12] t AS 6, 4.
[13] Ein Terminus, den Boyarin Saul Lieberman zuschreibt.
[14] *Jesus von Nazareth*, S. 267.

Sohn seiner ehebrecherischen Mutter, nach dem Motto: Was war denn anderes von ihm zu erwarten? Diese Vorwürfe mögen vom neutestamentlichen Bericht über Jesu Bekanntschaft mit der später als Maria Magdalena identifizierten Sünderin inspiriert sein – vielleicht auch von der gnostischen Geschichte von Jesus als „Liebhaber" ausgerechnet von Maria Magdalena.[15] Mit einem solchen Familienhintergrund ist es kein Wunder, daß auch der erwachsene Schüler (Jesus) eines frommen Rabbi (Jehoschua b. Perachia) auf dumme Gedanken kommt und seinem Lehrer unziemliche Gedanken unterstellt (die berüchtigte Wirtin einer Herberge),[16] die der Rabbi indigniert zurückweist und dadurch, ohne es zu wollen, die Geburt des Christentums möglich macht.

Und schließlich der gegen R. Elieser b. Hyrkanos erhobene Vorwurf, er praktiziere im Geheimen christliche Riten, womit ein mit Prostitution verbundener orgiastischer Kult gemeint ist. Hier betreten wir anderes Territorium: Es geht jetzt nicht mehr nur um Jesus selbst, um seine Herkunft, sein Verhalten und Schicksal, sondern um einen prominenten Rabbi, der gewissermaßen zum rabbinischen Prototyp eines durch sexuelle Promiskuität (und Magie) charakterisierten frühen Christen wird. Sexuelle Promiskuität und Magie sind oft miteinander verknüpft (darüber unten mehr). Das hier angeführte sexuelle Fehlverhalten ist nicht das eines Individuums (Jesus), sondern, viel schlimmer, das seiner Anhänger, die sich

---

[15] Vgl. King, *The Gospel of Mary of Magdala*, S. 153, und oben, S. 58f.

[16] Darum ist auch das, was dem Schüler bzw. Jesus in der Herberge zustößt, weit davon entfernt, ein „tragisches Mißverständnis" (Boyarin, *Dying for God*, S. 24) zu sein.

sexuellen Massenorgien hingeben: Die Anhänger Jesu folgen seinem Rat in so extremer Weise, daß sexuelle Orgien sozusagen das „Markenzeichen" dieser Gläubigen geworden sind.

Diese Anschuldigung läßt sich schon früh in der heidnischen und christlichen Literatur nachweisen; es ist darum kaum verwunderlich, daß die römischen Machthaber genau diese Anklage gegen R. Elieser erhoben. Sie taucht schon bei Justin dem Märtyrer, dem frühen christlichen Apologeten, in dessen *Dialog mit dem Juden Trypho* auf, der um die Mitte des zweiten Jahrhunderts in Rom verfaßt wurde. Dort wendet sich Justin an seine jüdischen Gesprächspartner mit folgenden Worten:

Meine Freunde! Ist das alles, was ihr an uns tadelt, daß wir nicht nach dem Gesetz leben, daß wir weder gleich euren Vorfahren das Fleisch beschneiden noch wie ihr den Sabbat halten? Oder ist auch unser Leben und unsere Moral bei euch verleumdet? Ich möchte nämlich fragen: Habt denn auch ihr von uns die Ansicht, daß wir wirklich Menschen essen und daß wir nach Trinkgelagen die Leuchter auslöschen, um unerlaubtem Umgang zu fröhnen? Oder verurteilt ihr uns nur gerade deswegen, weil wir diesen und jenen Lehren anhängen, nicht aber dem Glauben huldigen, der nach eurer Meinung der wahre ist? [17]

---

[17] Iust.dial., 10, 1; vgl. auch Iust.1.apol., 26: „Ob sie aber auch jene Schandtaten verüben, die man ihnen nachsagt, nämlich das Umstürzen des Leuchters, zügellose Ausschweifungen und das Verzehren von Menschenfleisch, wissen wir nicht" (Gerhard Rauschen, Übers., „Justin der Märtyrer: Erste Apologie", in *Frühchristliche Apologeten und Märtyrerakten, Band I*, Bibliothek der Kirchenväter, 1. Reihe, Bd. 12, Kempten und München: Kösel, 1913).

Nachdem Justin hier zunächst die offensichtliche und
allgemein bekannte Unterscheidung zwischen den Juden
und der neuen christlichen Sekte (sie beschneiden sich
nicht und halten den Sabbat nicht ein) erwähnt hat, geht
er zu den weit verbreiteten Verleumdungen über: daß die
Christen Orgien feierten, bei denen es zu Kannibalismus
und sexueller Promiskuität käme. Die kurze Antwort
des Juden Trypho („Darüber sind wir verblüfft. Das
aber, wovon die Masse redet, verdient keinen Glauben;
denn es widerspricht der menschlichen Natur") zeigt,
daß diese schrecklichen Anschuldigungen tatsächlich
weit verbreitet waren, er sie aber nicht sonderlich ernst
nahm. Die anschließende Diskussion beweist, daß es
Justin hauptsächlich um die christliche Angewohnheit
geht, den Sabbat und die Feste nicht zu halten und die
Beschneidung nicht durchzuführen. Im Übrigen scheint
er die Frage, von wem diese Verleumdungen ausgehen,
zu ignorieren – es sei denn, die Antwort darauf war für
ihn selbstverständlich – und weist jene einfach als ab-
stoßend zurück. Aber an späterer Stelle im Dialog läßt
Justin keinen Zweifel daran, daß er die Juden für die
Verleumdungen verantwortlich hält: „Auch habt ihr [die
Juden] ihm [Jesus] die gleichen gottlosen, schlimmen
und verbrecherischen Lehren nachgesagt, deren ihr
überall diejenigen beschuldigt, welche Christus als Lehrer und Sohn Gottes bekennen."[18]

Es besteht kein Zweifel, daß sich die „gottlosen,
schlimmen und verbrecherischen Lehren" auf die Or-

---

[18] Iust.dial., 108, 2 (Philipp Häuser, Übers., *Justinus Dialog; Pseudo-Justinus, Mahnrede*, Bibliothek der Kirchenväter,
1. Reihe, Bd. 33, Kempten und München: Kösel, 1917).

gien von Kannibalismus und Sex beziehen, von denen
oben die Rede war; und ebenso wenig kann es einen
Zweifel daran geben, daß die Juden hier nicht nur als die
Quelle der Verleumdungen dargestellt sind, sondern
auch als diejenigen, die sie in der ganzen zivilisierten
Welt verbreiteten, indem sie nämlich „gewisse durch
Wahl erkorene Männer" in alle Gebiete des Reiches als
offizielle Repräsentanten aussandten, „welche verkünden sollten: Eine gottlose und schlimme Sekte ist durch
einen gewissen Galiläer Jesus, einen Betrüger, ins Leben
gerufen worden."[19] Aber worum genau handelt es sich
bei diesem sonderbaren Ritual von Kannibalismus und
Sex? Tertullian, Justins jüngerer Kollege (zweite Hälfte
des zweiten Jahrhunderts n. Chr.) berichtet weitere plastische Einzelheiten. In seiner 197 n. Chr. verfaßten Apologie schreibt er:

Wir werden große Verbrecher (*sceleratissimi*) genannt wegen
des in Kindermord bestehenden Geheimkultus und des davon

---

[19] Ebenda; vgl. auch Iust.dial., 17, 1: „da habt ihr ... erlesene
Männer aus Jerusalem ausgewählt und sie in alle Welt ausgeschickt, um zu verkünden, daß eine gottlose Sekte, die der Christen, entstanden sei, und die diejenige Anklage gegen uns erhoben, welche gegen uns all diejenigen vorbringen, die uns nicht
kennen." Im dritten Jahrhundert vergleicht Origenes seinen Kon-
trahenten Kelsos (den heidnischen Philosophen, der 178 n. Chr.
seine Attacke gegen das Christentum verfaßte) mit den Juden:
„Er hat da meines Erachtens ähnlich gehandelt wie die Juden. Als
man anfing, das Christentum zu verkündigen, haben diese das
Evangelium in Verruf zu bringen gesucht, indem sie sagten, die
Christen opferten ein kleines Kind und äßen sein Fleisch; und
wiederum, sie löschten bei ihren Versammlungen, um Werke der
Finsternis zu begehen, die Lichter aus und trieben Unzucht, ein
jeder mit der ersten, auf die er stieße." (Or.Cels., 6, 27).

bereiteten Mahles (*sacramento infanticidii et pabulo inde*) und der auf das Mahl folgenden Blutschande, zu der die Hunde, die die Lichter umstürzen, als Kuppler der Finsternis zur Beschwichtigung der Scheu über die ruchlose Lust uns die Gelegenheit bereiten. Man sagt uns das in einem fort nach, und doch sorgt ihr nicht dafür, gerichtlich das zu ermitteln, was man uns schon so lange nachsagt. Folglich ermittelt es entweder, wenn ihr es glaubt, oder glaubt es nicht, wenn ihr es nicht ermittelt![20]

Und noch drastischer ist Tertullians böswillige Parodie des angeblich christlichen Rituals im darauf folgenden Kapitel, wo er den jüdischen Gesprächspartner ironisch auffordert, sich den Christen anzuschließen:

Komm, senke das Eisen in das Kind, das niemandes Feind, niemandem etwas zuleide getan, vielmehr gleichsam Kind aller ist; oder wenn dies das Amt eines andern ist, so stehe nur dabei, wenn ein Mensch stirbt, ehe er eigentlich gelebt hat, erwarte die entweichende junge Seele, fange das frische Blut auf, sättige damit dein Brot und iß es mit Freude! Inzwischen zähle während des Mahles die Plätze ab, wo der Platz deiner Mutter, deiner Schwester ist; merke sie dir gut, damit, wenn die Finsternis durch den Hund eintritt, du dich nicht irrest. Denn du würdest einen Frevel verüben, wenn du keine Blutschande begingest. In solche Mysterien eingeweiht und besiegelt lebst du in Ewigkeit...
    Du brauchst ein noch zartes Kind, eins, das vom Sterben noch nichts weiß, das unter deinem Messer lächelt; dann ein Brot, womit du die Brühe des Blutes auffängst, außerdem

---

[20] Tert.apol., 7, 1 (Heinrich Kellner, Übers., „Apologetikum [Apologeticum]", in *Tertullian: Apologetische, Dogmatische und Montanistische Schriften*, Bibliothek der Kirchenväter, 1. Reihe, Bd. 24, Kempten und München: Kösel, 1915). Tertullian gibt hier sehr wahrscheinlich heidnische Anklagen gegen das Christentum wieder.

Leuchter und Lampen, Hunde und Bissen, welche jene zum
Umstürzen der Lichter (an der Leine) zerren lassen. Vor allem
wirst du mit deiner Mutter und Schwester kommen müssen.[21]

---

[21] Ebenda, 8, 2–7. Eine ganz ähnliche Geschichte berichtet
der lateinische Apologet Minucius Felix in seinem *Octavius*, einem Dialog zwischen einem Heiden und einem Christen (*Octavius*, 9, 2–7; vgl. auch *Octavius*, 31: Alfons Müller, Übers., „M.
Minucius Felix: Octavius", in *Frühchristliche Apologeten,
Band II*, Bibliothek der Kirchenväter, 1. Reihe, Bd. 14, Kempten
und München: Kösel, 1913): „Sie erkennen sich an geheimen
Merkmalen und Zeichen und lieben sich gegenseitig, fast bevor
sie sich kennen. Allenthalben üben sie auch unter sich sozusagen
eine Art von Sinnlichkeitskult (*quaedam libidinum religio*); un-
terschiedslos nennen sie sich Brüder und Schwestern: So wird sogar die gewöhnliche Unzucht durch diesen heiligen Namen zur
Blutschande... Nun gar die Geschichte von der Weihe neuer Mit-
glieder; sie ist ebenso abscheulich wie bekannt. Ein Kind, mit
Teigmasse bedeckt, um die Arglosen zu täuschen, wird dem Ein-
zuweihenden vorgesetzt. Dieses Kind wird von dem Neuling
durch Wunden getötet, die sich dem Auge völlig entziehen; er
selbst hält, durch die Teighülle getäuscht, die Stiche für unschädlich. Das Blut des Kindes – welch ein Greuel – schlürfen sie gierig,
seine Gliedmaßen verteilen sie mit wahrem Wetteifer. Durch dieses Opfer verbrüdern sie sich, durch die Mitwisserschaft um ein
solches Verbrechen verbürgen sie sich gegenseitig Stillschweigen
... An einem festlichen Tag versammeln sie sich mit allen Kindern, Schwestern, Müttern, Leute jeglichen Geschlechts und Al-
ters zum Schmause. Ist hierauf nach einem reichlichen Gastmahl
die Tischgesellschaft erhitzt und die Glut inzestuöser Lust durch
Trunkenheit entbrannt, so wird ein Hund, der an den Leuchter
gebunden ist, durch einen vorgeworfenen Bissen gereizt. Er stürzt
los und springt zum Fang über die Länge der Schnur, mit welcher
er gebunden ist, hinaus. Dadurch wird das verräterische Licht
umgestoßen und erlischt. Nun schlingen sie in einer der Schamlosigkeit günstigen Finsternis die Bande unsagbarer Gier, wie es gerade der Zufall fügt. So sind sie, wenn auch nicht alle durch die

Wie Elias Bickerman in einem berühmt gewordenen Artikel[22] gezeigt hat, ist diese Geschichte nichts anderes als die
antichristliche Bearbeitung einer ursprünglich antijüdischen Propagandaerzählung, die den Juden rituellen Kannibalismus vorwirft. Ihr bekanntester antijüdischer Pro-
pagandist ist Apion, der griechische Gelehrte ägyptischer
Herkunft im Alexandrien des ersten nachchristlichen
Jahrhunderts. Nach Josephus kolportiert er „bösartige
Verleumdungen" über die Juden, die einen Fremden (Griechen) gefangen, gemästet, geschlachtet und schließlich in
einem bizarren Ritual verspeist hätten.[23] In unserer antichristlichen Version besteht das heimliche Symposium aus
den beiden Elementen des Kannibalismus und sexueller
Orgien, genauer gesagt (bei Tertullian) in inzestuösen se-

Tat, wenigstens durch ihr Mitwissen in gleicher Weise blutschän-
derisch; entspricht ja alles, was durch die Handlung des einzelnen geschehen mag, dem Wunsche der Gesamtheit." Hinsichtlich
der Datierung dieser Geschichte sind die Forscher unsicher, ob
Tertullian Minucius Felix vorausgeht (in diesem Falle wäre *Octavius* im frühen dritten Jahrhundert n. Chr. verfaßt) oder umge-
kehrt, Minucius Felix Tertullian (dann dürfte *Octavius* vor 197
n. Chr. niedergeschrieben sein). Vgl. dazu Hans Gärtner, „Minucius Felix", in *Der Kleine Pauly. Lexikon der Antike*, München:
Deutscher Taschenbuch Verlag, 1979, Sp. 1342. In jedem Falle
scheint Minucius' Quelle Fronto zu sein (vgl. *Octavius*, 9, 6 und
31, 2), der überaus einflußreiche Lehrer des Kaisers Marc Aurel
(st. nach 175 n. Chr.).
    [22] Elias Bickerman, „Ritualmord und Eselskult. Ein Beitrag
zur Geschichte antiker Publizistik", in ders., *Studies in Jewish
and Christian History*, Bd. 2, Leiden: Brill, 1980, S. 225–255
(ursprünglich in *MGWJ* 71, 1927 veröffentlicht). Siehe auch Burton L. Visotzky, „Overturning the Lamp", *JJS* 38, 1987, S. 72–80;
ders., *Fathers of the World*, S. 75–84.
    [23] Flav. Jos. Apion, 2, 91–96.

xuellen Orgien der Teilnehmer. Die ausführlichere Beschreibung im zweiten Zitat von Tertullian, wo das Blut des geschlachteten Kindes durch das Brot aufgefangen und dieses dann von allen Beteiligten verzehrt wird, ist eindeutig eine Parodie auf Wein und Brot der Eucharistie.[24] Die inzestuösen sexuellen Orgien dagegen scheinen eine Umkehrung des christlichen Gebotes der Nächstenliebe zu sein.[25] Somit greifen die Juden nach den Berichten der frühen Kirchenväter eine Propagandaerzählung auf, die ursprünglich gegen sie selbst gerichtet war, und machen daraus eine wirksame antichristliche Waffe, die darauf abzielt, die neue Sekte ein für allemal bloßzustellen. Ironischerweise sind es in unserer Elieser b. Hyrkanos-Geschichte die jüdischen Rabbinen, die diese antichrist-

---

[24] Im späten vierten Jahrhundert n. Chr. klagt Epiphanius, der Bischof von Salamis auf Zypern, die christliche Sekte der Nikolaiten an, untereinander Unzucht zu treiben und ihr Sperma und das Blut der Menstruation zu sich zu nehmen (*Panarion* 26, 4f.: nach Frank Williams, Übers., *The Panarion of Epiphanius of Salamis*, Leiden und New York: Brill, 1987, S. 85–87). Diese Sekte wird schon bei Irenäus in der zweiten Hälfte des zweiten Jahrhunderts n. Chr. erwähnt, der berichtet, sie begingen Ehebruch und äßen Dinge, die Götzen gewidmet seien (Iren.haer. I, 26, 3: E. Klebba, Übers., *Des heiligen Irenäus fünf Bücher gegen die Häresien*, Bibliothek der Kirchenväter, 1. Reihe, Bd. 3, Kempten und München: Kösel, 1912).

[25] Der christliche Philosoph Clemens von Alexandrien (ca. 150–215 n. Chr.) bezichtigt die Karpokratianer, sich zu sexuellen Orgien zu versammeln, und fügt ironisch hinzu: „Liebesmahlagapae möchte ich ihre Zusammenkunft nicht nennen" (*Stromateis* 3, 2, 10: Otto Stählin, Übers., *Clemens von Alexandrien, Teppiche: Wissenschaftliche Darlegungen entsprechend der wahren Philosophie (Stromateis)*, Bibliothek der Kirchenväter, 2. Reihe, Band 17, 19, 20, München: Kösel, 1936–38).

liche Propaganda aufnehmen und (teilweise) auf einen der
Ihren anwenden – um ihn auf diese Weise als den Erzhäre-
tiker bloßzustellen und unschädlich zu machen.

Magie

Das andere auffallende Merkmal der christlichen Sekte
und ihres Gründers ist Magie. Nur im Bavli wird diese
(in der Figur des Schülers Jehoschua b. Perachjas) direkt
mit der Person Jesu verbunden: Dieser Schüler (Jesus)
war nicht nur unanständig und dem Sex verfallen; er in-
itiierte auch einen götzendienerischen Ziegelstein-Kult
und führte Israel durch seine magischen Praktiken in die
Irre, wie der Talmud erklärt. Die übrigen Hinweise auf
Magie finden sich in palästinischen Quellen: zuerst indirekt in Elieser b. Hyrkanos' Neigung, seine Argumente
durch Wunder zu untermauern; und dann, sehr prominent, in den beiden Geschichten über die christlichen
Magier (Jakob aus Kefar Sama und der anonyme Heiler), die im Namen Jesu Heilungen durchführen.

Daß Jesus ein Magier war, bildet nach den frühen
heidnischen und christlichen Quellen neben (oder zusammen mit) dem Vorwurf sexueller Promiskuität das
andere „Markenzeichen" des Christentums. Wie wir gesehen haben, läßt der neuplatonische Philosoph Kelsos
den Sohn einer ehebrecherischen Landfrau in Ägypten
magische Künste erwerben und sich einbilden, er sei
– aufgrund dieser Fähigkeiten – Gott. Davor (Mitte des
zweiten Jahrhunderts n. Chr.) ist es wieder Justin, der
eine ausführliche, deutlich vom Neuen Testament inspi-
rierte Beschreibung von Jesu und seiner Jünger magischen Täuschungsmanövern gibt:

Wie ich bereits sagte, [habt ihr Juden] erlesene Männer ausgewählt und sie in alle Welt ausgeschickt, welche verkünden
sollten: eine gottlose und schlimme Sekte (*hairesis*) ist durch
einen gewissen Galiläer Jesus, einen Betrüger (*apo … pla-
nou*), ins Leben gerufen worden; wir haben ihn gekreuzigt,
aber seine Jünger haben ihn aus der Gruft, in welche er nach
der Kreuzesabnahme gelegt worden war, bei Nacht gestohlen
und machen den Leuten weis (*planôsi … legontes*), er sei von
den Toten auferstanden und in den Himmel aufgefahren.[26]

Hier haben wir die volle Stoßrichtung der Magie-An-
klage: eine *hairesis*, wörtlich eine „Schule“ oder „Sekte“,
die von einem gemeinsamen Ursprung abweicht, irrege-
leitet durch einen „Betrüger“. Das griechische Wort für
„Betrüger“ oder „Verführer“ (*planos*) ist eng mit Magie
assoziiert, wie aus dem folgenden Zitat von Justins *Dialog* klar wird:

In der Wüste, in welcher es keine Gotteserkenntnis gab, im
Lande der Heiden, quoll als Quelle lebendigen Wassers[27] von
Gott her dieser Christus hervor, welcher auch in eurem Volke
erschienen ist und die, welche von Geburt aus und dem Flei-
sche nach blind, taub und lahm waren, heilte, indem er dem
einen durch sein Wort die Möglichkeit zu springen gab, dem
anderen durch dasselbe das Gehör, wieder einem anderen das
Augenlicht verlieh. Aber auch Tote erweckte er zum Leben.
Durch seine Werke führte er die Menschen seiner Zeit zur Er-
kenntnis seiner selbst. Sie [die Juden] aber nahmen, obwohl
sie diese Wunder sahen, in ihnen Trugbilder und Zauberei an;
wagten sie es ja auch, Christus einen Zauberer (*magos*) und
Volksverführer (*laoplanos*) zu nennen.[28]

---

[26] Iust.dial., 108, 2; vgl. auch Tert.spec., 30, 6 (unten S. 225f.).
[27] Vgl. Jer 2, 13.
[28] Iust.dial., 69, 6f. Zur Sicht Jesu als Magier und Verführer
siehe Martin Hengel, *Nachfolge und Charisma. Eine exegetisch-*

Der wahre Jesus ist in Justins Augen der Heiler, der die Krüppel heilt und die Toten wiederbelebt – aber die ungläubigen Juden pervertieren diese authentische Heilungskraft in betrügerische Magie. Sie behaupten, daß die Anhänger Jesu (die Betrüger des Betrügers) – nachdem er gekreuzigt, am Kreuz gestorben und begraben war – klammheimlich seine Leiche aus dem Grab gestohlen und dann vorgegeben hätten, er sei von den Toten auferstanden und in den Himmel aufgefahren. Dies verweist eindeutig auf Matthäus 27, 63f., wo die Hohenpriester und die Pharisäer gegenüber Pilatus dasselbe Argument anführen:

(63) Herr, es fiel uns ein, daß dieser Betrüger (*planos*), als er noch lebte, behauptete hat: Ich werde nach drei Tagen auferstehen. (64) Gib also den Befehl, daß das Grab bis zum dritten Tag sicher bewacht wird. Sonst könnten seine Jünger kommen, ihn stehlen und dem Volk sagen: Er ist von den Toten auferstanden. Und dieser letzte Betrug wäre noch schlimmer als alles zuvor.

Pilatus folgt dem Rat der Hohenpriester und der Pharisäer und schickt Soldaten zur Bewachung des Grabes. Als die Wächter den Hohenpriestern berichten, was sie gesehen haben (das leere und von einem Engel bewachte Grab), bestechen die Hohenpriester sie und instruieren sie:

(13) Erzählt den Leuten: Seine Jünger sind bei Nacht gekommen und haben ihn gestohlen, während wir schliefen. (14) Falls der Statthalter davon hört, werden wir ihn beschwichtigen und dafür sorgen, daß ihr nichts zu befürchten habt. (15)

---

religionsgeschichtliche Studie zu Mt 8, 21f. und Jesu Ruf in die Nachfolge, Berlin: Töpelmann, 1968, S. 44, Anm. 14.

Die Soldaten nahmen das Geld und machten alles so, wie man es ihnen gesagt hatte. So kommt es, daß dieses Gerücht bis heute bei den Juden verbreitet ist.[29]

Die letzte Bemerkung des Evangelisten („dieses Gerücht ist bis heute bei den Juden verbreitet") macht zwei Dinge klar. Erstens, daß die Juden schon nach Matthäus als die Urheber dieser diffamierenden Version der Ereignisse nach der Kreuzigung angesehen wurden, und zweitens, daß diese Gegenerzählung zum Neuen Testament eine lange Geschichte hatte, weil sie aktiv von den Juden verbreitet wurde. Es ist daher kaum verwunderlich, daß Justin sich vor der (offensichtlich von einem Juden inspirierten) Frage fürchtet: „Damit aber niemand uns entgegenhalte: Was steht [der Annahme] entgegen, daß nicht auch der, den wir Christus nennen, als Mensch von Menschen geboren, durch Zauberkunst (*magikê technê*) die Wundertaten vollbracht hat, die wir ihm zuschreiben, und daß man deswegen geglaubt hat, er sei Gottes Sohn (*hyion theou*)?"[30]

Kaum von ungefähr verknüpft Justin hier, genau wie Kelsos, Betrug durch Magie mit dem als überheblich angesehenen Anspruch, Gottes Sohn zu sein. Betrug durch Magie führt zu Götzendienst, und darum geht es hier.[31] Mit der Magie an sich – die in der Bibel streng unter-

---

[29] Mt 28, 13–15.
[30] Iust.1.apol., 30.
[31] Gegen Maier (*Jesus von Nazareth*, S. 250), der zwischen „Betrug durch Magie" und „Verführung zum Götzendienst" unterscheiden möchte – erneut, weil er heidnische von rabbinischen Quellen trennen will.

sagt,[32] gleichwohl aber praktiziert wird[33] – gingen die Rabbinen eher tolerant um. Tatsächlich praktizierten einige Rabbinen sie sogar selbst (nicht zuletzt R. Elieser b. Hyrkanos).[34] Es ist daher nicht so sehr die Ausübung von Magie, die die Rabbinen stört; sie gehen vielmehr gegen den damit verbundenen Anspruch vor: konkurrierende Autorität und Macht. Es ist kein Zufall, daß der Meister in der Bavli-Geschichte über Jehoschua b. Perachja und seinen Schüler aus Jesu Ziegelstein-Kult den Schluß zieht, daß er „Magie ausgeübt und *Israel* betrogen und *in die Irre geführt hat*".[35] Genau dies ist der Vorwurf, den einige Juden im Johannesevangelium gegen Jesus vorbringen: „Und in der Volksmenge wurde viel über ihn hin und her geredet. Die einen sagten: Er ist ein guter Mensch. Andere sagten: Nein, *er führt das Volk in die Irre*" (Joh 7, 12; 47).

---

[32] Vgl. z.B. Deut 18, 9–14.

[33] Bekannte Beispiele sind Geschichten wie die von den zehn Plagen (Ex 7–12), von der „ehernen Schlange" (Num 21, 6–9) oder vom sogenannten „Eifersuchtsordal" (Num 5, 11–31).

[34] Die Rabbinen unterschieden praktisch zwischen bloßer Illusion, Täuschung (*'achisat 'enajjim*), die erlaubt war, und „echter" Magie, die verboten war; vgl. Peter Schäfer, „Magic and Religion in Ancient Judaism", in *Envisioning Magic. A Princeton Seminar & Symposium*, hrsg. von Peter Schäfer und Hans Kippenberg, Leiden-New York-Köln: Brill 1997, S. 19–43; Veltri, *Magie und Halakha*, S. 27ff., 54f.; Philip Alexander, „The Talmudic Concept of Conjuring (*'Ahizat 'Einayim)* and the Problem of the Definition of Magic (*Kishuf*)", in *Creation and Re-Creation in Jewish Thought: Festschrift in Honor of Joseph Dan on the Occasion of his Seventieth Birthday*, hrsg. von Rachel Elior und Peter Schäfer, Tübingen: Mohr Siebeck, 2005, S. 7–26.

[35] Siehe oben, Kapitel 3 (S. 71ff.).

Ein typisches Beispiel für den magischen Machtkampf um konkurrierende Autorität ist in der neutestamentlichen Geschichte von Simon Magus überliefert:[36]

(9) Ein Mann namens Simon wohnte schon länger in der
Stadt; er trieb Zauberei und verwirrte das Volk von Sama-
rien, da er sich als etwas Großes ausgab. (10) Alle hörten auf
ihn, jung und alt, und sie sagten: Das ist die Kraft Gottes, die
man die Große nennt (*hê dynamis tou theou hê kaloumenê
Megalê*). (11) Und sie schlossen sich ihm an, weil er sie lange
Zeit mit seinen Zauberkünsten (*tais mageiais*) betörte. (12)
Als sie jedoch dem Philippus[37] Glauben schenkten, der das
Evangelium vom Reich Gottes und vom Namen Jesu Christi
verkündete, ließen sie sich taufen, Männer und Frauen. Auch
Simon wurde gläubig, ließ sich taufen und schloß sich dem
Philippus an; und als er die großen Zeichen und Wunder sah,
geriet er außer sich vor Staunen.

Simon, der große Magier und, wegen seiner magischen
Fähigkeiten, als der direkte Ausfluß göttlicher Macht
angesehen (ein weiterer Kandidat für den „Sohn Gottes"), folgt der Botschaft der Apostel und läßt sich taufen. Warum? Nicht nur aufgrund der christlichen Botschaft, sondern auch (und vielleicht hauptsächlich), weil
er von der größeren magischen Kraft der Apostel überzeugt ist. Auch noch nach seiner Taufe ist er weiterhin
von deren magischen Darbietungen (welche natürlich
Wunder sind) beeindruckt. Die bessere Magie „führt
ihn in die Irre", d.h. sie verführt ihn – aus jüdischer
Sicht – zum Götzendienst der neuen jüdischen Sekte.

---

[36] Apg 8, 9–13. Zu Simon Magus vgl. Karlmann Beyschlag,
Simon Magus und die christliche Gnosis, Tübingen: J.C.B. Mohr
(Paul Siebeck), 1974.
[37] Einer von den Sieben; vgl. Apg 6, 5.

Die Gefahr, die der Ausübung magischer Kräfte innewohnt (Götzendienst), ist auch der Grund, warum die
Rabbinen im Falle des R. Elieser b. Hyrkanos so aller-
gisch und kompromißlos auf seine magische Intervention reagieren. R. Elieser spielt seine magische Kraft gegen die Autorität seiner rabbinischen Kollegen aus[38] –
und verliert diesen Machtkampf bis zu seinem Tode:
Rabbinische Autorität kann nicht und darf nicht durch
Magie untergraben werden.[39] Dasselbe gilt für Jakob
aus Kefar Sama und seinen anonymen Kollegen: Ihre
Heilung durch Magie wirkt, sogar besser als die Rabbinen es wünschen (sie können es nicht verhindern, es sei
denn sie lassen das arme Opfer sterben), aber dennoch
bleibt sie nichtautorisierte Magie und muß um jeden
Preis bekämpft werden. Die von Jesus und seinen Anhängern ausgeübte magische Kunst bedroht die Autorität der Rabbinen und ihren Anspruch, das Volk Israel zu
führen. Es geht hier also um die Autorität der Rabbinen
gegen die Autorität Jesu, Abwägen – und Entscheiden –
unter gleichen Partnern[40] gegen ungezügelten individu-
ellen Machtanspruch. Nach Ansicht der Rabbinen sind
ihnen (durch die Tora, die Gott nicht im Himmel lassen

---

[38] Die zugleich die Autorität des Individuums gegen die Autorität der Mehrheit ist.

[39] Er bleibt zwar ein Magier bis zum bitteren Ende, aber er
wird wieder in die Gemeinschaft der Rabbinen aufgenommen,
nachdem er einige Fragen zur Reinheit (!) zufriedenstellend beantwortet hat: Er stirbt, indem er das Wort *tahor* („rein") ausspricht, und daraufhin wird der Bann aufgehoben (b Sanh 68a).

[40] Obwohl es in Wirklichkeit strikte hierarchische Rangun-
terschiede zwischen den Rabbinen gibt. Aber das ist hier nicht
der entscheidende Punkt: R. Elieser verliert den Machtkampf
nicht, weil er hierarchisch tiefer steht.

wollte, sondern ihnen aushändigte) die Schlüssel zum
Königreich des Himmels übergeben worden; für die
Christen sind diese Schlüssel nun in den Händen des
neuen Israel, das nicht zuletzt durch seine magischen Fähigkeiten Zugang zu Gott hat.

Götzendienst und Gotteslästerung

Wie eng Magie und Götzendienst in der jüdischen Wahrnehmung Jesu miteinander verknüpft sind, wird aus der
Geschichte von Jesu Hinrichtung im Bavli ersichtlich.
Dort faßt der Herold das Verbrechen Jesu so zusammen:
Er hat Zauberei praktiziert und Israel aufgehetzt (*hesit*)
und verführt (*hiddiach*). Wie wir gesehen haben, sind
mesit und *maddiach* technische Termini für jemanden,
der eine Person heimlich oder viele Personen öffentlich
zum Götzendienst verführt, und Jesus wurde ausdrücklich beides vorgeworfen: Er führte sein verhängnisvolles
und abscheuliches Werk sowohl heimlich wie auch ganz
offen aus und verdient daher die Todesstrafe sogar dop-
pelt. Seine besondere Spielart des Götzendienstes betraf
– und bedrohte – die gesamte Gemeinde Israels.

Der schlimmste Götzendiener ist derjenige, der nicht
nur irgendwelche heidnischen Götter verbreitet – das
ist an sich schon schlimm genug, aber den Rabbinen
nur zu vertraut –, sondern derjenige, der sich selbst zum
Gott oder zum Sohn Gottes erklärt.[41] Dies fällt unter

---

[41] Der Bavli (Sanh 61a-b) unterscheidet zwischen dem Verlangen der Anbetung und der tatsächlichen Anbetung: Bezüglich
ersterer sind sich zwei tannaitische Rabbinen nicht einig darüber,
ob eine derartige Person die Todesstrafe verdient oder nicht,

die Kategorie der Gotteslästerung, worauf nach der Bibel die Todesstrafe durch Steinigung steht: „Wer den Namen des Herrn schmäht (*noqev*), wird mit dem Tod bestraft; die ganze Gemeinde soll ihn steinigen. Der Fremde muß ebenso wie der Einheimische getötet werden, wenn er den Gottesnamen schmäht" (Lev 24, 16). In der Mischna[42] wird schon das Aussprechen des Gottesnamens (des Tetragrammatons) durch die Todesstrafe des Steinigens bestraft – wieviel mehr gilt das also für den Gotteslästerer, der den Namen Gottes für sich selbst gebraucht! Dies erklärt die große Empörung des Hohen Priesters, der seine Kleider zerreißt, als er Jesu Gotteslästerung hört (Mt 26, 63–65):[43]

(63) Darauf sagte der Hohe Priester zu ihm [Jesus]: Ich beschwöre dich bei dem lebendigen Gott, sag uns: Bist du der Messias, der Sohn Gottes? (64) Jesus antwortete: Du hast es gesagt. Doch ich erkläre euch: Von nun an werdet ihr den Menschensohn zur Rechten der Macht [Gottes] sitzen und auf den Wolken des Himmels kommen sehen. (65) Da zerriß der Hohe Priester sein Gewand und rief: Er hat Gott gelästert! Wozu brauchen wir noch Zeugen? Jetzt habt ihr die Gotteslästerung selbst gehört.

Jesus verbindet hier seine erwartete Auferstehung und Himmelfahrt mit seinem Anspruch, der Sohn Gottes zu sein: Der Sohn wird an seinen Ursprungsort zurückkehren, seinen Thron neben dem Thron seines Vaters im

---

während sich in Bezug auf letztere alle einig sind, daß eine solche Person hinzurichten ist. Es ist also nicht einfach nur die Absichtserklärung, sondern die erfolgreich ausgeführte Verführung zum Götzendienst, auf die es ankommt.

[42] m Sanh 7, 5.

[43] Vgl. Mk 14, 61–64; Lk 22, 67–71; Joh 19, 7.

Himmel. Diese unvorstellbare Gotteslästerung verlangt nach sofortiger Handlung des Sanhedrin: der Auferlegung der Todesstrafe.

Dasselbe gilt auch für Jesu „Schüler", die, wie ich dargelegt habe, im Talmud als Code für den Anspruch Jesu dienen, der Messias und Sohn Gottes zu sein. Die rabbinischen Richter stellen klar, daß Jesus nicht in den Himmel aufsteigen und vor Gott erscheinen wird (Mattai), daß er nicht das unschuldige Opfer der Juden (Naqqai), daß er nicht der Messias aus dem Hause David (Nezer), daß er nicht Gottes Sohn und Erstgeborener (Buni) und daß er auch nicht das Dankopfer des neuen Bundes ist (Todah). Vielmehr verdient Jesus zu sterben, wird tot sein und ganz gewiß nicht von den Toten auferstehen und seinen Schülern/Anhängern das ewige Leben garantieren.

Diese vernichtende Kritik am Anspruch Jesu, göttlichen Ursprungs zu sein, kommt am deutlichsten im babylonischen Talmud zum Ausdruck, aber sie war nicht auf diesen beschränkt. Auch wenn wir in der rabbinischen Literatur keine anderen Quellen finden, die so direkt und unverblümt auf Jesus Bezug nehmen, haben wir doch noch zwei weitere Texte, die offensichtlich auf seinen gotteslästerlichen Anspruch anspielen. Der eine ist im Jerusalemer Talmud erhalten, wo R. Abbahu, einem palästinischen Rabbi des späten dritten/frühen vierten Jahrhunderts, folgendes Diktum zugeschrieben wird:[44]

---

[44] j Taan 2, 1/24, fol. 65b. Eine späte und viel weiter ausgeführte Version dieses Midraschs findet sich in der Saloniki-Ausgabe (1521–1527) der späten Midraschsammlung Jalqut Schim'oni, § 765 (Ende); vgl. Maier, *Jesus von Nazareth*, S. 87f. (der Jesus wieder wegerklärt).

Wenn dir ein **Mensch** sagt:
Ich bin **Gott** (*el ani*) –
ist er ein **Lügner**;
ich bin (der) **Menschensohn** (*ben adam*) –
wird er es **bedauern**;
Ich steige zum Himmel empor –
so hat er es gesagt, aber er wird es nicht tun.[45]

Dieser Midrasch ist eine Auslegung von Bileams Orakel in Numeri 23, 18–24: „**Gott** ist kein **Mensch**, der **lügt**, kein **Menschensohn**, der etwas **bereut**. Spricht er etwas und tut es dann nicht, sagt er etwas und hält es dann nicht?" Im ursprünglichen Kontext des Bileam-Orakels bedeutet dies, daß Bileam trotz Balaks Befehl, Israel zu verfluchen, Gottes Gebot, Israel zu segnen, befolgen muß, weil dies ein Befehl ist, der nicht widerrufen werden kann. Ich habe die relevanten Worte im Bibelvers und in R. Abbahus Auslegung hervorgehoben, und wir können leicht erkennen, wie gut sie einander entprechen (Bibel : Midrasch):

(1) **Gott** ist kein **Mensch**, der **lügt** : ein **Mensch**, der dir sagt, daß er **Gott** ist, ist ein **Lügner**;

(2) **Gott** ist kein **Menschensohn**, der etwas **bereut** (= seine Entscheidung widerruft) : ein **Mensch**, der dir sagt, er sei der **Menschensohn**, wird es **bedauern**;

(3) **Gott** tut, was er sagt : ein Mensch, der dir sagt, er werde in den Himmel aufsteigen, wird nicht tun, was er versprochen hat.[46]

---

[45] Diese letzte Zeile ist eine Kurzfassung von Num 23, 19.

[46] Dieses letzte Glied der Kette ist recht lose; insbesondere das Versprechen, in den Himmel aufzusteigen, hat keine Entsprechung im Bibelvers.

Maier hat sämtliche Bibel- und Midraschparallelen zu
diesem Text sorgfältig gesammelt und will beweisen,
daß dieser sich in seinem ursprünglichen Kontext auf die
Könige der Völker (allen voran Hiram) bezieht, die sich
selbst zu Göttern erhoben und für ihre Hybris bestraft
wurden.[47] Das ist zweifellos richtig. Aber ist es ebenso
richtig, daß in dem „ursprünglichen" Midrasch der Terminus „Menschensohn" nicht einen Titel wiedergibt,
sondern schlicht ein menschliches Wesen meint? Es
stimmt, in Ezechiel 28, 2 behauptet Hiram, der König
von Tyrus, ein Gott zu sein und wird für seine Hybris
getadelt („doch du bist nur ein Mensch [*adam*] und kein
Gott") – aber was ist falsch daran, daß er behauptet, ein
„Menschensohn" zu sein, und warum wird er bedauern,
daß er uns dies erzählt?[48] Hiram wird als „Mensch" und
nicht als „Menschensohn" bezeichnet (interessanterweise wird in Ez 28, 2 der Prophet „Menschensohn" genannt), und die Hiram-Auslegung gehört daher zum ersten Teil unseres Midraschs (Mensch-Gott) und nicht
zum zweiten Teil, der sich auf den „Menschensohn" bezieht. Wenn wir die ausgeklügelte Struktur des Midraschs ernst nehmen, so entspricht „Menschensohn"
direkt „Gott": Ein Mensch, der dir sagt, er sei Gott, ist
ein Lügner, und ein Mensch, der dir sagt, er sei der Menschensohn, wird es bedauern.[49] R. Abbahus Midrasch

---

[47] Maier, *Jesus von Nazareth*, S. 76–82.

[48] Maier (ebenda, S. 79) verweist auf die biblische Parallele
mit Adam: Wie Adam, der am Ende aus dem Paradies vertrieben
wurde (und seine Hybris bedauerte), so wurde auch Hiram aus
seiner Machtstellung vertrieben (und bedauerte seine Hybris).
Das ergibt in unserem Kontext nicht viel Sinn.

[49] Im ersten Teil der Auslegung liegt die Betonung nicht da-

ist somit viel mehr als nur ein Spiegel der gut dokumentierten Hiram-Traditionen. Sehr wahrscheinlich geht er weit darüber hinaus und versteht den „Menschensohn" als einen Titel, der sich auf Jesus bezieht, wie er häufig in den Evangelien bezeugt ist[50] (aus diesem Grund habe ich ihn in meiner Übersetzung durch Fettdruck hervorgehoben). Diese Interpretation paßt gut zu der Tatsache, daß R. Abbahu in Caesarea lebte, dem Zentrum der römischen Macht und des christlichen Palästinas; einige Forscher meinen sogar, daß er mit dem Kirchenvater Origenes (st. 253 n. Chr.) oder zumindest mit dessen Lehren gut vertraut gewesen sein könnte.[51]

Und schließlich der dritte Teil des Midraschs. Hier ist die Behauptung des Aufstiegs in den Himmel nicht durch den biblischen Vers Num 23, 19 gedeckt (die Bibel bestätigt lediglich, ohne ein Beispiel anzuführen, daß Gott immer ausführt, was er versprochen hat). Wieder könnte man einwenden, daß unser Midrasch (diesmal nicht Hirams, sondern) Nebukadnezars Hybris zurückweist, von dem Jesaja sagt (Jes 14, 13f.): „Du aber hast in deinem Herzen gedacht: Ich steige zum Himmel hinauf; dort oben stelle ich meinen Thron auf, über den Sternen

---

rauf, daß Gott kein Mensch bzw. Menschensohn ist, sondern darauf, daß Gott kein Mensch ist, der lügt bzw. kein Menschensohn, der bedauert.

[50] Besser gesagt, wie er, mit Ausnahme von Apg 7, 56, nur in den Evangelien und nur im Munde Jesu vorkommt. Zur „Historizität" des Titels vgl. Geza Vermes, *Jesus the Jew: A Historian's Reading of the Gospels*, Philadelphia: Fortress, 1981, S. 177–186.

[51] Vgl. Ephraim E. Urbach, „Homilies of the Rabbis on the Prophets of the Nations and the Balaam Stories" [Hebr.], *Tarbiz* 25, 1955/56, S. 286f.

Gottes; ... Ich steige weit über die Wolken hinaus, um
dem Höchsten zu gleichen", und der die verdiente Zu-
rückweisung erfährt (Jes 14, 15): „Doch in die Unterwelt wirst du hinabgeworfen, in die äußerste Tiefe".[52]
Aber dies ist nur ein Teil der Antwort. Innerhalb der Se-
quenz Gott – Menschensohn – Aufstieg zum Himmel
liegt es viel näher anzunehmen, daß R. Abbahu hier eine
komplexe Midrasch-Tradition benutzt, um sie auf Jesus
und seine Bewegung zu beziehen: Jesus ist ein gewöhnliches menschliches Wesen, nicht Gott, nicht der Menschensohn, und ganz sicher ist er nicht in den Himmel
aufgestiegen, um zu seinem göttlichen Vater zurückzukehren.

Der andere relevante Midrasch ist ebenfalls in einer
palästinischen Quelle erhalten, dem homiletischen Midrasch Pesiqta Rabbati. Er wird R. Chijja bar Abba zugeschrieben, einem in Babylonien gebürtigen Amoräer,
ebenfalls vom Ende des dritten/Anfang des vierten Jahrhunderts, der jedoch die meiste Zeit seines Lebens in Palästina verbrachte:[53]

Wenn der Sohn der Hure (*bera di-seneta*) dir sagt:
Es gibt zwei Götter,
antworte ihm:
Ich bin derjenige vom Meer – und ich bin derjenige von Sinai!
[...]

---

[52] Maier, *Jesus von Nazareth*, S. 80.
[53] PesR 21, ed. Friedmann, fol. 100b-101a. Die Zuschreibung
an R. Chijja bar Abba ist der Grund dafür, daß ich diesen Midrasch trotz des (relativ) späten Abfassungsdatums der Sammlung Pesiqta Rabbati in meine Diskussion einbeziehe.

Und wenn der Sohn der Hure dir sagt:
Es gibt zwei Götter,
antworte ihm:
Es steht hier nicht geschrieben (Deut 5,4) „Götter[54] sprachen
(*dibberu elohim*) [zu dir] von Angesicht zu Angesicht", sondern „Der Herr[55] sprach (*dibber JHWH*) [zu dir] von Angesicht zu Angesicht auf dem Berg."

Wie im vorangehenden Midrasch sind beide Antworten,
die auf die häretische Frage gegeben werden, Bestandteil
der allgemeinen rabbinischen Theologie. Die erste bezieht sich auf den bekannten Midrasch über Gott, der,
trotz seiner unterschiedlichen historischen Manifesta-
tionen (etwa am Roten Meer und am Berg Sinai), immer
ein und derselbe bleibt. Obwohl er am Roten Meer als
ein Krieger, d.h. als junger Mann, und am Berg Sinai als
der weise und abgeklärte Geber der Tora, also als alter
Mann erschien, ist und bleibt Gott immer derselbe Gott.
Er verändert sich nicht, und ganz gewiß kann man aus
seinen verschiedenen Erscheinungsformen nicht schließen, daß es mehr als einen Gott gibt.[56] Und ebenso ist
die Tatsache, daß in dem Bibelvers über die Offenbarung am Sinai von Gott im Singular und nicht im Plural
die Rede ist, ein klarer Beweis, daß er ein einziger Gott
ist und nicht zwei oder mehr Götter.[57]

Jedoch hat dieser Gebrauch von traditionellem Mi-
drasch-Material noch nicht zu bedeuten, daß unser Text

---

[54] Im Plural.
[55] Im Singular.
[56] Der Standard-Beleg dafür ist Mekhilta, Jitro 5, ed. Horo-
vitz-Rabin, S. 219f. (mit vielen Parallelen).
[57] Der klassische Stellenbeleg hierfür ist BerR 1, 7, ed. Theo-
dor-Albeck, I, S. 4 (wiederum mit vielen Parallelen).

nichts mit Jesus zu tun hätte.[58] Auch die Möglichkeit, daß wir stattdessen antignostische Polemik vor uns haben könnten, ist ein wenig überzeugendes Gegenargument.[59] Ganz im Gegenteil, „Gnosis" ist ein viel zu vager Begriff, als daß er hilfreich sein könnte und sollte auch in keinem Falle gegen „Christentum" ausgespielt werden, denn oft genug lassen sich beide in unseren rabbinischen Quellen gar nicht klar voneinander unterscheiden. Das Hauptargument für eine anti-Jesus Polemik ist natürlich die programmatische Eröffnung „Wenn der Sohn der Hure dir sagt". Wer sonst könnte denn mit dem „Sohn der Hure" gemeint sein, wenn nicht Jesus, der Bastard, von einer ehebrecherischen Mutter geboren, der sich von seinen rabbinischen Kollegen vor allem dadurch abhebt, daß er ein Leben sexueller Promiskuität und Frivolität führt? Der Vorschlag, dieses abschätzige Epitheton beziehe sich nicht auf Jesus, sondern schlicht auf heidnische Götzendiener,[60] ist eine besonders unbefriedigende Interpretation, die nichts zur Klärung beiträgt. Kein Zweifel, es ist Jesus, den R. Chijja als den „Sohn der Hure" attackiert, der behauptet, Gott zu sein, dem Gott ebenbürtig, von dem die Juden sagen, er sei der eine und einzige.

---

[58] Wie Maier (*Jesus von Nazareth*, S. 244–247) wieder stereotyp argumentiert.
[59] Ebenda, S. 246.
[60] Ebenda, S. 245.

Auferstehung und Eucharistie

Die Grundvoraussetzung für Jesu Anspruch, der Sohn
Gottes zu sein, ist der Glaube an seine Auferstehung.
Nur durch seine Auferstehung und die anschließende
Himmelfahrt kann der als Verbrecher Hingerichtete
beweisen, daß er tatsächlich der Sohn Gottes ist. Unsere rabbinischen Texte, alle im Bavli enthalten, betonen, daß Jesus, der neue Bileam, keinen Anteil an der
kommenden Welt hat: Sein Schicksal ist es, auf ewig in
der Hölle bestraft zu werden, ohne Aussicht auf Erlösung – und dies gilt auch für seine Anhänger: Sie tun
gut daran, alle Hoffnung, das ewige Leben in der Nachfolge Jesu zu erwerben (wie seine Apostel es verheißen),
aufzugeben.

Wir haben gesehen, daß Justin der Märtyrer eine
ähnliche Attacke gegen Jesu angebliche Auferstehung (es
war eine magische Täuschung, die seine Schüler sich
ausgedacht haben) den Juden in den Mund legt. Aber die
Juden stehen mit dieser Einschätzung des christlichen
Glaubens an die Auferstehung nicht allein. Der große
griechische Satyriker Lucian von Samosata (ca. 120–ca.
180 n.Chr.) macht sich ebenfalls über die christliche
Hoffnung auf Unsterblichkeit lustig. In seinem *Tod des
Peregrinus* stellt er Peregrinus – einen kynischen Philosophen, der vorübergehend zum Christentum neigte und
sich lebendig verbrannte, um seine Gleichgültigkeit gegenüber Schmerz zu beweisen – als Schwindler bloß und
kommt in diesem Kontext auf das Christentum zu sprechen, das einem ähnlich einfältigen Glauben anhänge:
„Die Unglückseligen sind ja überzeugt, daß sie überhaupt unsterblich sein und ewig leben würden, weswe-

gen sie den Tod verachten und die meisten sich freiwillig ausliefern."[61]

Mag diese satirische Antwort auf eine der Grundüberzeugungen des christlichen Glaubens von jüdischen polemischen Quellen inspiriert sein oder auch nicht (die Möglichkeit ist durchaus gegeben, denn Lucians Muttersprache war Syrisch),[62] zeigt sie doch in jedem Fall, wie weit verbreitet sie in der jüdischen wie in der griechisch-römischen Welt war. Tertullians boshaftem Scharfsinn blieb es überlassen zusammenzufassen, was die Juden von Jesus hielten. Seine Abrechnung mit den Juden ist eingebettet in eine lebhafte Schilderung des Jüngsten Gerichtes: Wenn die Könige, die angeblich in den Himmel aufgenommen wurden, die Provinz-Statthalter, die die Christen verfolgten, die Dichter und Tragöden, die Ringer und schließlich die Juden, „die ihrer Wut auf den Herrn freien Lauf ließen", wenn sie alle im Höllenfeuer schmoren – dann wird dieser verachtete und mißhandelte Jesus endgültig triumphieren: [63]

Dies ist, werde ich ihnen dann sagen,

der Sohn des Zimmermanns und der Dirne (*quaestuaria*),

der Sabbatschänder,

---

[61] Lucian, *De morte Peregrini*, 13 (*Des Peregrinos Lebensende*, in *Die Hauptwerke des Lukian*, Griechisch und Deutsch, hrsg. und übers. von Karl Mras, München: Ernst Heimeran, 1954, S. 470–505).

[62] Vgl. *The Dead Comes to Life*, 19 (Lucian, Bd. 3, übers. von A.M. Harmon, Cambridge, MA, und London: Harvard University Press, 1921, Nachdruck 2004, S. 30f.); *The Double Indictment*, 25 (ebenda., S. 134f.), 27 (S. 136f.).

[63] Tert.spec., 30, 6; vgl. zu dieser Passage Horbury, *Jews and Christians*, S. 176–179.

der Samaritaner, der Mensch, der vom Dämon besessen ist!

Das ist er, den ihr dem Judas abgekauft habt!

Das ist er, den ihr mit dem Rohre und mit Fäusten geschlagen,

durch Anspeien besudelt,

mit Galle und Essig getränkt habt!

Das ist er, den die Jünger heimlich entwendet haben, um nachher sagen zu können, er sei auferstanden,

oder den der Gärtner beiseite geschafft hat,

damit nicht durch die Menge der Besucher sein Salat beschädigt würde!

Die meisten dieser polemischen Anwürfe entstammen direkt dem Neuen Testament,[64] ausgenommen nur der Gärtner (der sich aber auf Joh 20, 15 beziehen könnte, wo Maria Magdalena den auferstandenen Jesus fälschlich für den Gärtner hält, der den Körper Jesu weggebracht hatte). Den Höhepunkt der diversen jüdischen Verdrehungen der Fakten von Jesu Leben und Schicksal, angefangen mit der Unterstellung, er sei von einer Hure geboren, bietet zweifellos der angebliche Komplott der Jünger, die Leiche Jesu aus dem Grab zu stehlen, um

---

[64] Sohn des Zimmermanns: Mt 13, 55; Mk 6, 3; Sohn der Dirne: siehe oben, Kap. 1; Sabbatschänder: Mt 12, 1–14; Mk 2, 23–3, 6; Lk 6, 1–11; vom Dämon besessen: Mt 9, 34; 10, 25; 12, 24; Mk 3, 22; Lk 11, 14–23; Joh 8, 48 (vom Dämon besessener Samaritaner); 10, 20; dem Judas abgekauft: Mt 26, 14f.; Mk 14, 10f.; Lk 22, 3–6; mit Rohr und Fäusten mißhandelt: Mt 27, 30; Mk 15, 19; Joh 19, 3; durch Anspeien besudelt: Mt 27, 30; Mk 15, 19; mit Galle und Essig getränkt: Mt 27, 34; Mk 15, 23; Joh 19, 29 (Essig nur bei Johannes); heimlich von den Schülern entwendet: Mt 27, 64; 28, 12–15; der Gärtner: Joh 20, 15 (nur bei Johannes).

seine Auferstehung vorzutäuschen. Tertullian ist der erste Autor, der über dieses neutestamentliche Motiv hinausgeht und es ironisch verstärkt, indem er den um sein Gemüse so besorgten Gärtner einführt.[65]

Die Eucharistie, das andere zentrale Element der christlichen Praxis, wird in unseren rabbinischen Quellen nur einmal erwähnt, und das auch nur im Bavli. Interessanterweise stellt der Talmud die Verbindung zu dem häßlichen Motiv des Kannibalismus nicht her, das in den heidnischen und christlichen Quellen so prominent war. Was der Talmud allerdings erzählt, offenbart einen kaum weniger boshaften Sinn für Humor: Jesus ist auf ewig dazu verdammt, in der Hölle in den Exkrementen seiner Anhänger zu sitzen, die daran glauben, daß sie durch den Genuß seines Fleisches und Blutes das ewige Leben erwerben. Wie wir gesehen haben, liegt darin eine satirische Umkehrung von Jesu Versprechen an seine Jünger, daß er das Brot des Lebens ist und daß jeder, der sein Fleisch ißt und sein Blut trinkt, das ewige Leben gewinnt. Schon im Neuen Testament äußern die Juden ihren Unglauben gegenüber einer derart gewagten Behauptung; und im Talmud materialisiert sich nun dieser Unglaube in einer monströsen Geschichte, die ihresgleichen in der griechisch-römischen Literatur sucht.

---

[65] Diese Motiv, ebenso wie das der Geburt von einer Hure, tritt verstärkt wieder in *Toledot Jeschu* auf.

Palästinische gegenüber babylonischen Quellen

Sehen wir uns nun die rabbinischen Quellen, die uns
ihre Ansichten über Jesus und das Christentum anbieten, oder genauer, sehen wir uns das Verhältnis von palästinischen zu babylonischen Quellen näher an. Die
Aufteilung der Texte ist hier besonders aufschlußreich:
Die Stellen, die sich am anschaulichsten und direktesten
mit Jesu Leben und Schicksal befassen, sind nur im babylonischen Talmud überliefert. Dies gilt für:

– Jesus, den Bastard, den Sohn der Hure: Obwohl Ben Stada/
  Satra in palästinischen Quellen vorkommt (Tosefta, Jeru-
  schalmi) – nicht von ungefähr als jemand, der Magie aus
  Ägypten einführte (Jeruschalmi) –, ist die Identifizierung
  mit dem Bastard (Jesus) und entsprechend die Gegen-
  erzählung zur neutestamentlichen Geburtsgeschichte dem
  Bavli vorbehalten.
– Jesus, den mißratenen Sohn bzw. Schüler, schuldig der se-
  xuellen Promiskuität
– Jesus, den frivolen Schüler, der Magie ausübt und ein Göt-
  zendiener wird (die Jeruschalmi-Parallele nimmt keinerlei
  Bezug auf Jesus)
– Die anschauliche und ausführliche Beschreibung der Hin-
  richtung Jesu
– Jesu Schüler (als Code für sein eigenes Schicksal)
– Jesu Bestrafung in der Hölle

Dies ist eine eindrucksvolle Liste, die vor allem die zwei
großen Gegenerzählungen zu den Grundpfeilern des Lebens Jesu im Neuen Testament enthält – der Geburts-
und der Leidensgeschichte. Es gibt somit keinen Zweifel,
daß der Kern der rabbinischen Jesus-Erzählung im babylonischen Talmud enthalten ist. Wir können sogar einen Schritt weiter gehen: Es ist Rav Chisda, der babylo-

nische Amoräer der dritten Generation (st. zu Beginn
des vierten Jahrhunderts n. Chr.), der die Traditionen sowohl über Jesu ehebrecherische Mutter wie auch über
den mißratenen Sohn bzw. Schüler überliefert und der in
der Elieser b. Hyrkanos-Geschichte die Anweisung hin-
zufügt, sich vier Ellen von der Prostituierten fern zu halten. Rav Chisda lehrte an der Akademie von Sura, und
es ist durchaus denkbar, daß diese Akademie ein „Zentrum" der babylonischen Jesus-Tradition war (die jedoch keineswegs auf Sura beschränkt blieb, denn auch
die Rabbinen von Pumbeditha nehmen an der Diskussion über Jesu Mutter und ihren Ehemann bzw. Liebhaber teil).

Ein ganz anderes Bild dagegen bieten die palästinischen Quellen. Hier wird Jesus nicht direkt angespro-
chen; das Augenmerk liegt hauptsächlich auf der Heilungskraft seiner Jünger (vor allem der mysteriöse Jakob
aus Kefar Sekhanja/Sama) und damit auf dem häretischen Charakter der von ihm gegründeten Sekte. Die palästinischen Texte drehen sich um Magie: um die der
Magie innewohnende Macht, darum, wie sie wirkt und
um die damit verbundene Autorität. Auf diesem Hintergrund wird R. Elieser als jemand präsentiert, der seine
magische Autorität gegen die Autorität seiner rabbinischen Kollegen stellt und der deswegen ausgeschlossen
werden muß. Die von der römischen Regierung gegen
ihn erhobenen Vorwürfe scheinen auf orgiastische Riten
hinzuweisen, wie sie in heidnischen und christlichen
Quellen gut bezeugt sind.

Dies bedeutet, die palästinischen Quellen zielen auf
den Ursprung der christlichen Sekte, die aus dem gemeinsamen Grund des Judentums hervorgeht – sie of-

fenbaren die Bedrohung, die die palästinischen Rabbinen verspürt haben müssen, ihre Furcht, aber auch ihre Abwehrmechanismen. Sie reflektieren die „gleichzeitige rabbinische Anziehung durch [das Christentum] wie auch den Widerwillen der Rabbinen gegen das Christentum,"[66] sie beschreiben die allerersten Anfänge des „parting of the ways" (der Trennung der Wege) – einer Trennung allerdings, die sich über mehrere weitere Generationen hinziehen sollte. Aber es ist zu betonen, daß dieser „Schnappschuß" vorwiegend in palästinischen Quellen festgehalten ist. Hier scheint die neue Sekte in ihrem Entstehungsprozeß als gegen die Rabbinen gerichtete Bewegung erfaßt, gegen die rabbinische Version des Judentums, gegen die rabbinische Autorität, eine Bewegung noch dazu, die unter den Verdacht christlicher Freizügigkeit geriet.

Um es zusammenzufassen: Während die (wenigen) Aussagen der palästinischen Rabbinen eine relative Nähe zum aufkommenden Christentum offenbaren, zu seinen ersten Anfängen und seinem „Lokalkolorit", konzentriert sich die Aufmerksamkeit des Bavli auf die Person Jesu, besonders auf seine Geburt und seinen Tod.[67] Anders gesagt, es ist erstaunlicherweise erst die

---

[66] Boyarin, *Dying for God*, S. 27.

[67] Richard Kalmin („Christians and Heretics", S. 160ff.) betont ebenfalls den Unterschied zwischen den früheren (palästinischen) und den späteren (vorwiegend babylonischen, aber auch einigen palästinischen) Quellen. Zusätzlich zu möglicherweise unterschiedlichen *historischen* Einstellungen (frühere Quellen sind empfänglich für die Anziehungskraft des Christentums, spätere sind viel kritischer) bringt er sich verändernde rabbinische *rhetorische* Ansätze (S. 163) ins Spiel und ganz besonders eine „Tendenz des babylonischen Talmuds, Material aufzuneh-

spätere – und dazu noch die vom Ort des Geschehens am weitesten entfernte – Quelle, die sich ausdrücklich und offen mit der Hauptfigur des Geschehens auseinandersetzt. Dieses auffällige Ergebnis verdient unsere Beachtung, und dies umso mehr, als es von den meisten Forschern, die sich mit Jesus im Talmud beschäftigt haben, weitgehend ignoriert wurde.

Warum der Bavli?

Zunächst müssen wir uns der Frage zuwenden: Warum nicht die palästinischen Quellen? Warum sind der Jeruschalmi und die Midraschim so zurückhaltend mit Traditionen über und Reaktionen auf die Person Jesu? Die Antwort darauf ist relativ einfach. Das palästinische Judentum stand unter dem direkten und ständig zunehmenden Einfluß des Christentums im Heiligen Land. Als der Herrscher des Westens, Konstantin, den Herrscher des Ostens, Licinius, im Jahre 324 n. Chr. besiegte, wurde zum ersten Mal ein Christ der Herrscher von Palästina – mit tiefgehenden und lang anhaltenden Konsequenzen nicht zuletzt für die Juden. Konstantin hatte schon im Jahre 313 n. Chr. das Edikt von Mailand herausgegeben, das dem Christentum legalen Status garantierte und damit offiziell die Verfolgung der Christen beendete. Nun, nach seinem Sieg über seinen Rivalen im Osten, konnte Konstantin das Edikt auch im Osten sei-

---

men, das von palästinischen Sammlungen ausgeschlossen wurde (S. 167). Diesen Gedanken entwickelt er in seinem neuen Buch *Jewish Babylonia between Persia and Roman Palestine* weiter.

nes Reiches, Palästina eingeschlossen, verbreiten und durchsetzen. Damit setzte der unausweichliche und unerbittliche Prozeß ein, der schließlich zum Triumph des Christentums in Palästina führen sollte, ein Triumph, der die Juden nicht unberührt ließ. Christliche Gemeinden breiteten sich in ganz Palästina aus, christliche Kirchen wurden gebaut, eine christliche Infrastruktur eingerichtet, und christliche Pilger aus allen Teilen des Reiches wurden angezogen. Helena, die Mutter des Kaisers, besuchte Palästina im Jahre 327 n. Chr. und legte den Grund für eine Anzahl von Kirchen, unter denen die bedeutendsten und prächtigsten die Kirche vom Heiligen Grabe in Jerusalem sowie die Geburtskirche in Bethlehem waren (die Errichtung der ersten hatte schon vor Helenas Ankunft in Jerusalem begonnen: der Kaiser mußte von seiner Mutter gewiß nicht dazu überredet werden). Reliquien wurden überreichlich gefunden, nicht zuletzt die Reliquie des Kreuzes, die angeblich und passenderweise von der Kaisermutter selbst entdeckt wurde und als Hauptattraktion der Kirche von Heiligen Grabe diente.

Der Aufstieg des Christentums in Palästina bedeutet nicht, daß die Juden nun aller ihrer Rechte beraubt wurden und unter andauerndem Verfolgungdruck standen; ein so düsteres Bild[68] wird dem trotz allem florierenden religiösen und kulturellen Leben der Juden, insbesondere in Galiläa nach dem Bar Kokhba-Aufstand, nicht gerecht. Andererseits kann auch kein Zweifel daran be-

---

[68] Hauptsächlich von Michael Avi-Yonah, *Geschichte der Juden im Zeitalter des Talmud. In den Tagen von Rom und Byzanz*, Berlin: W. de Gruyter, 1962, S. 159ff., 209ff., gezeichnet.

stehen, daß die religiöse und politische Freiheit der Juden durch eine zunehmend antijüdische Gesetzgebung immer mehr eingeschränkt wurde und daß die Juden in Palästina allmählich eine Minorität gegenüber einer immer agressiveren Majorität von Christen wurden. Daß ein solches Klima keine gute Voraussetzung für eine unvoreingenommene Debatte zwischen Juden und Christen, gar erst für eine jüdische Kritik an dem Helden des christlichen Glaubens, bildete, versteht sich von selbst.

Wenn wir die Situation der Juden und Christen in Palästina mit den Lebensbedingungen beider in Babylonien vergleichen, ergibt sich ein anderes Bild. Unter der Dynastie der Sassaniden, die im dritten Jahrhundert n. Chr. die parthischen Arsakiden ablösten, wurde die zoroastrische Religion mit ihrem starken Antagonismus zwischen Gut und Böse und ihrem Feuerkult die das weite und multiethnische persische Reich einende religiöse Kraft. Es bleibe dahingestellt, ob man den Zoroastrianismus als Staatsreligion bezeichnen kann, wie es einige Forscher vorschlagen,[69] in jedem Falle war er eng mit dem Machtanspruch der sassanidischen Herrscher verknüpft, die ihn förderten und in erster Linie zur Erreichung ihrer politischen Ziele benutzten.[70] Sie gewähr-

---

[69] Geo Widengren, *Die Religionen Irans*, Stuttgart: Kohlhammer, 1965, S. 274ff.; Jes Asmussen, „Christians in Iran", in *The Cambridge History of Iran*, Bd. 3 (2): *The Seleucid, Parthian and Sasanian Periods*, hrsg. von Ehsan Yarshater, Cambridge: Cambridge University Press, 1983, S. 933; Richard N. Frye, *The History of Ancient Iran*, München: Beck, 1984, S. 301.

[70] Vgl. dazu besonders die sorgfältige Analyse von Josef Wiesehöfer, *Ancient Persia from 550 BC to 650 AD*, London and New York: I. B. Tauris, 1996, S. 199ff.

ten den Magiern (*magi*), den Priestern der zoroastrischen Religion, fast unbegrenzte Macht (wenn sie es für politisch opportun hielten), und von dieser höheren Warte nationaler Politik aus betrachtet spielte es auch keine Rolle, welcher abweichenden Religion ein Opfer des religiösen Eifers der Magier angehörte. Ein plastisches Beispiel für diesen zoroastrischen Eifer gegen jedwede andere Religion bietet die berühmte von Katir, einem der einflußreichsten Magier unter Bahram II. (276–293), verfaßte Inschrift:

Und aus Liebe zu Ohrmazd[71] und den Göttern, und um seiner selbst willen, hat er [Bahram II.] meinen [Katirs] Rang und meine Titel im Reich erhöht ...Und in allen Provinzen, in jeder Ecke des Reiches, wurde die Durchführung des Kultes für Ohrmazd und die Götter verbessert. Und die zoroastrische Religion und die Magier wurden hoch geehrt im Reich. Und die Götter, „Wasser", „Feuer" und „Haustiere", erlangten große Befriedigung im Reich, aber Ahriman[72] und die Götzen erlitten viel Ungemach und großen Schaden. Und die [falschen] Lehren Ahrimans und der Götzen verschwanden aus dem Reich und verloren ihre Glaubwürdigkeit. Und die Juden (*jahûd*), Buddhisten (*schaman*), Hindus (*brâman*), Nazarener (*nâsrâ*), Christen (*kristijân*), Baptisten (*makdag*) und Manichäer (*zandîk*) wurden zerschlagen im Reich, ihre Götzenbilder zerstört, und die Wohnstätten der Götzen vernichtet und zu Wohnungen und Sitzen der Götter umgewandelt.[73]

Hier haben wir eine Machtdemonstration des zoroastrischen Glaubens vor uns – und zugleich eine Kriegserklärung an alle größeren Religionen im persischen Reich.

---

[71] Ahura Mazda, der „gute Gott".
[72] Der „böse Gott", Ahura Mazdas Gegner.
[73] Nach der englischen Übersetzung von Wiesehöfer, *Ancient Persia*, S. 199.

Juden und Christen[74] sind hier, zusammen mit den anderen Häresien, gleichermaßen vom Zorn des Hauptmagiers betroffen, ohne jeden Unterschied (die Juden werden sogar zuerst genannt). Allerdings stimmt die hier verkündete offizielle Haltung des zoroastrischen Klerus, oder genauer dieses angestrebte Ideal, kaum mit der Wirklichkeit überein.

In Wahrheit waren die Christen viel schlechter dran als die Juden,[75] und zwar aus ganz konkreten politischen Gründen: Als das Christentum unter Konstantin und seinen Nachfolgern eine offiziell anerkannte und geförderte Religion wurde, war der Hauptfeind des sassanidischen Reiches plötzlich ein Christ, und das hatte natür-

---

[74] Zur Unterscheidung zwischen „Nazarenern" (vermutlich in Persien geborene Christen) und „Christen" (wahrscheinlich exilierte Christen westlichen Ursprungs) vgl. Sebastian P. Brock, „Some Aspects of Greek Words in Syriac", in ders., *Syriac Perspectives on Late Antiquity*, London: Variorum, 1984, S. 91–95; Asmussen, „Christians in Iran", S. 929f.

[75] Zum Status der Juden unter den Sassaniden vgl. vor allem den klassischen Artikel von Geo Widengren, „The Status of the Jews in the Sassanian Empire", in *Irania Antiqua*, Bd. 1, hrsg. von R. Ghirshman und L. Vanden Berghe, Leiden: Brill, 1961, S. 117–162; siehe auch Jacob Neusner, *A History of the Jews in Babylonia*, Bde. 1–5, Leiden: Brill, 1967–1970. Aus jüngerer Zeit und spezieller sind Isaiah M. Gafni, *The Jews of Babylonia in the Talmudic Era: A Social and Cultural History*, Jerusalem: Zalman Shazar Center for Jewish History, 1990 (Hebr.); Robert Brody, „Judaism in the Sasanian Empire: A Case Study in Religious Coexistence", in *Irano-Judaica II: Studies Relating to Jewish Contacts with Persian Culture throughout the Ages*, hrsg. von Shaul Shaked und Amnon Netzer, Jerusalem: Yad Itzhaq Ben-Zvi, 1990, S. 52–62; Shaul Shaked, „Zoroastrian Polemics against Jews in the Sasanian and Early Islamic Period", in *Irano-Judaica II*, hrsg. von Shaked und Netzer, S. 85–104.

lich Auswirkungern auf den Status der sassanidischen Christen. Die Christen gerieten in den Verdacht, sich dem Staat gegenüber illoyal zu verhalten und den Feind zu favorisieren, Roms „fünfte Kolonne" mitten im sassanidischen Reich zu sein.[76] Großangelegte Verfolgungen der Christen setzten ein, zuerst unter Schapur II. (309–379), dann unter Jazdgard I. (399–421), Bahram V. (421–439) und Jazdgard II. (439–457).

Als Konstantin, kurz vor seinem Tod im Jahre 337 n. Chr., im soeben christianisierten Armenien eingriff, war Schapur II. zu einer direkten Konfrontation mit seinem christlichen Gegner gezwungen. Diese Bedrohung unmittelbar an der Schwelle zum sassanidischen Reich (mit seiner kaum kontrollierbaren Grenze) blieb offensichtlich auch den Christen im Sassanidenreich nicht verborgen und mag gewisse Erwartungen geweckt haben. Wir wissen jedenfalls sicher, daß noch im Jahre 337[77] Aphrahat, der syrische Kirchenvater, in seiner *Demonstratio V* triumphierend den endgültigen Sieg Konstantins und der Christen verkündete:

Das Volk Gottes hat Wohlstand erlangt, und Erfolg erwartet denjenigen, der das Instrument dieses Wohlstandes war [Konstantin]; aber Unglück droht der Armee, die durch die Bemü-

---

[76] Vgl. Asmussen, „Christians in Iran", S. 933ff.; Sebastian P. Brock, „Christians in the Sasanian Empire: A Case of Divided Loyalties", in *Religion and National Identity: Papers Read at the Nineteenth Summer Meeting and the Twentieth Winter Meeting of the Ecclesiastical History Society*, hrsg. von Stuart Mews, Oxford: Blackwell, 1982, S. 5ff.

[77] Im Frühjahr oder frühen Sommer des Jahres 337; vgl. Timothy D. Barnes, „Constantine and the Christians of Persia", *JRS* 75, 1985, S. 130.

hungen eines bösen und stolzen Mannes, aufgeblasen mit Eitelkeit [Schapur], versammelt worden ist ... Dieses [römische] Reich wird nicht erobert werden, denn der Held, dessen Name Jesus ist, kommt mit seiner Macht, und sein Panzer wird das gesamte Heer des Reiches schützen.[78]

Derlei Erwartungen dürften der Aufmerksamkeit Schapurs nicht engangen sein,[79] und dies um so weniger, als Konstantius, der Sohn Konstantins und sein Nachfolger im Osten, sich weiterhin in Armenien zugunsten der pro-christlichen Partei einmischte. Als Schapur im Jahre 338 die Grenzstadt Nisibis erfolglos belagerte, ging er schließlich gegen seine christlichen Untertanen vor, indem er die erste, lang anhaltende (ungefähr vierzig Jahre) Christenverfolgung im sassanidischen Reich einleitete. Wir sind über diese Verfolgung durch eine umfangreiche Sammlung syrischer Texte gut informiert, die aus der Zeit Schapurs II. stammen und den Namen „Märtyrerakten" tragen.[80] Sie sind von unterschiedlichem histori-

---

[78] Aphrahat, *Demonstratio V* 1. 24, in *Patrologia Syriaca* I, 1, hrsg. von J. Parisot, Paris: Firmin-Didot, 1894, Sp. 183–184 und 233–234.

[79] Barnes weist in seiner Schlußbemerkung („Constantine and the Christians of Persia", S. 136), Konstantin die Hauptschuld daran zu: „Es war Konstantin, der dem ganz gewöhnlichen Grenzstreit eine religiöse Dimension beigab, indem er versuchte, Schapurs christliche Untertanen auf seine Seite zu ziehen, genau so, wie er es 312 mit den christlichen Untertanen des Maxentius und 324 mit denen von Licinius getan hatte. Aphrahats fünfte *Demonstratio* illustriert, welches Echo er damit fand."

[80] *Acta Martyrum et Sanctorum*, Bd. 1–7, hrsg. von Paul Bedjan, Paris und Leipzig: Harrassowitz, 1890–1897; ausgewählte Stücke in deutscher Übersetzung von Oskar Braun, *Ausgewählte Akten Persischer Märtyrer. Mit einem Anhang: Ost-*

schen Wert, vermitteln aber insgesamt ein lebendiges Bild der Situation.[81]

Einer der bekanntesten Texte, das Martyrium des Mar Simon, des Katholikos der orientalischen Kirche, ist besonders aufschlußreich, weil er die unentwirrbare Mischung aus politischen und religiösen Momenten offenbart. Als Schapur ein Edikt erließ, in dem er seinen christlichen Untertanen doppelte Steuern auferlegte, weigerte sich Simon zu gehorchen und wurde nach den Märtyrerakten daraufhin in eine lange Auseinandersetzung mit dem König und seinen Würdenträgern verwikkelt, die schließlich zu seinem Martyrium führte. Simons Weigerung wurde von den persischen Beamten pflichtgemäß dem König gemeldet, der in großem Zorn ausrief: „Simon will seine Jünger und sein Volk gegen meine Majestät zur Empörung bringen und zu Knechten des Kaisers (*kaisar*) machen, der ihr Glaubensgenosse ist. Deshalb gehorcht er meinem Befehl nicht!"[82] „Caesar" ist natürlich der christliche Kaiser Konstantius, und es geht hier, ganz zu Beginn der Auseinandersetzung, nicht so sehr um einen religiösen Disput (wenn es das auch bald werden sollte) als vielmehr um die Loyalität der christlichen Untertanen gegenüber dem König. An-

---

syrisches Mönchsleben, aus dem Syrischen übersetzt, Kempten und München: Kösel, 1915.

[81] Vgl. Gernot Wiessner, *Untersuchungen zur syrischen Literaturgeschichte I: Zur Märtyrerüberlieferung aus der Christenverfolgung Schapurs II.*, Göttingen: Vandenhoek & Ruprecht, 1967; und die gelehrte Rezension von Sebastian Brock in *Journal of Theological Studies*, N.S., 19, 1968, S. 300–309. Ungeachtet der fraglichen Historizität der *Acta* spiegeln sie gleichwohl ein kulturelles Klima wider, auf das die Juden reagieren.

[82] *AMS* II, S. 142; Braun, *Ausgewählte Akten*, S. 13.

ders als die Juden, die allen Grund hatten, dem christlichen Kaiser zu mißtrauen (wegen seiner Herrschaft in Palästina) und ihrem sassanidischen König treu ergeben zu sein, gerieten die Christen in den Verdacht des Verrats.

Und genau so gehen auch die Akten Simons weiter. Die Juden, heißt es dort, wissen nicht nur von der Illoyalität der Christen gegenüber dem König, sie ziehen auch geschickt ihren Vorteil daraus, indem sie die Christen bei Schapur anschwärzen. Unter Einsatz des gesamten Arsenals christlicher antijüdischer Stereotypen (die Juden waren schon immer Gegner der Christen, sie haben die Propheten getötet, Jesus gekreuzigt, die Apostel gesteinigt und sie dürsten nach dem Blut der Christen) wird hier behauptet, daß die Juden Simon folgendermaßen verleumdet haben: Wenn Schapur, der König der Könige, lange und weise Sendschreiben und dazu großartige Geschenke an den christlichen Herrscher (*kaisar*) schickt, werden sie abschätzig entgegen genommen; wenn aber Simon ihm einen ganz belanglosen Brief sendet, springt der Herrscher sofort auf, empfängt den Brief mit beiden Händen und gewährt Simon seine Bitten. „Überdies", so fahren die Akten fort, „hast du [Schapur] kein Staatsgeheimnis, das er [Simon] nicht sofort dem Kaiser schriebe und mitteilte!"[83] Darum geht es also: Selbst wenn sie die sassanidische Christenverfolgung nicht angestiftet haben, so haben die Juden, die ewigen Feinde Jesu und seiner Anhänger, diese doch aktiv unterstützt.[84]

---

[83] *AMS* II, S. 143; Braun, *Ausgewählte Akten*, S. 14.
[84] Siehe auch *The Chronicle of Arbela*, 54:2–3 (Kawerau),

Wenn wir uns den konkreten religiösen Fragen zuwenden, die in den Märtyrerakten aufkommen, so finden wir einige immer wiederkehrende Themen. An erster Stelle ist dies die Weigerung der Christen, die Sonne
und das Feuer, die heiligsten Objekte des zoroastrischen
Kultes, zu verehren.[85] Das früheste in den Akten be-
schriebene Martyrium, das Martyrium des Bischofs
Schapur und seiner Glaubensgenossen,[86] fängt mit der
Klage der Magier an, sie könnten „wegen der Nazarener,
welche die Sonne schmähen, das Feuer verachten, und
das Wasser nicht ehren",[87] ihre Religion nicht ausüben.
Andere Beschuldigungen sind, daß die Christen sich
weigerten, Blut zu essen (d.h., rituell geschlachtetes
Fleisch), ihre Toten in der Erde begrüben und es oft ab-
lehnten zu heiraten und stattdessen das Ideal der Jungfräulichkeit verkündeten.[88] So sehr diese christlichen

---

bei Wiesehöfer, *Ancient Persia*, S. 202 zitiert: „Und sie [die Juden
und die Manichäer] erklärten ihnen [den Magiern], daß die Christen allesamt Spione der Römer seien. Und daß nichts im Königs-
reich geschehe, das sie nicht ihren Brüdern, die dort leben, schreiben". Naomi Koltun-Fromm („A Jewish-Christian Conversation
in Fourth-Century Persian Mesopotamia", *JJS* 47, 1996, S. 45–
63) schlägt vor, zwischen jüdischer Teilnahme an der *physischen*
Verfolgung von Christen (die unwahrscheinlich ist) und einer Art
*spirituelle*r „Verfolgung" zu unterscheiden, mittels welcher sie
Konvertiten in den christlichen Gemeinden zu gewinnen suchten
oder deren Glauben unterminierten (S. 50).

[85] Vgl. Asmussen, „Christians in Iran", S. 937f.; ders., „Das
Christentum in Iran und sein Verhältnis zum Zoroastrismus",
Studia Theologica, 16, 1962, S. 11ff.

[86] Datiert aus dem Jahr 339 n. Chr., noch vor dem offiziellen
Beginn der Verfolgungen (Braun, *Ausgewählte Akten*, S. XVII).

[87] *AMS* II, S. 52; Braun *Ausgewählte Akten*, S. 1.

[88] Vgl. die treffende Zusammenfassung im Martyrium des

Bräuche den Zoroastriern zuwider gewesen sein mögen, dürften doch die meisten die Zustimmung der Juden gefunden haben; anders gesagt, hinsichtlich vieler zoroastrischer religiöser Empfindsamkeiten kann es kaum große Unterschiede zwischen Christen und Juden gegeben haben (und Katir hat daher zurecht beide auf eine Ebene gestellt). Die auffällige Ausnahme ist das Ideal der Jungfräulichkeit, das in fast allen Martyrien von Frauen vorkommt.[89] Dies konnten auch die Juden schwerlich gutheißen, und wir denken dabei sofort an die Attacke des Bavli auf die neutestamentliche Geburtsgeschichte (Jesus als von einer Jungfrau geboren). Wir wissen nicht, ob die Juden hinter der zoroastrischen Kritik an dem christlichen Anspruch stehen, Gott sei von einer menschlichen Frau geboren (deren Verhalten noch dazu nicht über jeden Zweifel erhaben war),[90] aber diese Möglichkeit ist gewiß nicht ausgeschlossen.

Bischofs Akebshema: *AMS* II, S. 361; Braun, *Ausgewählte Akten*, S. 116.

[89] Ein gutes Beispiel bietet Martha, Tochter des Pusai (der vor ihr als Märtyrer starb), die von dem Richter bedrängt wird: „Du bist ein junges Mädchen, schön von Ansehen. Nimm einen Ehemann, heirate, zeuge Söhne und Töchter und verharre nicht in diesem häßlichen Namen des Bundes [dem Gelöbnis der Jungfräulichkeit]“ (*AMS* II, S. 263f.; Braun, *Ausgewählte Akten*, S. 78f.).

[90] Zitiert bei Asmussen, „Christians in Iran“, S. 939 mit Anm. 4; siehe auch Asmussen, „Das Christentum in Iran“, S. 15f.; ferner das Zitat bei Ian Gillman und Hans-Joachim Klimkeit, *Christians in Asia before 1500*, Ann Arbor: University of Michigan Press, 1999, S. 115: „Die Christen bekennen auch einen anderen Irrglauben. Sie sagen, daß Gott, der Himmel und Erde geschaffen hat, von einer Jungfrau namens Maria geboren wurde und ihr Ehemann Joseph hieß.“

Wichtiger ist, daß das Schicksal vieler christlicher
Märtyrer seit der lang andauernden Verfolgung unter
Schapur II. der Aufmerksamkeit der sassanidischen Juden nicht entgangen sein dürfte. Wie wir gesehen haben,
mögen sie in der Tat sogar eine aktive Rolle dabei gespielt haben, den Argwohn der sassanidischen Behörden
hinsichtlich der politischen Ambitionen, die sich der ab-
weichlerischen christlichen Sekte anhängen ließen, zu
nähren. Jes Asmussen hat auf die Tatsache hingewiesen,
daß die Martyrologien, die in den Akten der syrischen
Märtyrer erhalten sind, dem Ideal einer „bewußten *imitatio Christi* (folgen), um die Details vom Tod des Märtyrers so eng wie möglich an die Passion Jesu anzuglei-
chen",[91] und unter den diversen Charakteristika, die er
auflistet, sind zwei für unseren Zusammenhang besonders aufschlußreich: daß Freitag der bevorzugte Tag für
den Märtyrertod ist und daß der Leichnam des Märtyrers heimlich weggebracht wird. Zu ersterem erwähnen
die Akten ausdrücklich, daß Simon und seine Freunde
an einem Freitag verurteilt und getötet wurden, zwischen der sechsten und neunten Stunde, genau der Zeit
also, in der Jesus das Kreuz trug und schließlich gekreuzigt wurde.[92] Interessanterweise wird Guhaschtazad,
ein hoher persischer Beamter und Christ, der seinen
christlichen Glauben zunächst verneint und die Konsequenzen erst bei einem zweiten Verhör auf sich nimmt,
nur für würdig befunden, an einem Donnerstag den

---

[91] Asmussen, *Christians in Iran*, S. 937.
[92] *AMS* II, S. 191; Braun, *Ausgewählte Akten*, S. 45; *AMS* II,
S. 206; Braun, *Ausgewählte Akten*, S. 56 (ersteres zur Verurteilung in der sechsten Stunde, letzteres zur Hinrichtung in der
neunten Stunde).

Märtyrertod zu erleiden, am dreizehnten Nisan;[93] und einige spätere – und vermutlich weniger wichtige – Märtyrer sterben einfach an irgendeinem Freitag, nicht dem Freitag von Jesu Hinrichtung.[94]

Was das heimliche Wegbringen der Leiche des Märtyrers betrifft, so werden wir an die neutestamentliche Erzählung (nur bei Matthäus) erinnert, daß die Hohenpriester und die Pharisäer Pilatus auffordern, das Grab Jesu sorgfältig drei Tage lang bewachen zu lassen, damit seine Anhänger die Leiche nicht heimlich stehlen und behaupten, daß er nach drei Tagen von den Toten auferstanden sei, wie er versprochen hatte.[95] In klarer Nachahmung des Schicksals Jesu erwähnen die Akten häufig, daß die christlichen Glaubensgenossen des Märtyrers heimlich die Leiche wegschaffen bzw. „stehlen" und dann begraben. So kamen z.B., als Bischof Schapur den Märtyrertod erlitt, seine christlichen Brüder, stahlen die Leiche und beerdigten sie heimlich.[96] Im Falle von Akebschema lassen seine Folterer die unbegrabene Leiche bewachen, aber nach drei Tagen (!) schafft eine armenische (also christliche) Geisel sie weg.[97] Ein anderer Märtyrer namens Joseph wurde weggebracht und, wie der Text sagt, „verborgen – ob von Gott oder von Menschen, wissen wir nicht, weil er [seine Leiche] nirgends mehr gese-

---

[93] *AMS* II, S. 177; Braun, *Ausgewählte Akten*, S. 36.

[94] *AMS* II, S. 557; Braun, *Ausgewählte Akten*, S. 162 (ein Freitag im November), 184 (ein Freitag im August), 219.

[95] Mt 27, 62–66. Johannes berichtet die interessante Einzelheit, daß Maria glaubte, der Gärtner könnte heimlich die Leiche Jesu weggenommen haben (Joh 20, 15).

[96] *AMS* II, S. 56; Braun, *Ausgewählte Akten*, S. 4.

[97] *AMS* II, S. 374; Braun, *Ausgewählte Akten*, S. 125.

hen und bekannt wurde".[98] Ganz ähnlich wird die Leiche des Mönches Mar Giwargis drei Tage und drei Nächte am Kreuz ausgestellt und von vielen Soldaten bewacht, „damit nicht die Christen kämen und seinen reinen und heiligen Leib heimlich wegnehmen möchten".[99] Dies ist nicht nur eine *imitatio Christi*, sondern darüber hinaus eine Umkehr der Matthäus-Erzählung: Was Matthäus den Juden in den Mund legt – die Angst, daß Jesu Jünger oder irgend jemand sonst seinen Leichnam stehlen könnten, um dann zu behaupten, er sei auferstanden – wird nun von den Christen übernommen und positiv gewendet. Ja, sagen die Martyrologien, die Leichen der verstorbenen Märtyrer werden tatsächlich heimlich beiseite geschafft, aber von uns Christen und nicht etwa, um eine Auferstehung vorzutäuschen, sondern um sie zu ermöglichen (hier ist der Fall von Joseph besonders aufschlußreich, denn der Text verweist unverblümt auf die Möglichkeit, daß er sofort auferweckt wurde). So haben ironischerweise die Juden am Ende recht: Obwohl die frühen Christen behaupten, sie hätten den Körper Jesu nicht gestohlen, weil er (angeblich) auferweckt wurde, so haben doch ihre persischen Brüder nach eigenem Zeugnis die Angewohnheit, die Leichen ihrer Märtyrer zu stehlen – um genau diesen Anspruch zu erheben: daß sie auferweckt wurden.

---

[98] *AMS* II, S. 390f.; Braun, *Ausgewählte Akten*, S. 136. Ich danke Adam H. Becker, der mir geholfen hat, diese Passage zu klären.

[99] Paul Bedjan, *Histoire de Mar-Jabalaha, de trois autres patriarches, d'un prêtre et de deux laïques nestoriens*, Leipzig: Otto Harrasowitz, 1895, S. 551f.; Braun, *Ausgewählte Akten*, S. 271.

Da diese und ähnliche Muster in vielen Martyrologien vorkommen,[100] wird man schwerlich die Schlußfolgerung vermeiden können, daß sie auch den sassanidischen Juden bekannt waren. Solche Muster sind natürlich – in unterschiedlichem Maße – literarische Mittel, die zum Genre dieser besonderen Martyrologien gehören und keine historischen Fakten. Selbstverständlich starben nicht alle Märtyrer an einem Freitag, aber das Muster der *imitatio Christi* sticht zu sehr hervor, um einfach als Fiktion abgetan zu werden (ganz davon abgesehen, daß nichts gegen die Möglichkeit spricht, daß die bzw. einige sassanidische[n] Juden die Märtyrerakten tatsächlich lesen konnten und auch gelesen haben, da diese schließlich in Syrisch geschrieben waren, einem dem babylonischen Aramäisch sehr nahestehenden ostaramäischen Dialekt). Und daß den Christen sehr daran gelegen war, die Leichen ihrer Märtyrer wegzuschaffen (und zu verbergen), um deren Auferstehung bekanntzugeben, ist ein Element der Martyrologien, das sogar faktisch Sinn macht.

So läßt also die zunehmend prekäre Lage der Christen im sassanidischen Reich (mit den Verfolgungswellen, die unter Schapur II. beginnen und unter einigen seiner Nachfolger andauern) es sehr wahrscheinlich erscheinen, daß sich ein kulturelles Klima entwickeln konnte, in dem die Juden sich nicht nur frei, sondern sogar ermutigt fühlten, ihre antichristlichen Gefühle zum Ausdruck zu bringen – und daß sie darauf rechnen konn-

---

[100] Siehe auch *AMS* II, S. 206; Braun, *Ausgewählte Akten*, S. 56; *AMS* II, S. 557; Braun, *Ausgewählte Akten*, S. 162; und *AMS* IV, S. 198; Braun, *Ausgewählte Akten*, S. 176f.

ten, dabei von der persischen Regierung unterstützt zu
werden.[101] Es kann daher kaum überraschen, daß wir

---

[101] Dies bedeutet nicht unbedingt, daß die Beziehungen zwischen Juden und Christen im persischen Reich durchgehend ant-
agonistisch waren; ganz im Gegenteil. Zum beiden gemeinsamen
kulturellen Raum, insbesondere hinsichtlich der „Gelehrtenkul-
tur", vgl. Adam H. Becker, „Bringing the Heavenly Academy
Down to Earth: Approaches to the Imagery of Divine Pedagogy
in the East Syrian Tradition", in *Heavenly Realms and Earthly
Realities in Late Antique Religions*, hrsg. von Ra'anan S. Boustan und Annette Yoshiko Reed, Cambridge: Cambridge University Press, 2004, S. 185ff., und sehr viel detaillierter in Beckers
Princetoner Dissertation, *The Cause of the Foundations of the
Schools: The Development of Scholastic Culture in Late Antique Mesopotamia* (jetzt als *The Fear of God and the Beginning
of Wisdom: The School of Nisibis and Christian Scholastic Cul-
ture in Late Antique Mesopotamia*, Philadelphia: University of
Pennsylvania Press, 2006, erschienen); Jeffrey L. Rubenstein,
The Culture of the Babylonian Talmud, Baltimore und London:
Johns Hopkins University Press, 2003, S. 35–38.
    Ein anderer zweifellos vielversprechender Weg, weitere Be-
rührungspunkte zwischen Juden und Christen näher zu erfor-
schen, sind die syrischen Kirchenväter (Ephrem und Aphrahat).
Es ist aber hier nicht meine Absicht, alle möglichen Quellen zur
Vertrautheit der babylonischen Juden mit christlichen Traditionen zu befragen, sondern vielmehr (und viel begrenzter) herauszufinden, warum die Juden es für gegeben und angebracht
hielten, sich gegen die Christen auszusprechen. Naomi Koltum-
Fromm schließt aus Aphrahats *Demonstrationes* und rabbinischen Quellen, daß rabbinische Juden sich in der Tat in eine polemische Auseinandersetzung mit den Christen begaben: „Obwohl
die Juden uns keinen *Adversus Christianos*-Traktat hinterlassen
haben, der Aphrahats *Adversus Judaeos* ähnelt, kann man Echos
ihrer Klagen gegen das Christentum und dessen Proselyten-Tak-
tiken in diesen [rabbinischen] Passagen vernehmen" („A Jewish-
Christian Conversation", S. 63). Dem möchte ich hinzufügen,
daß die deutlichsten Echos solch antichristlicher Empfindungen

die schärfste Polemik gegen Jesus im babylonischen Talmud (und nicht in den palästinischen Quellen) finden.[102]
Hier, im Bavli, kommt ein Konflikt auf, der nicht mehr
ein Konflikt zwischen Juden und jüdischen Christen
oder christlichen Juden ist (also Christentum im Entste-
hen), sondern zwischen Juden und Christen, die sich im
Prozeß der Selbstdefinition befinden (d.h. einer Definition der christliche Kirche). Die Polemik, die der Bavli
uns übermittelt, ist spärlich und noch dazu von christlichen Zensoren manipuliert, aber dennoch erlaubt sie
uns einen Einblick in einen sehr lebhaften und erbitterten Konflikt zwischen zwei miteinander konkurrienden
„Religionen" unter den mißtrauischen Augen der sassanidischen Machthaber.

Das Neue Testament

Ein anderes auffälliges Ergebnis unserer Untersuchung
ist es, daß die rabbinischen Quellen (wieder besonders
der Bavli) nicht auf irgendwelche vagen Ideen über Jesus
und das Christentum Bezug nehmen, sondern Kenntnis
– und zwar oft genaue Kenntnis – des Neuen Testamentes offenbaren. Anders gesagt, sie antworten auf eine literarische Quelle, nicht auf irgenwelche nicht greifbaren
oder verloren gegangenen mündlichen Traditionen. Wir

---

die Jesus-Passagen im Talmud sind und daß es diese Passagen
sind, die am nächsten an einen *Adversus Christianos*-Traktat
herankommen.
[102] Diese Beobachtung hat (auf einer allgemeineren Basis,
d.h. im Hinblick auf antichristliche Polemik als solche) auch Israel Yuval, *Two Nations in Your Womb*, S. 39f. und 66 gemacht.

können nicht rekonstruieren, wie das Neue Testament aussah, das die Rabbinen vor sich hatten, und wir können selbstverständlich nicht einmal sicher sein, daß sie überhaupt Zugang zum Neuen Testament hatten. Und dennoch, die mitunter sehr präzisen Bezüge in unseren Quellen machen es sehr viel wahrscheinlicher, daß sie tatsächlich irgendeine schriftliche Version des Neuen Testamentes zur Verfügung hatten.

Was für eine Art Neues Testament könnte das gewesen sein? Wir wissen, daß die „Harmonie" der vier Evangelien (Diatessaron), die Tatian im zweiten Jahrhundert n. Chr. komponierte, der autorisierte Text des Neuen Testamentes in der Syrischen Kirche wurde, bis sie (im fünften Jahrhundert) durch die syrische Übersetzung der einzelnen vier Evangelien (die neutestamentliche Peschitta) abgelöst wurde.[103] Das Diatesseron bietet eine kontinuierliche Erzählung der neutestamentlichen Botschaft, die fast ausschließlich aus den drei synoptischen Evangelien und Johannes gespeist ist. Die ursprüngliche Sprache war sehr wahrscheinlich Syrisch (und nicht Griechisch). Auch wenn Tatian eine kontinuierliche Erzählung anstelle der vier verschiedenen Ver-

---

[103] Allerdings schließt das nicht aus, daß gleichzeitig auch separate Versionen der vier Evangelien im Umlauf waren (siehe den Artikel von Barbara Aland, unten in dieser Anm.). Zu Tatian und dem Diatessaron vgl. Bruce M. Metzger, *The Early Versions of the New Testament: Their Origin, Transmission, and Limitations*, Oxford: Clarendon, 1977, S. 10ff., und die folgenden hilfreichen Artikel in der *Theologischen Realenzyklopädie*: Dietrich Wünsch, „Evangelienharmonie", in *TRE* 10, 1982, S. 626–629; Barbara Aland, „Bibelübersetzungen I:4.2: Neues Testament", in *TRE* 6, 1980, S. 189–196; William L. Petersen, „Tatian", in *TRE* 32, 2001, S. 655–659.

sionen präsentiert, konnte er doch die Struktur der vier Evangelien nicht einfach übergehen: Auffälligerweise fängt er nicht nur mit dem Prolog des Johannes an, sondern folgt auch allgemein der Anordnung des Johannesevangeliums und fügt in dieses die Passagen aus den synoptischen Evangelien ein.[104] Leider ist nicht eine einzige vollständige Version des Diatessarons erhalten. Man kann aber den Text zum großen Teil aus den Zitaten des syrischen Kirchenvaters Ephrem (vor allem in seinem syrischen Kommentar des Diatessarons) und einer Anzahl Übersetzungen in verschiedene Sprachen rekonstruieren.[105] In jedem Fall ist es sehr wahrscheinlich, daß die sassanidischen Juden durch das syrische Diatesseron und später durch die Peschitta Zugang zum Neuen Testament hatten.

Wenn wir uns die Anspielungen auf das Neue Testament noch einmal im Einzelnen ansehen, wird sofort klar, daß die Rabbinen besonders mit den vier Evange-

---

[104] Vgl. Ernst Bammel, „*Ex illa itaque die consilium fecerunt...*", in ders.: *The Trial of Jesus*, S. 17. Zu Tatians Harmonisierungsstrategie allgemein vgl. Helmut Merkel, *Die Widersprüche zwischen den Evangelien. Ihre polemische und apologetische Behandlung in der Alten Kirche bis zu Augustin*, Tübingen: J.C.B. Mohr (Paul Siebeck), 1971, S. 71–91; William L. Petersen, *Tatian's Diatessaron: Its Creation, Dissemination, Significance, and History in Scholarship*, Leiden und New York: Brill, 1994.

[105] Siehe die Liste bei Wünsch, „Evangelienharmonie", S. 628. Eine englische Übersetzung der arabischen Version findet sich bei Hope W. Hogg, in *The Ante-Nicene Fathers: Translations of the Fathers down to A.D. 325*, 5. Auflage, Bd. 10, hrsg. von Allan Menzies; Nachdruck, Edinburgh: T&T Clark und Grand Rapids, MI, Eerdmans, 1990, S. 43–129.

lien vertraut gewesen sein müssen. Folgendes Bild ergibt sich:[106]

- Die Familie Jesu: Hinter der Parodie auf Jesu Geburt verbirgt sich vor allem Matthäus, mit der davidischen Genealogie und der Behauptung, Jesus sei von einer Jungfrau geboren. Seine Mutter Miriam, die langhaarige Frau, könnte sich auf die spätere Gleichsetzung von Maria Magdalena mit der „Sünderin" bei Lukas beziehen.
- Jesus der mißratene Sohn/Schüler: möglicherweise auch eine Anspielung auf Maria Magdalena/die Sünderin (Lukas, aber auch Johannes).
- Jesus der frivole Schüler: keine Parallele.
- Jesus der Toralehrer: die Bergpredigt (Matthäus); Jesus lehrt im Tempel (Lukas, aber auch Johannes).
- Heilung im Namen Jesu: Austreibung der Dämonen im Namen Jesu (Markus und Lukas).
- Hinrichtung Jesu: alle vier Evangelien, aber daß der Prozeß und die Hinrichtung Jesu am vierzehnten Nisan, dem Tag *vor* dem ersten Tag des Passahfestes geschah, ist nur bei Johannes erwähnt.
  Pilatus versucht, Jesus zu retten: in allen vier Evangelien, mit besonderer Betonung bei Johannes.
  Jesus am Kreuz: alle vier Evangelien.
- Die Schüler Jesu: alle vier Evangelien, mit besonderer Betonung auf Johannes (das Zerschlagen der Knochen),

---

[106] Die hier aufgelisteten Verweise beziehen sich nur auf Anspielungen auf das Neue Testament, die direkt mit Jesus zu tun haben; es versteht sich von selbst, daß sie nicht alle Anspielungen der rabbinischen Literatur auf das Neue Testament im allgemeinen wiedergeben. Dennoch fällt auf, daß auch letztere offenbar im Bavli häufiger begegnen (das herausragende Beispiel ist der Bezug auf Mt 5, 14–17 in der Geschichte von Imma Schalom, Rabban Gamliel und dem heidnischen Philosophen in b Schab 116a-b: vgl. dazu Visotzky, *Fathers of the World*, S. 81–83).

Matthäus (der davidische Messias), möglicherweise auch
Apostelgeschichte und Hebräerbrief (Bezug auf Ps 2, 7),
Paulusbriefe (Gottes Erstgeborener, das Opfer des neuen
Bundes).
- Bestrafung Jesu: das Fleisch Jesu essen und sein Blut trin-
ken (Johannes).

Dies ergibt ein recht buntes Gemisch, aber trotzdem
sticht die Vertrautheit unserer (babylonischen) Quellen
mit Johannes hervor.[107] Woher aber kommt diese erstaunliche Nähe gerade zum Evangelium des Johannes?

Warum Johannes?

Um diese Frage zu beantworten, müssen wir uns das Johannesevangelium näher anschauen. Wie bei allen neutestamentlichen Schriften sind die elementaren Fragen
nach Autorschaft, Zeit, Ort und den näheren Umständen stark umstritten. Die Einzelheiten dieser Kontroverse sind für unsere Diskussion ohne Belang, aber um
die Dinge klar beim Namen zu nennen, bekenne ich, daß
ich mit jenen sympathisiere, die in Johannes – der behauptete, Jesu Schüler zu sein – das geistige Oberhaupt
einer Schule sehen. Diese florierte zwischen 70 und
100/110 n.Chr. in Kleinasien und war verantwortlich

---

[107] Martin Hengel weist mich darauf hin, daß wir auch die
mögliche Existenz eines hebräischen oder aramäischen jüdisch-
christlichen Evangeliums „ähnlich dem späteren griechischen
Matthäus" nicht vergessen sollten: vgl. sein *The Four Gospels
and the One Gospel of Jesus Christ: An Investigation of the
Collection and Origin of the Canonical Gospels*, London: SCM,
2000, S. 73–76.

für die Herausgabe des Johannesevangeliums bald nach 100 n. Chr.[108] Zweifellos ist das Johannesevangelium das letzte der vier Evangelien, das Gestalt annahm. Noch wichtiger für unsere gegenwärtige Untersuchung: Es erlangte weite Verbreitung, es ist das am wenigsten unzweideutige und als solches das „christlichste" und, nicht zuletzt, das am stärksten antijüdische der vier Evangelien.

Von Anfang an stellt das Johannesevangelium ganz klar, wovon es spricht: von dem Wort, das „Fleisch geworden ist und unter uns gewohnt hat" und das kein anderer ist als der „einzige Sohn des Vaters" (1, 14). Als Johannes der Täufer Jesus sieht, erklärt er darum sogleich: „Seht das Lamm Gottes" (1, 29. 36), das der „Sohn Gottes" ist (1, 34). Daß dieser Jesus, der in der Folge als der Messias identifiziert wird (1, 41), dieser „Jesus von Nazareth, der Sohn Josephs" (1, 45), wirklich der „Sohn Gottes" (1, 49) ist – ebenso wie der „König von Israel" (ebenda) und der „Menschensohn" (1, 51) – wird gleich zu Anfang feierlich verkündet und zum Leitmotiv des ganzen Evangeliums. Darum wartet der Autor des Evangeliums auch nicht bis zum bitteren Ende seiner Erzählung, sondern offenbart schon früh, daß

---

[108] Vgl. die ausführliche Diskussion bei Martin Hengel, *Die Johanneische Frage. Ein Lösungsversuch*, Tübingen: J.C.B. Mohr (Paul Siebeck), 1993, S. 219ff.; Charles E. Hill, *The Johannine Corpus in the Early Church*, Oxford: Oxford University Press, 2004. Ein extrem frühes Datum (68/69 n. Chr.) wird, wenig überzeugend, von Klaus Berger, *Im Anfang war Johannes. Datierung und Theologie des vierten Evangeliums*, Stuttgart: Quell, 1997, vorgeschlagen.

sein Held von den Toten auferweckt wurde (2, 22) und in den Himmel aufsteigen wird:

(13) Und niemand ist in den Himmel hinaufgestiegen außer dem, der vom Himmel herabgestiegen ist: Der Menschensohn. (14) Und wie Moses die Schlange in der Wüste erhöht hat, so muß der Menschensohn erhöht werden, (15) damit jeder, der an ihn glaubt, in ihm das ewige Leben hat. (16) Denn Gott hat die Welt so sehr geliebt, daß er seinen einzigen Sohn hingab, damit jeder, der an ihn glaubt, nicht zugrunde geht, sondern das ewige Leben hat (3, 13–16).[109]

Dieses ewige, vom Vater verliehene Leben ist es, das Jesus ständig denen verspricht, die ihm folgen. Als er den Gelähmten heilt, bezieht er sich ausdrücklich auf den „Vater":

(21) Denn wie der Vater die Toten auferweckt und lebendig macht, so macht auch der Sohn lebendig, wen er will. (22) Auch richtet der Vater niemand, sondern er hat das Gericht ganz dem Sohn übertragen, (23) damit alle den Sohn ehren, wie sie den Vater ehren. Wer den Sohn nicht ehrt, ehrt auch den Vater nicht, der ihn gesandt hat. (24) Amen, amen, ich sage euch: Wer mein Wort hört und dem glaubt, der mich gesandt hat, hat das ewige Leben; er kommt nicht ins Gericht, sondern ist aus dem Tod ins Leben hinübergegangen (5, 21–24).

Genau dies, verkündet Johannes, hat Moses den Juden in Wahrheit gesagt, was sie sich aber hartnäckig weigern anzuerkennen (5, 46).[110]

Eine lange Reihe von Wundern, die Jesus wirkt, ist immer darauf ausgerichtet, den Anspruch zu beweisen, daß er als der Sohn Gottes handelt, der ewiges Leben

---

[109] Vgl. auch 3, 35f.
[110] Vgl. auch 6, 27.

verleiht. Das Wunder der Speisung der Fünftausend mit Brot findet seinen Höhepunkt in der Verkündung, daß Jesus das Brot des Lebens ist:

(51) Ich bin das lebendige Brot, das vom Himmel herabgekommen ist. Wer von diesem Brot ißt, wird in Ewigkeit leben. Das Brot, das ich geben werde, ist mein Fleisch, (ich gebe es hin) für das Leben der Welt. ... (53) Amen, amen, das sage ich euch: Wenn ihr das Fleisch des Menschensohnes nicht eßt und sein Blut nicht trinkt, habt ihr das Leben nicht in euch. (54) Wer mein Fleisch ißt und mein Blut trinkt, hat das ewige Leben, und ich werde ihn auferwecken am Letzten Tag (6, 51–54).

Nachdem Jesus den Blinden (wieder an einem Sabbat) geheilt hat, glaubt dieser an den Menschensohn, und, wie Johannes fortfährt, „wirft sich vor ihm nieder" (9, 38). Ganz ähnlich ruft Jesus, als er den toten Lazarus aus seinem „Schlaf" erweckt, aus: „Ich bin die Auferstehung und das Leben. Wer an mich glaubt, wird leben, auch wenn er stirbt, und jeder, der lebt und an mich glaubt, wird auf ewig nicht sterben. Glaubst du das?" (11, 25f.) – worauf Martha aus tiefstem Herzen antwortet: „Ja, Herr, ich glaube, daß du der Messias bist, der Sohn Gottes, der in die Welt kommen soll" (11, 27).

Die nahende Stunde von Jesu Passion und Tod wird nicht nur als Erfüllung seiner Mission auf Erden, sondern auch als die Rückkehr zu seinem Vater beschrieben (12, 23. 27f.; 13, 1. 31f.), und dies ist auch das Leimotiv seiner Abschiedsrede an seine Jünger (Kap. 14–16): „Vom Vater bin ich ausgegangen und in die Welt gekommen; ich verlasse die Welt wieder und gehe zum Vater" (16, 28). Dementsprechend beginnt er, bevor er die Passion antritt, sein Gebet an den Vater mit den Worten:

(1) Vater, die Stunde ist da. Verherrliche deinen Sohn, damit der Sohn dich verherrlicht, (2) denn du hast ihm Macht über alle Menschen gegeben, damit er allen, die du ihm gegeben hast, ewiges Leben schenkt. (3) Das ist das ewige Leben: dich, den einzigen wahren Gott, zu erkennen und Jesus Christus, den du gesandt hast (17, 1–3).

Den Kontrapunkt zu diesem beständigen und dramatischen Insistieren, daß Jesus der Sohn Gottes sei, bildet die nicht weniger beständige und dramatische Opposition „der Juden" (wie sie oft verallgemeinernd genannt werden) bei zunehmender Verschärfung ihres Hasses gegen Jesus. Zuerst sind sie neugierig, aber je mehr sie von ihm hören und verstehen, was er verkündet – und je mehr er eine immer größer werdende Schar von Juden anzieht – desto ungeduldiger und zorniger werden sie. Die Heilung des Gelähmten beleidigt sie nicht nur, weil sie an einem Sabbat geschieht, sondern auch und vor allem, weil sie eine direkte Folge seiner Behauptung ist, der Sohn Gottes zu sein: „Darum waren die Juden noch mehr darauf aus, ihn zu töten, weil er nicht nur den Sabbat brach, sondern auch Gott seinen Vater nannte und sich damit Gott gleichstellte" (5, 18). Die Speisung der Fünftausend beeindruckt „das Volk" (wer immer das sein mag, aber offensichtlich eine große Anzahl Juden) – das in ihm einen Propheten erkennt und ihn zu seinem König machen will (6, 14f.) – aber „die Juden" bleiben skeptisch und fragen: „Ist dies nicht Jesus, der Sohn Josephs, dessen Vater und Mutter wir kennen? Wie kann er jetzt sagen: ich bin vom Himmel herabgekommen?" (6, 42). Und dann folgt der hitzige Austausch über das Essen von Jesu Fleisch und das Trinken seines Blutes – eine Zumutung, die schwer zu verkraften ist, nicht nur

für „die Juden" (6, 52), sondern selbst für seine Jünger
(6, 60). Ebenso, als er im Tempel lehrt und die ihm zuhö-
rende Menge beeindruckt, sind es die Pharisäer und Hohenpriester (die „Obrigkeit"), die sich als seine Haupt-
feinde erweisen und aktiv nach Wegen suchen, ihn fest-
zunehmen und zu töten (7, 23ff.).

Einige Konfrontationen sind als direkte Diskussion
zwischen Jesus und „den Juden" oder den Pharisäern beschrieben. Als Jesus die Steinigung der ehebrecherischen
Frau verhindert, halten ihm die Pharisäer entgegen, daß
es nur sein Zeugnis sei, das die Frau entlastet (statt der
halakhisch geforderten zwei Zeugen). Seine Antwort –
„In eurem Gesetz heißt es: Erst das Zeugnis von zwei
Menschen ist gültig. Ich bin es, der über mich Zeugnis
ablegt, und auch der Vater, der mich gesandt hat, legt
über mich Zeugnis ab" (8, 17f.)[111] – muß in den Ohren
der Juden wie eine Parodie dieser Halakha geklungen
haben. Die Diskussion wird ungewöhnlich bitter, als sie
über die Behauptung der Juden, die Nachkommen Abrahams zu sein, streiten. „Ich weiß, daß ihr Nachkommen
Abrahams seid", entgegnet Jesus, „aber ihr wollt mich
töten, weil mein Wort in euch keine Aufnahme findet.
Ich sage, was ich beim Vater gesehen habe, und ihr tut,
was ihr von dem Vater gehört habt" (8, 37f.). Abraham
hat nicht versucht – dies ist sein gewagtes Argument – jemanden umzubringen; wenn sie daher versuchen, ihn zu
töten, können sie nicht die Kinder Abrahams sein, sondern müssen von einem anderen Vater abstammen. Wer
könnte das sein? Seine jüdischen Gegner scheinen zu ah-

---

[111] Jesus und der Vater ergeben also zusammen die zwei halakhisch notwendigen Zeugen.

nen, worauf er hinaus will, denn als er sie anklagt: „Ihr
vollbringt die Werke eures Vater", entgegnen sie: „Wir
stammen nicht aus einem Ehebruch (!), sondern wir haben nur den einen Vater: Gott" (8, 41). Doch Jesus gibt
nicht auf und offenbart schließlich, an wen er denkt:

(43) Warum versteht ihr nicht, was ich sage? Weil ihr nicht
imstande seid, mein Wort zu hören. (44) Ihr habt den Teufel
zum Vater, und ihr wollt das tun, wonach es euren Vater verlangt. Er war ein Mörder von Anfang an. Und er steht nicht in
der Wahrheit; denn es ist keine Wahrheit in ihm. Wenn er
lügt, sagt er das, was aus ihm selbst kommt; denn er ist ein
Lügner und ist der Vater der Lüge (8, 43f.)

Jesus, der Sohn Gottes, und seine Anhänger, die Kinder
Gottes, gegen die Juden, die Kinder nicht Abrahams, sondern Satans – das ist die Botschaft des Johannesevangeliums (das hier, was nicht überrascht, mit der Apokalypse – die ebenfalls Johannes zugeschrieben wird – übereinstimmt, in der jene, die behaupten, Juden zu sein, als
„Synagoge des Satans" entlarvt werden).[112] Entsprechend
versuchen die Juden, nicht nur Jesus, den Betrüger ihres
Volkes, aufzuhalten und zu töten, sondern sie beginnen
auch, Maßnahmen zu ergreifen, um seine Anhänger aus
ihrer Synagoge auszuschließen.[113]

Die Wiederbelebung des toten Lazarus sollte schließlich in der Begegnung zwischen Jesus und „den Juden"
das Faß zum Überlaufen bringen. Als die Pharisäer und
Hohenpriester von dieser neuen Provokation erfahren,
versammeln sie sich, um die Lage zu besprechen, die
außer Kontrolle zu geraten drohte. Die meisten befürch-

---

[112] Apk 2, 9; 3, 9.
[113] Joh 9, 22. 34; 12, 42; 16, 2.

ten, „wenn wir ihn gewähren lassen, werden alle an ihn glauben. Dann werden die Römer kommen und uns die heilige Stätte [den Tempel] und das Volk nehmen", doch Kaiphas, der amtierende Hohe Priester, weist sie zurecht: „Ihr versteht überhaupt nichts. Ihr bedenkt nicht, daß es besser für euch ist, wenn ein einziger Mensch für das Volk stirbt, als wenn das ganze Volk zugrunde geht" (11, 48–50). Das war das Todesurteil, und Jesu Schicksal sollte nun seinen Lauf nehmen: „Von diesem Tage an waren sie entschlossen, ihn zu töten" (11, 53). Jesus wird und muß sterben, weil er ein Gotteslästerer ist und „weil er sich als der Sohn Gottes ausgegeben hat" (19, 7).

Es gibt kaum einen anderen neutestamentlichen Text, der unzweideutiger und entschlossener die Mission Jesu auf Erden und seinen göttlichen Ursprung, ja seine Gleichsetzung mit Gott, verkündet[114] und der härter in seiner Haltung gegenüber den Juden ist als das Evangelium des Johannes. Da es in der kleinasiatischen Diaspora verfaßt wurde, trägt es all die Merkmale eines erbitterten Kampfes zwischen den etablierten jüdischen und den aufkommenden christlichen Gemeinden, eines Kampfes dazu, in dem keine Seite die andere schonte. Die Christen geizen nicht mit bösen Beleidigungen (die Juden haben Satan zum Vater), und die Juden antworten mit dem letzten und grausamsten Ausweg, der ihnen zur Verfügung steht: Sie verfolgen den „selbsternannten Gott" und zwingen den römischen Statthalter, ihn ent-

---

[114] Joh 10, 30: „Ich und der Vater sind eins". Dies war zweifellos der Stein des Anstoßes für die Juden. Nur Johannes erwähnt den Versuch der Juden, Jesus zu steinigen (8, 59).

gegen der Beweislage und gegen dessen eigenen Willen
hinzurichten.

Wir haben allen Grund anzunehmen, daß das Johannesevangelium in Babylonien verbreitet und wohlbe-
kannt war, wenn nicht als Einzelschrift, dann in der
Version von Tatians Diatessaron mit seiner Vorliebe für
Johannes.[115] In seiner ausgeprägt antijüdischen Voreingenommenheit bietet es die perfekte christliche Erzählung, gegen die eine andere jüdische Diasporagemeinde
argumentieren konnte – eine neue und selbstbewußte
Diasporagemeinde, zeitlich und örtlich weit enfernt von
dem Aufruhr des entstehenden Christentums in Kleinasien im späten ersten und frühen zweiten Jahrhundert
n. Chr. und von der ständig wachsenden christlichen
Macht in Palästina im vierten und fünften Jahrhundert.
In einer nicht-christlichen und sogar zunehmend antichristlichen Umgebung konnten die babylonischen Juden im sassanidischen Reich leicht den Diskurs ihrer
Brüder in Kleinasien wieder aufnehmen und fortsetzen;
und es scheint, daß sie kaum weniger scheu in ihrer Antwort auf die neutestamentliche Botschaft und insbesondere auf den antijüdischen Grundtenor waren, der im
Johannesevangelium so hervorsticht. Sie schlugen mit
den Mitteln der Parodie, der Umkehrung, der bewußten
Entstellung und nicht zuletzt mit der stolzen Erklärung
zurück, daß das, was ihre jüdischen Glaubensgenossen

---

[115] Es versteht sich von selbst, daß das Diatessaron, soweit es
aus Zitaten und Übersetzungen zu rekonstruieren ist, alle die für
Johannes so charakteristischen Elemente enthält. Zur möglichen
Nähe zwischen den *Toledot Jeschu* und dem Johannesevange-
lium vgl. Bammel, *The Trial of Jesus*, S. 36f. (mit einschlägiger
Literatur).

mit diesem Jesus gemacht hatten, richtig war: daß er den Tod verdiente, weil er ein Gotteslästerer war, daß er auf ewig in der Hölle sitzen wird und daß jene, die seinem Beispiel bis in die Gegenwart folgen, nicht, wie er versprochen hat, das ewige Leben erwerben, sondern sein furchtbares Schicksal teilen werden. Insgesamt fügen sich die Texte im babylonischen Talmud, so bruchstückhaft und verstreut sie auch sein mögen, zu einem kühnen und kraftvollen Gegen-Evangelium zum Neuen Testament im allgemeinen und zu Johannes im besonderen.

Anhang:
Bavli-Handschriften und Zensur

Wir sind noch weit entfernt von einer vollständigen Überlieferungsgeschichte des Textes des babylonischen Talmuds, aber dank der neuen Technologie, die es ermöglicht, enorme Datenmengen zu sammeln und der Forschung elektronisch zur Verfügung zu stellen, hat es in jüngster Zeit beachtliche Fortschritte gegeben. In dieser Hinsicht sind das Saul Lieberman Institute for Talmudic Research am Jewish Theological Seminary of America in New York mit seiner elektronischen Datenbank talmudischer Handschriften (die Sol and Evelyn Henkind Talmud Text Data Bank)[1] sowie die online databank talmudischer Handschriften, die die Jewish National and University Library in Jerusalem zusammen mit dem Talmud Department der Hebräischen Universität unterhält (das David and Fela Shapell Family Digitization Project),[2] besonders hervorzuheben. Ich konnte

---

[1] Subskribtion erforderlich. Zur Überlieferungsgeschichte talmudischer Handschriften siehe den unlängst erschienenen Übersichtsartikel von Shamma Friedman, „From Sinai to Cyberspace: the Transmission of the Talmud in Every Age", in *Printing the Talmud: From Bomberg to Schottenstein*, hrsg. von Sharon Liberman Mintz und Gabriel M. Goldstein, [New York:] Yeshiva University Museum, 2005, S. 143–154.

[2] Die Adresse des Projekts „Online Treasury of Talmudic Manuscripts" lautet: http://jnul.huji.ac.il/dl/talmud.

die folgenden Bavli-Handschriften und -Druckausgaben (nach dem mutmaßlichen Datum der jeweiligen Handschrift angeordnet) benutzen:[3]

Florenz II-I-7-9: aschkenasisch, 1177

Oxford Heb. d. 20 (Neubauer-Cowley 2675): sephardisch, Geniza, 13. Jh. (?)

Karlsruhe Reuchlin 2: Quadratschrift, aschkenasisch, 13. Jh.

New York JTS Rab. 15: sephardisch, 1291

Vatikan ebr. 487/9: Quadratschrift, aschkenasisch, 13. Jh. (?)

Vatikan ebr. 108: sephardisch, 13.-14. Jh.

München Cod. Hebr. 95: aschkenasisch, 1342[4]

Vatikan ebr. 110: Quadratschrift, aschkenasisch, 1380

Vatikan ebr. 130: Quadratschrift, aschkenasisch, 1381

Vatikan ebr. 140: Quadratschrift, aschkenasisch, 14. Jh.

Oxford Opp. Add. fol. 23: Quadratschrift, sephardisch, 14.–15. Jh.

Paris heb. 1337: Quadratschrift, sephardisch, 14.–15. Jh.

Paris heb. 671/4: byzantinisch, 15. Jh.

Herzog 1: jemenitisch, nach 1565

---

[3] Ohne Anspruch auf Vollständigkeit zu erheben, ergeben die unten angeführten Handschriften ein gutes Gesamtbild des Textbefundes. Zusätzlich habe ich Raphael Rabbinovicz, *Diqduqe Soferim: Variae Lectiones in Mischnam et in Talmud Babylonicum*, 15 Bde., München: A. Huber, 1868–1886; Bd. 16, Przemysl: Zupnik, Knoller und Wolf, 1897 (Nachdruck in 12 Bdn., Jerusalem: 2001/02) benutzt.

[4] Die einzige vollständige Handschrift des Bavli (nur wenige Seiten fehlen).

Soncino-Druckausgabe: gedruckt in Soncino, Barco und
Pesaro zwischen 1484 und 1519
Wilna-Druckausgabe: 1880–1886

Nach dieser Liste liegt der früheste erhaltene Beleg für
unsere Jesus-Texte in der Florentiner Handschrift aus
dem späten 12. Jh. vor. Die späteste Handschrift ist jemenitisch und stammt aus dem 16. Jh. Insgesamt ist die
Überlieferungsgeschichte des Bavli-Textes dadurch be-
einträchtigt, daß ein Großteil der früheren Texte aufgrund des aggressiven Vorgehens der Katholischen Kirche gegen den Talmud verloren gegangen ist, das in den
von der Kirche angeordneten zahlreichen Talmudver-
brennungen gipfelte (erstmals 1242 in Paris). Darüber
hinaus begann die Kirche nach der berühmt-berüchtig-
ten christlich-jüdischen Disputation von Barcelona im
Jahre 1263, den Talmudtext (oft mit Hilfe des „Fachwis-
sens" jüdischer Konvertiten) zu zensieren und alle die
Passagen, die die Fachleute als anstößig oder die christliche Doktrin verletzend empfanden, zu eliminieren
(durch Radieren, Schwärzen usw.) Es versteht sich von
selbst, daß dabei Passagen, die sich auf Jesus bezogen,
das Hauptopfer solcher Aktivitäten wurden. In späteren
Druckausgaben ließen selbst die jüdischen Drucker viele
solche angeblich belastenden Passagen weg, um die Ver-
öffentlichung des Talmuds (oder anderer hebräischer
Bücher) nicht zu gefährden.

In den folgenden Tabellen habe ich die Verweise auf
Jesus, so, wie sie in den Handschriften und einigen
Druckausgaben vorkommen, entsprechend den Themen
und der Reihenfolge dieses Buches zusammengestellt.

1. Die Familie Jesu

b Schab 104b/Sanh 67a

b Schab 104b

Oxford 23	War er der Sohn des Stara (und nicht) der Sohn des Pandera?
Vatikan 108	War er der Sohn des Stada (und nicht) der Sohn des Pandera?
Vatikan 487	Sohn des Siteda[5]
München 95	War er der Sohn des Stada (und nicht) der Sohn des Pandera?
Soncino	War er der Sohn des Stara (und nicht) der Sohn des Pandera?
Wilna	War er der Sohn des Stada (und nicht) der Sohn des Pandera?

b Sanh 67a

Herzog 1	War er der Sohn des Stara (und nicht) der Sohn des Pandera?
München 95	War er der Sohn des Stada (und nicht) der Sohn des Pandera?
Florenz II.1.8–9	War er der Sohn des Stada (und nicht) der Sohn des Pandera?
Karlsruhe 2	War er der Sohn des Stara (und nicht) der Sohn des Pandera?
Barco	War er der Sohn des Stara (und nicht) der Sohn des Pandera?
Wilna	War er der Sohn des Stada (und nicht) der Sohn des Pandera?

---

[5] Der Rest der Passage ist nicht lesbar.

b Schab 104b

Oxford 23	Ehemann Stara, Liebhaber Pandera
Vatikan 108	Ehemann Stada, Liebhaber Pandera
München 95	Ehemann Stada, Liebhaber Pandera
Soncino	Ehemann Stara, Liebhaber Pandera
Wilna	Ehemann Stada, Liebhaber Pandera

b Sanh 67a

Herzog 1	Ehemann Stara, Liebhaber Pandera
München 95	Ehemann Stada, Liebhaber Pandera
Florenz II.1.8–9	Ehemann Stada, Liebhaber Pandera
Karlsruhe 2	[Ehemann Stara, Liebhaber Pandera][6]
Barco	Ehemann Stara, Liebhaber Pandera
Wilna	Ehemann Stada, Liebhaber Pandera

b Schab 104b

Oxford 23	Ehemann Pappos, Mutter Stara, Vater Pandera
Vatikan 108	Ehemann/Liebhaber[7] Pappos, Mutter Stada, [er ist Jesus von Nazareth][8]
München 95	Ehemann Pappos, Mutter Stada
Soncino	Ehemann Pappos, Mutter Stara
Wilna	Ehemann Pappos, Mutter Stada

---

[6] Hinzugefügt.
[7] Ein Schreiber korrigiert *ba'al* zu *bo'el*.
[8] Hinzugefügt.

b Sanh 67a

Herzog 1	Ehemann Pappos, Mutter Stara
München 95	Ehemann Pappos, Mutter Stada
Florenz II.1.8–9	Ehemann Pappos, Mutter Stada
Karlsruhe 2	Liebhaber/Ehemann[9] Pappos, Mutter Stara
Barco	Ehemann Pappos, Mutter Stara
Wilna	Ehemann Pappos, Mutter Stada

b Schab 104b

Oxford 23	seine Mutter Miriam, die (ihr) Frauen(haar) wachsen ließ
Vatikan 108	[seine Mutter Miriam und sein Vater Prinz/Naśi?][10]
München 95	seine Mutter ließ (ihr) Frauen(haar) wachsen
Soncino	seine Mutter Miriam, die (ihr) Frauen(haar) wachsen ließ
Wilna	seine Mutter Miriam, die (ihr) Frauen(haar) wachsen ließ

b Sanh 67a

Herzog 1	seine Mutter Miriam, die (ihr) Frauen(haar) wachsen ließ
München 95	seine Mutter Miriam, die (ihr) Frauen(haar) wachsen ließ
Florenz II.1.8–9	seine Mutter Miriam, die (ihr) Frauen(haar) wachsen ließ

---

[9] Ein Schreiber streicht das *waw* in *bo'el* und korrigiert zu *ba'al*.

[10] Hinzugefügt.

Karlsruhe 2	seine Mutter Miriam, die (ihr) Frauen(haar) wachsen ließ
Wilna	seine Mutter Miriam, die (ihr) Frauen(haar) wachsen ließ

2. Der mißratene Sohn/Schüler

b Sanh 103a/b Ber 17b

b Sanh 103a

Herzog 1	daß du keinen Sohn oder Schüler haben wirst ... wie Jesus von Nazareth
München 95	daß du keinen Sohn oder Schüler haben wirst ... wie Jesus von Nazareth
Florenz II.1.8–9	daß du keinen Sohn oder Schüler haben wirst ... wie Jesus von Nazareth
Karlsruhe 2	daß du keinen Sohn oder Schüler haben wirst ... wie Jesus von Nazareth
Barco	daß du keinen Sohn oder Schüler haben wirst ... wie Jesus von Nazareth
Wilna	daß du keinen Sohn oder Schüler haben wirst ... [zensiert]

b Ber 17b

Oxford 23	daß wir keinen Sohn oder Schüler haben werden ... wie Jesus von Nazareth
München 95	daß wir keinen Sohn oder Schüler haben werden ... [Text getilgt]
Florenz II.1.7	daß wir keinen Sohn oder Schüler haben werden ... [Text getilgt]
Paris 671	daß es keinen Sohn oder Schüler geben wird ... wie Jesus von Nazareth

Soncino	daß wir keinen Sohn oder Schüler haben werden ... [nicht lesbar, zensiert]
Wilna	daß wir keinen Sohn oder Schüler haben werden ... [zensiert]

3. Der frivole Schüler

b Sanh 107b/b Sot 47a

b Sanh 107b

Herzog 1	nicht wie Jehoschua b. Perachja, der Jesus von Nazareth fortgestoßen hat
München 95	nicht wie Jehoschua b. Perachja, der [Text getilgt] fortgestoßen hat
Florenz II.1.8–9	nicht wie Jehoschua b. Perachja, der Jesus fortgestoßen hat
Barco	nicht wie Jehoschua b. Perachja, der Jesus von Nazareth fortgestoßen hat
Wilna	nicht wie Jehoschua b. Perachja, der Jesus von Nazareth fortgestoßen hat

b Sot 47a

Oxford 20	nicht wie Jehoschua b. Perachja, der Jesus von Nazareth fortgestoßen hat
Vatikan 110	nicht wie Jehoschua b. Perachja, der Jesus von Nazareth fortgestoßen hat
München 95	nicht wie Jehoschua b. Perachja, der Jesus von Nazareth fortgestoßen hat
Wilna	nicht wie Jehoschua b. Perachja, der einen seiner Schüler fortgestoßen hat

b Sanh 107b

Herzog 1	Jesus sagte zu ihm: Rabbi, ihre Augen sind engstehend
München 95	Er sagte zu ihm: Rabbi, [Text getilgt] ihre Augen sind engstehend
Florenz II.1.8–9	Er sagte zu ihm: Rabbi, ihre Augen sind engstehend
Barco	Er sagte zu ihm: Rabbi, ihre Augen sind engstehend
Wilna	Er sagte zu ihm: Rabbi, ihre Augen sind engstehend

b Sot 47a

Oxford 20	Jesus von Nazareth sagte zu ihm: Rabbi, ihre Augen sind engstehend
Vatikan 110	Er sagte zu ihm: Rabbi, ihre Augen sind engstehend
München 95	Er sagte zu ihm: Rabbi, ihre Augen sind engstehend
Wilna	Einer seiner Schüler sagte zu ihm: Rabbi, ihre Augen sind engstehend

b Sanh 107b

Herzog 1	Der Meister sagte: Jesus von Nazareth wird wegen Magie zur Steinigung hinausgeführt …
München 95	Der Meister sagte: er hat Magie ausgeübt …
Florenz II.1.8–9	Der Meister sagte: Jesus von Nazareth hat Magie ausgeübt…

Barco	Der Meister sagte: Jesus von Nazareth hat Magie ausgeübt...
Wilna	Der Meister sagte: Jesus hat Magie ausgeübt...

b Sot 47a	
Oxford 20	Wie sie sagten: Jesus von Nazareth hat Magie ausgeübt...
Vatikan 110	Wie der Meister sagte: weil er Magie ausgeübt hat ...
München 95	Der Meister sagte: Jesus von Nazareth, weil er Magie ausgeübt hat ...
Wilna	Wie der Meister sagte: er hat Magie ausgeübt ...

4. Der Toralehrer

b AS 17a/t Chul 2, 24/QohR 1, 8 (3)

b AS 17a	
München 95	Ein Schüler des Jesus von Nazareth fand mich
Paris 1337	Ein Schüler des Jesus von Nazareth fand mich
New York 15	Ein Schüler des Jesus von Nazareth fand mich
t Chul 2,24	Er sagte mir ein Wort der Häresie im Namen von Jesus, Sohn des Pantiri

QohR 1,8 (3)[11]

Vatikan 291	Er sagte mir ein Wort im Namen von Jesus, Sohn des Pandera
Oxford 164	Er sagte mir ein Wort im Namen des Sohnes des Pandera
Pesaro 1519	Er sagte mir ein Wort im Namen von Jesus, Sohn des Pandera
Konstantinopel 1520	Er sagte mir ein Wort im Namen von Jesus, Sohn des Pandera
Wilna	Er sagte mir ein Wort im Namen von [Lücke]
Jerusalem	Er sagte mir ein Wort im Namen von so und so.

b AS 17a

München 95	So lehrte mich Jesus von Nazareth
Paris 1337	So lehrte mich Jesus von Nazareth
New York 15	So lehrte ihn Jesus sein Meister

5. Heilung im Namen Jesu

t Chul 2, 22f./j AS 2, 2/12/j Schab 14, 4/13/
QohR 1, 8 (3)/b AS 27b

t Chul	Jakob ... kam, um ihn im Namen von Jesus, Sohn des Pantera, zu heilen

---

[11] Verweise nach Maier, *Jesus von Nazareth*, S. 296, Anm. 305.

j AS	Jakob ... kam, ihn zu heilen. Er sagte zu ihm: wir wollen zu dir sprechen im Namen von Jesus, Sohn des Pandera[12]
j Schab	Jakob ... kam, um ihn im Namen von Jesus Pandera[13] zu heilen

QohR[14]

Vatikan 291	Jakob ... kam, um ihn im Namen von Jesus, Sohn des Pandera, zu heilen
Oxford 164	Jakob ... kam, um ihn im Namen von Jesus, Sohn des Pandera, zu heilen
Pesaro 1519	Jakob ... kam, um ihn im Namen von Jesus, Sohn des Pandera, zu heilen
Wilna	Jakob ... kam, um ihn im Namen von [Lücke] zu heilen
Jerusalem	Jakob ... kam, um ihn im Namen von so-und-so zu heilen

b AS 27b

New York 15	Jakob ... kam, um ihn zu heilen[15]
München 95	Jakob der Häretiker ... kam, um ihn zu heilen
Paris 1337	Jakob ... kam, um ihn zu heilen [16]

---

[12] Editio princeps Venedig; Name in Ms. Leiden getilgt; der zweite Glossator fügte „Jesus, Sohn des Pandera" hinzu.

[13] Editio princeps Venedig; Name in Ms. Leiden getilgt; der zweite Glossator fügte „Jesus Pantera" hinzu.

[14] Verweise nach Maier, *Jesus von Nazareth*, S. 299, Anm. 358.

[15] Kein Name.

[16] Dito.

Pesaro	Jakob ... kam, um ihn zu heilen [17]
Wilna	Jakob ... kam, um ihn zu heilen [18]

j AS 2, 2/7/j Schab 14, 4/8/QohR 10, 5

j AS	Jemand ...flüsterte zu ihm im Namen von Jesus, Sohn des Pandera [19]
j Schab	Ein Mann ... flüsterte zu ihm im Namen von Jesus Pandera [20]
QohR [21]	Er holte jemanden von den Leuten um den Sohn des Pandera

6. Die Hinrichtung Jesu

b Sanh 43a-b

b Sanh 43a-b

Herzog 1	Am Vorabend des Passahfestes hängten sie Jesus von Nazareth
München 95	Am Vorabend des Passahfestes hängten sie [Name getilgt]

---

[17] Dito.

[18] Dito.

[19] Editio princeps Venedig; Name in Ms. Leiden getilgt; der zweite Glossator fügte „im Namen von Jesus, Sohn des Pandera" hinzu.

[20] Editio princeps Venedig; Name in Ms. Leiden getilgt; der zweite Glossator fügte „Jesus Pantera" ein.

[21] Nach Maier, *Jesus von Nazareth*, S. 301, Anm. 372, in allen Handschriften und Druckausgaben von QohR identisch (mit Ausnahme der Wilna-Edition, die wieder eine Lücke für den Namen läßt).

Florenz II.1.8–9	Am Vorabend des Sabbat und am Vorabend des Passahfestes hängten sie Jesus von Nazareth
Karlsruhe 2	Am Vorabend des Passahfestes hängten sie Jesus von Nazareth
Barco	Am Vorabend des Passahfestes hängten sie [???][22]
Wilna	[ganze Passage vom Zensor getilgt]

b Sanh 43a-b

Herzog 1	Jesus von Nazareth wird herausgeführt, um gesteinigt zu werden
München 95	[Name getilgt] wird herausgeführt, um gesteinigt zu werden
Florenz II.1.8–9	Jesus von Nazareth wird herausgeführt, um gesteinigt zu werden
Karlsruhe 2	Jesus von Nazareth wird herausgeführt, um gesteinigt zu werden
Barco	[???][23] wird herausgeführt, um gesteinigt zu werden
Wilna	[vom Zensor getilgt]

b Sanh 43a-b

Herzog 1	Meinst du, daß Jesus von Nazareth jemand war, für den man eine Entlastung hätte vorbringen können?

---

[22] Spätere, nicht lesbare Hinzufügung.
[23] Dito.

München 95	Meinst du, daß [Name getilgt] jemand war, für den man eine Entlastung hätte vorbringen können?
Florenz II.1.8–9	Meinst du, daß Jesus von Nazareth jemand war, für den man eine Entlastung hätte vorbringen können?
Karlsruhe 2	Meinst du, daß Jesus von Nazareth jemand war, für den man eine Entlastung hätte vorbringen können?
Barco	Meinst du, daß [???][24] jemand war, für den man eine Entlastung hätte vorbringen können?
Wilna	[Vom Zensor getilgt]

b Sanh 43a-b

Herzog 1	Mit Jesus von Nazareth verhält es sich anders
München 95	Mit [Name getilgt] verhält es sich anders
Florenz II.1.8–9	Mit Jesus von Nazareth verhält es sich anders
Karlsruhe 2	Mit Jesus von Nazareth verhält es sich anders
Barco	Mit [???][25] verhält es sich anders
Wilna	[Vom Zensor getilgt]

---

[24] Dito.
[25] Dito.

7. Die Schüler Jesu

b Sanh 43a-b

b Sanh 43a-b

Herzog 1	Jesus von Nazareth hatte fünf Schüler
München 95	[Text getilgt]
Florenz II.1.8–9	Jesus von Nazareth hatte fünf Schüler
Karlsruhe 2	Jesus von Nazareth hatte fünf Schüler
Barco	[???][26] hatte fünf Schüler
Wilna	[ganze Passage vom Zensor getilgt]

8. Die Höllenstrafe Jesu

b Git 57a

b Git 57a

Vatikan 130	Er ging und holte Jesus von Nazareth aus dem Grab herauf
Vatikan 140	Er ging und holte Jesus aus dem Grab herauf
München 95	Er ging und holte Jesus aus dem Grab herauf
Soncino	Er ging und holte aus dem Grab herauf[27]
Wilna	Er ging und holte die Frevler Israels aus dem Grab herauf

---

[26] Dito.
[27] Kein Name genannt.

Aus diesem Überblick lassen sich einige Schlußfolgerungen ziehen:

(1) Die Passage über den Sohn des Stada/Stara bzw. Sohn des Pandera in b Schabbat/Sanhedrin (Kapitel 1) ist sehr stabil. Vor allem fällt auf, daß dies die einzige Passage im Bavli ist, die diese zwei Namen im Zusammenhang mit Jesus erwähnt (der Schreiber von Ms. Vatikan 108 fühlt sich darum bemüßigt zu erklären, daß hier tatsächlich von Jesus die Rede ist). Es ist somit sehr wahrscheinlich, daß der Talmud auf eine *palästinische* Tradition über die Namen Jesu (Sohn des Stada bzw. Sohn des Pandera) reagiert. Alle übrigen Sohn des Pandera/Pantera/Pantiri-Verweise kommen nur in palästinischen Quellen vor: t Chullin und Qohelet Rabba in Kapitel 4; und t Chullin, j Avoda Sara, j Schabbat und Qohelet Rabba in Kapitel 5. Hier ist die Textüberlieferung ebenfalls sehr stabil: Während die palästinischen Quellen Sohn des Pandera etc. haben, diesmal eindeutig als Jesus identifiziert,[28] bieten die Bavli-Handschriften ausschließlich Jesus von Nazareth.[29] Ferner ist keine der Bavli-Handschriften, die Jesus von Nazareth erwähnen, zensiert. Das einzig wirklich auffällige Ergebnis dieser Übersicht ist die Tatsache, daß der Bavli in Kapitel 5, anders als die palästinischen Quellen, nicht ausdrücklich sagt, Jakob sei gekommen, um im Namen Jesu zu heilen: Nach dem sonst üblichen Muster des Bavli würden wir erwarten, daß der Redaktor das palästinische „im Namen von Jesus Sohn des Pandera" (wie in Kapitel 4) durch „im Namen des Jesus von Nazareth" ersetzt. Je-

---

[28] Mit Ausnahme von QohR 10, 5: nur „Sohn des Pandera".
[29] Mit Ausnahme von New York 15.

doch kann dies sicher nicht als Beweis dafür angesehen werden, daß der Bavli die Jesus-Verbindung in dieser Passage nicht kannte – ganz im Gegenteil, er wird sie für selbstverständlich gehalten haben (man beachte auch, daß die Münchener Handschrift klarstellt, daß Jakob ein „Häretiker" ist).

(2) Die „Jesus/Jesus von Nazareth"-Tradition in den nur im Bavli überlieferten Geschichten ist überraschend stabil, wenngleich hier die Eingriffe des Zensors in den Text sichtbarer werden. In Kapitel 2 haben alle b Sanhedrin-Handschriften „Jesus von Nazareth", auch die alte Florentiner Handschrift, aber in der späten Wilna-Ausgabe ist der Name, was kaum überraschen kann, ausgelassen. In der b Berakhot-Parallele war der Zensor nicht nur in den Druckausgaben von Wilna und Soncino am Werke (oder die jüdischen Drucker waren ihm zuvorgekommen), sondern auch in den Handschriften Florenz und München.

Ein ähnliches Bild ergibt sich für Kapitel 3 (b Sanh und b Sot). Alle Handschriften in beiden Talmud-Passagen stimmen darin überein, daß „Jesus von Nazareth"[30] von R. Jehoschua fortgestoßen wurde; aber interessanterweise ist der Name in Ms. München 95 nur in der b Sanhedrin-Version getilgt und nicht in der b Sota-Parallele (ein klarer Beweis dafür, wie flüchtig der Zensor arbeitete). Wieder hat nur der Wilnaer Druck anstelle von „Jesus von Nazareth" die offensichtlich emendierte Wendung „einer seiner Schüler". Aber in dem Zusammenstoß zwischen R. Jehoschua und Jesus in der Herberge sind es nur Ms. Oxford 20 und Ms. Herzog, die

---

[30] In Ms. Florenz nur „Jesus".

den Schüler ausdrücklich als „Jesus" identifizieren; die
anderen Handschriften ebenso wie die Druckausgaben
haben „er/einer seiner Schüler". Es ist hier jedoch wichtig, darauf hinzuweisen, daß Ms. Oxford Heb. d. 20 zu
den frühesten Handschriften zu gehören scheint, die wir
besitzen, und somit die Regel bestätigt, daß die jemeni-
tische Handschriftenüberlieferung (zu der Ms. Herzog
gehört) trotz ihrer relativ späten Datierung ältere Textevidenz enthält, die oft in den anderen (und früheren)
Handschriften nicht überlebt hat. Jedenfalls kehren die
meisten Handschriften in der Schlußbemerkung des
Meisters zu „Jesus von Nazareth" zurück (wieder hat
Ms. München 95 in b Sanh nur „er", während dieselbe
Handschrift kein Problem damit hat, in der Parallele b
Sota den Namen „Jesus von Nazareth" auszusprechen).

Was nun schließlich die Erzählungen von der Hinrichtung Jesu, dem Schicksal seiner Jünger und seiner
Bestrafung in der Hölle betrifft, so kann kein Zweifel
daran bestehen, daß sie von Jesus/Jesus von Nazareth
sprechen. In b Sanhedrin (Kapitel 6) tilgt einzig Ms.
München „Jesus von Nazareth". Die Druckausgaben
Barco und Wilna spiegeln deutlich den Eingriff der Zensur oder eher vorauseilende Selbstzensur wider: Wilna
hat die ganze Passage ausgelassen und Barco bringt eine
(unlesbare) spätere Hinzufügung, offensichtlich des zuvor getilgten Namens Jesu. Ein ähnliches Bild ergibt sich
für die Geschichte über Jesu Schüler (Kapitel 7): München hat große Teile der Geschichte getilgt, Wilna läßt
die ganze Passage aus, während Barco versucht, den Eingriff der Zensur zu reparieren. Hinsichtlich der Bestrafung Jesu in der Hölle (Kapitel 8) haben alle Handschriften Jesus/Jesus von Nazareth (München eingeschlossen),

im Gegensatz zu den Druckausgaben, die den Namen einfach auslassen (Soncino) oder die Lesung „Frevler Israels" vorziehen (Wilna).

(3) Aus diesem Befund können wir schließen, daß die ungeschminkte „Jesus/Jesus von Nazareth"-Überlieferung in den palästinischen Quellen fehlt und nur dem babylonischen Talmud vorbehalten ist. Stattdessen sprechen die palästinischen Quellen von „Jesus, Sohn des Pandera/Jesus Pandera/Sohn des Pandera" (und zwar selten und indirekt: nur in der Erzählung von Elieser und in den zwei Heilungsgeschichten). In der einzigen Passage, in der der Bavli den „Sohn des Stada/Stara"und den „Sohn des Pandera" erwähnt, übernimmt er palästinische Terminologie, die er in typisch babylonischer Manier diskutiert. Mit anderen Worten: Der Handschriftenbefund stützt die These, daß es der babylonische Talmud, und zwar ausschließlich der babylonische Talmud ist, der sich die Freiheit nimmt, Jesus und sein Schicksal unvoreingenommen und ungehindert von christlicher Machtausübung zu diskutieren.

Gewiß, der Handschriftenbefund des Bavli führt uns zeitlich in keiner Weise direkt an die historischen Ursprünge unserer Erzählungen heran. Wie wir gesehen haben, wurde die erste verfügbare Handschrift in der zweiten Hälfte des zwölften Jahrhunderts geschrieben. Dennoch stellt sich die Frage, ob die unzensierten Handschriften zwar nicht einen Urtext des Bavli (jegliche Versuche, einen solchen Urtext zu rekonstruieren sind ebenso unmöglich wie fruchtlos, weil ein solch ideales Konstrukt nie existiert hat), so doch eine frühe Textform unserer Geschichten wiedergeben, so nahe wie möglich an der Zeit ihrer Entstehung oder zumindest an der Zeit, in der

der Talmud als ein mehr oder wenig abgeschlossenes Werk angesehen wurde (um das achte Jahrhundert). Ein wichtiges Ergebnis unseres Überblicks über die talmudischen Handschriften war die Feststellung, daß die Jesus-Passagen in den Handschriften nicht nur vor der Einführung der christlichen Zensur zahlreich vorhanden sind, sondern sogar noch danach. Dieser Befund macht es sehr wahrscheinlich, daß Jesus von Nazareth in der Tat der ursprüngliche Held unserer Bavli-Geschichten ist und daß die verfügbaren Handschriften die frühestmögliche Form dieser Geschichten widerspiegeln.

Diese recht naheliegende Folgerung ist von Maier in seinem Eifer, die „ursprünglichen" Bavli-Geschichten von jeglichen Bezügen zu Jesus zu reinigen und das (manchmal unbestreitbare) Eindringen Jesu in den talmudischen Text auf das Mittelalter hinauszuschieben, bestritten worden. Anstelle einer zweistufigen Überlieferungsgeschichte der Bavli-Geschichten (Jesus, zunächst integraler Bestandteil der talmudischen Erzählungen, wurde später allmählich aufgrund des Eingreifens der christlichen Zensur entfernt) schlägt er eine Überlieferungsgeschichte in drei Phasen vor: (1) die Phase der Entstehung, Talmudgeschichten ohne jeglichen Bezug zu Jesus; (2) allmähliches und spätes Eindringen von Jesus in die Erzählungen als Teil der Textgeschichte des Bavli vor der Einführung der christlichen Zensur, jedoch nicht als Teil des „ursprünglichen" Bavli-Textes; (3) Entfernung der Jesus-Passagen durch die christliche Zensur.[31]

---

[31] Maier stellt diese These immer wieder auf; vgl. sein *Jesus von Nazareth*, S. 13, 16, 63, 98, 110, 127,165, 173.

Diese Rekonstruktion der Textgeschichte des Bavli ist
schwer nachzuvollziehen. Maier geht von stark simplifi-
zierten Annahmen aus, wenn er vorzuschlagen scheint,
daß es überhaupt keine handschriftlichen Belege für Jesus in der Zeit vor der Einführung der christlichen Zensur gibt (es gibt sie) und daß die meisten Handschriften, die der Zensur unterlagen, Jesus tilgten (sie tun es
nicht). Die Textüberlieferung des Bavli ist viel komplexer
als Maier wahrhaben will. Es stimmt, wir haben nicht
viel handschriftliche Evidenz für die Zeit vor der Zensur, aber wir haben durchaus einiges Material. Wichtiger noch: Davon auszugehen, daß *alle* vor der Zensur liegenden Handschriften Jesus nicht enthielten,[32] ist eine
viel gewagtere These als aus der uns zur Verfügung ste-

---

[32] Besonders aufschlußreich ist Maiers Diskussion von R. Jehoschua b. Perachjas Versuch, Jesus fortzustoßen (Kapitel 3). Er
zitiert hier eine sehr ähnliche Geschichte aus Avraham b. Asriels
Arugat ha-Bosem, geschrieben um 1234 (d.h. vor der Einführung der christlichen Zensur im Jahre 1263), wonach R. Aqiva
Jesus mit beiden Händen fortstößt. Avraham b. Asriels Version
ist offensichtlich eine Verschmelzung der zwei Bavli-Geschichten
in Berakhot 17b (mein Kapitel 2) und in Sanhedrin 107b/Sot 47a
(mein Kapitel 3), aber entscheidend ist die Tatsache, daß Jesus
eindeutig genannt ist. Anstatt zu folgern, daß vor der Zensur zu
datierende Bezugnahmen auf unsere Bavli-Geschichte Jesus tatsächlich enthalten und daß Jesus darum integraler Bestandteil
der Geschichte zu sein scheint, nimmt Maier Zuflucht zu dem gewundenen Satz: „dieses Zitat zeigt, wie wenig man mit dem ‚unzensierten' Text im Grunde gewonnen hat, denn die ältere Textgeschichte ist entscheidend" (*Jesus von Nazareth*, S. 110). Das ist
ein atemberaubender Salto: Maier hat einen außertalmudischen
Beweis für eine talmudische Jesus-Geschichte, beschwört aber
die Chimäre einer „früheren Textgeschichte" (die er nicht hat,
aber dennoch als frei von jeglicher verläßlicher Jesus-Evidenz er-

henden handschriftlichen Evidenz (einiges davon datiert
sehr wohl aus der Zeit vor der Zensur) zu folgern, daß
die verlorenen früheren Handschriften Jesus enthielten.
Diese letzte Vermutung schlägt im Hinblick auf Jesus
eine wesentlich ungebrochene Textgeschichte vor, die innerhalb der früheren Phasen der Bavli-Überlieferung anfängt, während Maiers Rekonstruktion einen größeren
Bruch im frühen Mittelalter voraussetzt, als sich einige
spätere Redaktoren plötzlich frei fühlten, Jesus heimlich
in den Talmud einzuschmuggeln – nur um daran, fast
gleichzeitig, von ihren christlichen Zensoren gehindert
zu werden. Dies ergibt nicht viel Sinn. Ich schlage darum
vor, an der überkommenen Sicht festzuhalten, nämlich
daß die handschriftliche Überlieferung des Bavli, soweit
wir sie gegenwärtig rekonstruieren können, die Auseinandersetzung *des Bavli* mit dem Gründer des Christentums widerspiegelt.

---

klärt) – ganz abgesehen davon, daß alle verfügbaren Bavli-Handschriften „Jesus von Nazareth" hier erwähnen (oder aber den Namen getilgt haben), auch die Florentiner Handschrift von vor
1263.

Nachwort

Das internationale Echo auf *Jesus in the Talmud/Jesus im Talmud* hat sich inzwischen nicht nur in blogs im Internet niedergeschlagen, sondern auch in seriösen Rezensionen in Zeitungen und Zeitschriften. Die blogs verdienen nach wie vor keine Antwort, doch möchte ich auf einen Umstand hinweisen, der mir bemerkenswert erscheint: die Spannbreite der negativen und teilweise durchaus gehässigen blogs reicht von dem Vorwurf, der Autor sei ein christlicher Antisemit bis zu der Vermutung, er sei ganz im Gegenteil ein Jude, der seinen triumphalistischen antichristlichen Gefühlen freien Lauf lasse. Gegen ersteren meinen sogar einige seriöse Rezensionen mich in Schutz nehmen zu müssen, während eine Rezension in einer wissenschaftlichen Zeitschrift immerhin meinen häufigen Gebrauch des Begriffs „malicious" („böswillig, boshaft") bemängelt, wenn ich jüdische Antworten auf den christlichen Anspruch des neuen Bundes charakterisiere.[1] Offenbar hat dieser Rezensent nicht begriffen (oder nicht begreifen wollen), dass ich mit solchen Adjektiven nicht meine persönliche Einschätzung in einem gegenwärtigen

---

[1] Jonathan Klawans, *AJS Review* 32, 2008, S. 426: „[I]t also must be pointed out that Schäfer overuses the term ‚malicious' ... in describing the rabbis' purely textual [!] response to Christian supersessionism. After all, if the Palestinian sources are indeed more restrained in their critique – and if we are to look for social causes for this – whose malice kept the western Amoraim quiet?"

oder überzeitlichen jüdisch-christlichen Dialog zum Ausdruck bringe, sondern die christliche Sicht des historischen christlichen Gegners des zitierten Juden. Wenn ich
sage, dass der Bavli eine „böswillige Verdrehung der Geburtsgeschichte" bietet oder eine „böswillige Polemik"
gegen Jesus und seine Anhänger, sollte eigentlich klar
sein, dass ich damit nicht mein eigenes, entrüstetes mora-
lisches Urteil über den Bavli fälle, sondern aus der Sicht
des angegriffenen Christentums spreche.[2] Mit derselben
Logik kann man auch daran Anstoß nehmen, dass ich
das Essen von Jesu Fleisch und Blut als eine „groteske
Forderung" Jesu an seine Anhänger bezeichne (S. 187) –
womit wir dann einen Beleg für die antichristliche Tendenz meines Buches hätten.

Was die sachliche Kritik an meinen Thesen und Schluss-
folgerungen betrifft, so seien folgende Punkte hervorgehoben:

1. Ich bin mir voll und ganz der Tatsache bewusst
(und habe dies auch in der Einleitung zur ersten Auflage
klargestellt), dass manche meiner Überlegungen gewagt
sind; dies wird in den meisten Besprechungen – je nach
Stimmungslage des Autors mit mehr oder weniger Sym-
pathie – hervorgehoben. Allerdings meine ich nach wie
vor, dass wir nur auf diese Weise die historisch unfrucht-

---

[2] Im übrigen – die moderne Technik macht es möglich, dies
zu überprüfen – sind dies die beiden einzigen Fälle, in denen ich
jüdische Äusserungen als „böswillig" charakterisiere; die drei
weiteren Fälle, in denen ich das Adjektiv „malicious" gebrauche,
beziehen sich auf Tertullian, Apion und Eusebius. Man kann also
schwerlich davon sprechen, dass ich dieses Adjektiv im Blick auf
jüdische Äusserungen übermässig strapaziere.

bare Dichotomie zwischen einem apologetischen (die Juden können dies nicht gesagt haben; und wenn sie es doch sagten, dann zeigt dies nur ihre Ignoranz über den wahren historischen Sachverhalt) und radikal minimalistischen Ansatz (all dies hat mit dem historischen Jesus nichts zu tun und ist deswegen irrelevant) überwinden können. Beide Positionen, die apologetische wie die minimalistische, sind letztlich nur zwei Seiten derselben Medaille.

2. Mein Hauptanliegen, dass wir mehr als dies bisher geschehen ist, zwischen palästinischen und babylonischen (rabbinischen) Quellen unterscheiden müssen, ist durchweg zustimmend aufgenommen worden.[3] Gelegentlich wurde die Kritik geäussert, dass allerdings das palästinische Judentum sehr wohl gegen die neue Religion Roms polemisiere – wie man etwa der synagogalen Dichtung (dem Pijut) entnehmen könne – und dass man daher die geschichtstheologischen Auseinandersetzungen der Rabbinen mit den Weltmächten, insbesondere mit Rom / Edom, angemessen berücksichtigen müsse.[4] Ich kann dem nur zustimmen – doch ist die grundsätzliche Auseinandersetzung zwischen Judentum und Christentum in der Spätantike nicht das Thema meines Buches. In meinem Buch geht es ausschliesslich um die Person Jesu (und seiner Familie), nicht um das Christentum insgesamt, und ich räume auch ausdrücklich ein, dass dieser relativ enge Fragehorizont nicht unproblematisch ist (*Jesus im Talmud*, S. 15f.). Gleichwohl habe ich mich

---

[3] S. dazu vor allem Richard Kalmin, „Jesus in Babylonia", *Jewish Quarterly Review* 99, 2009, S. 107–112.

[4] Johann Maier, *Theologische Literaturzeitung* 133, 2008, Sp. 1323f.

darauf eingelassen, mit durchaus konkreten Ergebnissen, und stehe weiterhin zu meiner These, dass die böswilligen (!) Aussagen über die *Person* Jesu im Bavli (Sohn einer Hure, Sitzen in der Hölle in siedendem Kot) weit über das hinausgehen, was wir in den entsprechenden palästinischen Quellen des rabbinischen Judentums finden. Ob und wie weit dies auch für den Pijut gilt, wird noch genauer zu klären sein; jedenfalls bietet der von Johann Maier zitierte Pijut Jannais kein Gegenbeispiel.[5]

In dieselbe Richtung wie Maier geht zuletzt auch Daniel Stökl Ben Ezra.[6] Er möchte nicht nur die Pijutim, sondern auch die berüchtigte antichristliche Polemik *Toledot Yeshu* als Beleg dafür anführen, dass das byzan-

---

[5] Vgl. auch den Purim-Pijut Nr. 33 in Michael Sokoloff und Joseph Yahalom, *Jewish Palestinian Aramaic Poetry from Late Antiquity: Critical Edition with Introduction and Commentary*, Jerusalem: Israel Academy of Sciences and Humanities, 1999, S. 204–219, vor allem S. 216–217 (Hebr.); dazu Menahem Kister, „Schirat bene ma'arava – hebetim be-'olama schel schira 'aluma", *Tarbiz* 76, 2006–07, S. 105–184 (hier S. 161f.) (Hebr.); Ophir Münz-Manor, „Other Voices: Haman, Jesus and the Representations of the Other in Purim Poems from Byzantine Palestine", in *Popular and Canonical: Literary Dialogues*, hrsg. von Yael Shapira, Omri Herzog und Tamar S. Hess, Tel Aviv: Resling, 2007, S. 69–79, 211–217 (Hebr.); erweiterte englische Fassung „Carnivalesque Ambivalence and the Christian Other in Jewish Poems from Byzantine Palestine", in *Jews of Byzantium: Dialectics of Minority and Majority Cultures*, hrsg. von Robert Bonfil, Oded Irshai, Guy G. Stroumsa und Rina Talgam, Leiden/Boston: Brill, 2012, S. 829–843. Auch dieser Pijut kommt bei weitem nicht an die drastische Sprache der Bavli-Passagen heran.

[6] Daniel Stökl Ben Ezra, „An Ancient List of Christian Festivals in *Toledot Yeshu*: Polemics as Indication for Interaction", *Harvard Theological Review* 102, 2009, S. 481–496 (S. 495 Bezugnahme auf *Jesus im Talmud*).

tinische Palästina der Spätantike explizit antichristliche
Texte sehr wohl kennt, diese aber eben nicht in seinem
(palästinischen) Talmud, sondern in besonderen Kom-
positionen gesammelt habe. In der Tat stehen die *Toledot Yeshu* in ihren hässlichen Aussagen über Jesus dem
Bavli keineswegs nach – obwohl sich z.B. die Geschichte
von der Bestrafung Jesu im siedenden Kot dort nicht findet! –, doch sind wir noch weit davon entfernt, die *Toledot Yeshu* bzw. genauer eine schriftliche Version der *Toledot Yeshu* im palästinischen Judentum der Spätantike
verorten zu können. Stökl ist es möglicherweise gelun-
gen, *eine bestimmte – und dazu noch im Umfang sehr
kleine – Tradition* (der Vergleich der jüdischen und
christlichen Feiertage) innerhalb einer bestimmten Version der *Toledot Yeshu* auf das Ende des vierten / den
Anfang des fünften Jahrhunderts zu datieren, doch besagt dies absolut gar nichts über die Datierung der *Toledot Yeshu* als ein in irgendeiner Weise fest(er) umrisse-
nes Werk und ihre Lokalisierung in Palästina. Obwohl
er mehrfach einräumt, dass wir von der Datierung einzelner Traditionen innerhalb eines literarischen Werkes
nicht so ohne weiteres auf Entstehungszeit und -ort des
Gesamtwerkes schliessen können (und dass die von ihm
analysierte Tradition sehr wohl von dem Redaktor einer
späteren Rezension eines Werkes *Toledot Yeshu* aufge-
griffen worden sein kann), erliegt Stökl gleichwohl der
Versuchung, seine Einzeltradition für die Entstehung
des Gesamtwerkes in Anspruch zu nehmen.

Zu Toledot Yeshu s. jetzt: *Toledot Yeshu* („*The Life
Story of Jesus*") *Revisited: A Princeton Conference*,
hrsg. v. Peter Schäfer, Michael Meerson und Yaacov
Deutsch, Tübingen: Mohr Siebeck, 2011; Peter Schäfer

und Michael Meerson, *Toledot Yeshu: The Life Story of Jesus*, Two Volumes and Database, Bd. 1: Introduction and Translation, Bd. 2: Critical Edition, Tübingen: Mohr Siebeck, 2014; Peter Schäfer, *Jüdische Polemik gegen Jesus und das Christentum: Die Entstehung eines jüdischen Gegenevangeliums*, München: Carl Friedrich von Siemens Stiftung, 2017.

3. Ich diskutiere ausführlich den schwierigen Passus in t Chullin 2,24 von der Verhaftung R. Eliesers mit der Aussage des Richters *efschar schhsjbw hallalu toʿim badevarim hallalu* (*Jesus im Talmud*, S. 87ff.) und beziehe mich bei der Lesung *schhsjbw* auf Zuckermandels Tosefta-Ausgabe, die hier eigentlich der Hs. Wien folgen sollte.[7] Leider habe ich mich auf Zuckermandels Lesung verlassen, doch hat Günter Stemberger in seiner ausführlichen und sehr umsichtigen Rezension darauf hingewiesen, dass nach der Bar Ilan-Datenbank[8] die Handschrift Wien *schhsbwt* liest (ebenso auch die Handschrift London und der Erstdruck),[9] also mit dem von mir vermissten „*t*".[10] Der Textbefund ist somit eindeutig und spricht auf den ersten Blick für die Interpretation von *sevot* als „graue Haare, alte Leute" und gegen meine

---

[7] Die andere wichtige Tosefta-Handschrift, die Handschrift Erfurt, bricht kurz vorher – im Traktat Sevachim, dem ersten Traktat der 5. Ordnung Qodaschim – ab.

[8] http://www.biu.ac.il/JS/tannaim/

[9] Dass die Handschrift London (enthält nur die 2. Ordnung Moʿed und den Traktat Chullin der 5. Ordnung Qodaschim) und der Erstdruck mit Ms. Wien zusammengehen, verwundert nicht, denn sie gehören offenbar, wie Ms. Wien, zur sefardischen Textüberlieferung.

[10] Günter Stemberger, *Frankfurter Judaistische Beiträge* 34, 2007–08, S. 215–220 (hier S. 216).

Deutung, Maier folgend, als *hesebu* („sie sind zu Tisch gelegen"). Das Faksimile der Wiener Tosefta-Handschrift ist nun auch in der Talmud-Datenbank der Jewish National and University Library zugänglich („Online Treasury of Talmudic Manuscripts"),[11] und ein Blick in dieses Faksimile ergibt, dass an der Lesung *schhsbwt* kein Zweifel bestehen kann. Woher Zuckermandel seine Lesung *schhsjbw* genommen hat – nicht nur ist in Ms. Wien das „*t*" vorhanden, es fehlt auch das „*j*" – bleibt rätselhaft.[12]

Mit der Lesung von *schhsbwt* als *sche-hasevot* ist allerdings das sprachliche und sachliche Problem der Wendung *efschar sche-hasevot hallalu to'im ba-devarim hallalu* keineswegs gelöst. Sprachlich gilt Maiers Einwand weiterhin, dass das maskuline *to'im* nicht zum Femininum *hasevot* passt[13] und dass die angebliche Aussage des Statthalters „Ist es möglich, dass diese grauen Haare (= ehrwürdigen Greise im Plural, d.h. mehrere Angeklagte, oder nur die grauen Haare von R. Elieser) sich geirrt haben in diesen Worten/Sachen/Dingen?" als Grund für die Freilassung R. Eliesers wenig Sinn macht – zumal er schon vorher zu dem Rabbi gesagt hatte „Ein alter Mann wie du befasst sich mit solchen Dingen?!"

---

[11] http://jnul.huji.ac.il/dl/talmud/

[12] Nach Stemberger (Lieberman folgend), *Einleitung in Talmud und Midrasch*, S. 163, soll Zuckermandel ab Sevachim 5,6 im wesentlichen dem Tosefta-Druck folgen, der in der Bavli-Ausgabe Romm, Wilna 1860–73, im Anschluss an den Bavli-Traktat Chullin abgedruckt ist. Doch auch dieser Druck liest eindeutig *schhsjbwt*.

[13] Maier, *Jesus von Nazareth in der talmudischen Überlieferung*, S. 153.

Ich denke, die Lösung des Problems liegt in der Tat auf
der philologischen Ebene und Maier war ihr mit seinem
Vorschlag sehr nahe gekommen, verliess sich aber – wie
ich – auf die irreführende Lesung Zuckermandels. Mit
den Handschriften und dem Erstdruck ist in der Tat
schhsbwt zu lesen, aber die Vokalisierung *sche-hasevot*
(„dass die grauen Haare") ist falsch; es muss vielmehr
sche-hasibota gelesen werden, also „dass *du* dich zu
Tisch gelegt *hast*" im Singular.[14] Dies macht perfekten
Sinn. Der Statthalter sagt zuerst zu R. Elieser: „Ein alter
Mann wie du befasst sich mit solchen Dingen (*devarim
hallalu*)?!" Dann spricht er ihn frei, nachdem Elieser ihn
als gerechten Richter anerkannt hat (genauer: irrtüm-
lich annimmt, dass Elieser ihn als gerechten Richter akzeptiert), mit den Worten: „Ist es möglich, dass du zu
Tisch gelegen hast? [Nein,] diese (*hallalu*) [die Ankläger]
irren sich in Bezug auf diese Dinge (*devarim hallalu*)[15]
[ihr Vorwurf ist unberechtigt], darum: *dimissus*, du bist
entlassen!" Damit ist nicht nur die Inkongruenz zwischen dem Femininum des angeblichen *hasevot* und
dem Masculinum von *to'im* ausgeräumt; auch syntak-
tisch ist der so verstandene Satz (mit dem Wortspiel mit
hallalu: „*Diese* irren sich in Bezug auf *diese* Dinge")
sehr viel sinnvoller als das holperige „Ist es möglich,
dass diese grauen Haare sich in Bezug auf diese Dinge
irren?" – ganz abgesehen davon, dass nur der Vorwurf
der Ankläger, dass R. Elieser sich verbotenerweise zu

---

[14] Ms. Wien: *schhsbwt*; Ms. London: *schhsbwt*; Erstdruck:
schhsjbwt.

[15] Das *hallalu* fehlt in Ms. Wien, ist aber sinngemäss zu ergänzen und findet sich sowohl in Ms. London als auch im Erstdruck.

Tisch gelegt hat, inhaltlich Sinn macht.[16] Ich sehe also abschliessend keinen Grund, von meiner Deutung abzurücken, dass R. Elieser der Teilnahme an einem verbotenen christlichen Mahl mit angeblich orgiastischen Ausschweifungen angeklagt war und von dieser Anklage freigesprochen wurde.

4. In ihrer sehr nachdenklichen und gedankenreichen Rezension hat Galit Hasan-Rokem meine Interpretation der Verurteilung der fünf Schüler Jesu in b Sanhedrin 43a (S. 153 ff.) mit der Interpretation derselben Passage durch Moshe Halbertal und Shlomo Naeh verglichen.[17] Sie kontrastiert meine Deutung mit ihrer Betonung des polemisch-narrativen Kontextes mit der von Halbertal und Naeh, die den Akzent mehr auf die exegetische Methode der Rabbinen legen – in Hasan-Rokems eigenen Worten: „a tormented theological contestation" (Schäfer) gegenüber einem „sophisticated and learned wordplay" (Halbertal und Naeh)[18] – und vermutet, dass ich bei meiner Interpretation von den mittelalterlichen

---

[16] Der Singular „dass du zu Tisch gelegt hast" befreit uns schliesslich auch von dem Problem (*Jesus im Talmud*, S. 89 Anm. 19), dass nur R. Elieser angeklagt ist, während der Statthalter nach der Lesung *hesebu* („sie sind zu Tisch gelegt") von einer ganzen Gruppe Angeklagter auszugehen scheint, aber nur R. Elieser freispricht.

[17] Galit Hasan-Rokem, „Embarrassment and Riches", *Jewish Quarterly Review* 99, 2009, S. 113–119; Moshe Halbertal und Shlomo Naeh, „The Wells of Salvation: An Exegetical Satire and Reply to the *Minim*", *Higayon L'Yona: New Aspects in the Study of Midrash, Aggadah and Piyut in Honor of Professor Yona Fraenkel*, hrsg. von J. Levinson, J. Elbaum und G. Hasan-Rokem, Jerusalem: Magnes, 2006, S. 179–197 (Hebr.).

[18] Hasan-Rokem, Embarrassment and Riches, S. 119.

christlich-jüdischen Religionsgesprächen beeinflusst sein könnte. Dies ist eine interessante Überlegung, die ich durchaus im Blick habe (S. 165f.), aber ich würde nicht so weit gehen zu insinuieren, dass ich gezielt ein späteres Paradigma (mittelalterliche Disputationen) auf einen früheren und ganz anderen kulturellen Kontext (das babylonische Judentum) übertragen möchte. Was mich an der Schlacht mit Bibelversen im Bavli fasziniert, ist die Tatsache, dass hier – anders als in den institutionalisierten Religionsgesprächen des Mittelalters – der Sieger nicht von vornherein feststeht bzw. genauer, nicht der christliche, sondern der jüdische Sieger von vornherein feststeht. Darüber hinaus möchte ich darauf bestehen, dass auch die gelehrte Exegese der Rabbinen des Bavli sich in einem nicht nur konkreten, sondern auch genauer konkretisierbaren historischen Kontext abspielt, nämlich der besonderen Situation der Juden und Christen im sassanidischen Reich. Andernfalls laufen wir Gefahr, die „gelehrten Wortspiele" der Rabbinen wieder einmal einseitig als eine innerjüdische Übung zu betrachten.

5. Die aus seiner Dissertation von 2012 hervorgegangene umfangreiche Monographie (810 Seiten) von Thierry Murcia (*Jésus dans le Talmud et la Littérature Rabbinique Ancienne*, Turnhout: Brepols, 2014) enthält zahlreiche interessante und bedenkenswerte Einzelbeobachtungen zu unserem Thema. Leider konnte sich der Autor aber nicht so recht entscheiden, welches Thema/welche Themen er behandeln wollte und versucht, in schwer durchschaubarer Anordnung und Präsentation alles Erdenkliche in sein Buch hineinzupacken: die rabbinischen Jesus-Texte im weitesten Sinne, aber auch die Frage, ob die Rabbinen die Evangelien gekannt haben,

bis hin zu den Jesus-Metamorphosen in Toledot Jeschu. Insgesamt handelt es sich um eine ungemein gelehrte Abhandlung mit erschöpfenden Literaturverweisen, die sich im Dickicht der Originaltexte und Sekundärliteratur verirrt und letztlich an ihrer eigenen Gelehrsamkeit erstickt. Unser beider unterschiedliche methodische Herangehensweise lässt sich kurzgefasst so formulieren, dass er mir unterstellt, den Quellen ein vorgefasstes subjektives Interpretationsmuster überzustülpen, während ich ihm vorwerfe, vor lauter Bäumen den Wald nicht zu sehen. Dissertationen dieser Machart wird in naher Zukunft der Computer besser, prägnanter und zuverlässiger erstellen können.

Bibliographie

Aland, Barbara, „Bibelübersetzungen I:4.2: Neues Testament", *TRE* 6, 1980, S. 189–196.

Alexander, Philip S., „The Historical Setting of the Hebrew Book of Enoch", *JJS* 28, 1977, S. 156–180.

–, „3 (Hebrew Apocalypse of) Enoch", in *OTP*, Bd. 1: *Apocalyptic Literature and Testaments*, London: Darton, Longman & Todd, 1983, S. 223–315.

–, „The Talmudic Concept of Conjuring (*'Ahizat 'Einayim*) and the Problem of the Definition of Magic (*Kishuf*)", in *Creation and Re-Creation in Jewish Thought: Festschrift in Honor of Joseph Dan on the Occasion of his Seventieth Birthday*, hrsg. von Rachel Elior und Peter Schäfer, Tübingen: Mohr Siebeck, 2005, S. 7–26.

Asmussen, Jes Peter, „Das Christentum in Iran und sein Verhältnis zum Zoroastrismus", *Studia Theologica* 16, 1962, S. 1–24.

–, „Christians in Iran", in *The Cambridge History of Iran*, Bd. 3 (2): *The Seleucid, Parthian and Sasanian Periods*, hrsg. von Ehsan Yarshater, Cambridge: Cambridge University Press, 1983.

Assmann, Jan, „Magic and Theology in Ancient Egypt", in *Envisioning Magic: A Princeton Seminar and Symposium*, hrsg. von Peter Schäfer und Hans G. Kippenberg, Leiden–New York–Köln: Brill, 1997, S. 1–18.

Audollent, Auguste, *Defixionum tabellae*, Luteciae Parisiorum: A. Fontemoing, 1904.

Avi-Yonah, Michael, *Geschichte der Juden im Zeitalter des Talmud. In den Tagen von Rom und Byzanz*, Berlin: W. de Gruyter, 1962.

Bammel, Ernst, „*Ex illa itaque die consilium fecerunt …*", in

ders., *The Trial of Jesus: Cambridge Studies in Honour of C.F.D. Moule*, London: SCM Press, 1970, S. 11–40.

Barnes, Timothy David, „Constantine and the Christians of Persia", *JRS* 75, 1985, S. 126–136.

Becker, Adam H. und Annette Yoshiko Reed, „Introduction", in *The Ways that Never Parted: Jews and Christians in Late Antiquity and the Early Middle Ages*, hrsg. von Adam H. Becker und Anette Yoshiko Reed, Tübingen: J.C.B. Mohr (Paul Siebeck), 2003, S. 1–33.

Becker, Adam H., „Bringing the Heavenly Academy Down to Earth: Approaches to the Imagery of Divine Pedagogy in the East Syrian Tradition", in *Heavenly Realms and Earthly Realities in Late Antique Religions*, hrsg. von Ra'anan S. Boustan und Anette Yoshiko Reed, Cambridge: Cambridge University Press, 2004, S. 174–191.

–, *Fear of God and the Beginning of Wisdom. The School of Nisibis and the Development of Scholastic Culture in Late Antique Mesopotamia*, Philadelphia: University of Pennsylvania Press, 2006.

Becker, Hans-Jürgen, *Auf der Kathedra des Mose. Rabbinisch-theologisches Denken und antirabbinische Polemik in Matthäus 23,1–12*, Berlin: Institut Kirche und Judentum, 1990.

Bedjan, Paul, Hrsg., *Acta Martyrum et Sanctorum*, Bd. I-VII, Paris und Leipzig: Harrassowitz, 1890–1897.

–, *Histoire de Mar-Jabalaha, de trois autres patriarches, d'un prêtre et de deux laiques nestoriens*, Leipzig: Harrassowitz, 1895.

Berger, Klaus, *Im Anfang war Johannes. Datierung und Theologie des vierten Evangeliums*, Stuttgart: Quell, 1997.

Betz, Hans Dieter, Hrsg., *The Greek Magical Papyri in Translation. Including the Demotic Spells*, Chicago und London: University of Chicago Press, 1986.

Beyschlag, Karlmann, *Simon Magus und die christliche Gnosis*, Tübingen: J.C.B. Mohr (Paul Siebeck), 1974.

Bickerman, Elias, „Ritualmord und Eselskult. Ein Beitrag zur Geschichte antiker Publizistik", in ders., *Studies in Jewish and Christian History*, Bd. 2, Leiden: Brill, 1980, S. 225–255 (ursprünglich veröffentlicht in *MGWJ* 71, 1927).

Billerbeck, Paul, „Altjüdische Religionsgespräche", *Nathanael* 25, 1909, S. 13–30; 33–50; 66–80.

Boyarin, Daniel, „Qeri'ah metuqqenet schel ha-qeta' he-chadasch schel ,Toledot Jeschu'", *Tarbiz* 47, 1978, S. 249–252.

–, *Dying for God: Martyrdom and the Making of Christianity and Judaism*, Stanford, California: Stanford University Press, 1999.

Braun, Oskar, *Ausgewählte Akten Persischer Märtyrer. Mit einem Anhang: Ostsyrisches Mönchsleben*, aus dem Syrischen übersetzt, Kempten und München: Kösel, 1915.

Brock, Sebastian P., Rezension über Gernot Wiessner, *Untersuchungen zur syrischen Literaturgeschichte I*, *Journal of Theological Studies*, N.S., 19, 1968, S. 300–309.

–, „Christians in the Sasanian Empire: A Case of Divided Loyalties", in *Religion and National Identity: Papers Read at the Nineteenth Summer Meeting and the Twentieth Winter Meeting of the Ecclesiastical History Society*, hrsg. von Stuart Mews, Oxford: Blackwell, 1982, S. 1–19.

–, „Some Aspects of Greek Words in Syriac", in ders., *Syriac Perspectives on Late Antiquity*, London: Variorum, 1984, S. 80–108.

Brody, Robert, „Judaism in the Sasanian Empire: A Case Study in Religious Coexistence", in *Irano-Judaica II: Studies Relating to Jewish Contacts with Persian Culture throughout the Ages*, hrsg. von Shaul Shaked und Amnon Netzer, Jerusalem; Yad Itzhak Ben-Zvi, 1990, S. 52–62.

Brown, Dan, *The DaVinci Code*, New York: Doubleday, 2003.

Brown, Raymond E., *The Death of the Messiah. From Geth-*

semane to the Grave: A Commentary on the Passion Narratives in the Four Gospels, New York: Doubleday, 1994.

Cassel, Paulus, *Apologetische Briefe I: Panthera-Stada-onokotes: Caricaturnamen Christi unter Juden und Heiden*, Berlin 1875 (Wiederabdruck in *Aus Literatur und Geschichte*, Berlin-Leipzig 1885).

Casson, Lionel, Hrsg. und Übers., *Selected Satires of Lucian*, New York und London: W.W. Norton & Company, 1962.

Cohn, Haim, *The Trial and Death of Jesus*, New York: Harper and Row, 1971.

Cohn, Haim Hermann und Louis Isaac Rabinowitz, „Capital Punishment", in *EJ*, Bd. 5, Jerusalem: Keter, 1971, Sp. 142–147.

Cook, John Granger, *The Interpretation of the Old Testament in Greco-Roman Paganism*, Tübingen: Mohr Siebeck, 2004.

Deissmann, Adolf, „Der Name Panthera", in *Orientalische Studien Th. Nöldeke zum Siebzigsten Geburtstag*, Bd. 2, Gießen 1906, S. 871–875.

–, *Licht vom Osten*, Tübingen: J.C.B. Mohr (P. Siebeck), 1923.

Eisenmenger, Andreas, *Entdecktes Judenthum, oder Gründlicher und Wahrhaffter Bericht, welchergestalt die verstockte Juden die Hochheilige Drey-Einigkeit, Gott Vater, Sohn und Heil. Geist, erschrecklicher Weise lästern und verunehren, die Heil. Mutter Christi verschmähen, das Neue Testament, die Evangelisten und Aposteln, die christliche Religion spöttisch durchziehen, und die ganze Christenheit auff das äusserste verachten und verfluchen […]*, Frankfurt a. Main 1700.

Falk, Ze'ev, „Qeta' chadasch mi-,Toledot Jeschu'", *Tarbiz* 46, 1978, S. 319–322.

Flusser, David, *Jesus in Selbstzeugnissen und Bilddokumenten*, Hamburg: Rowohlt, 1968.

–, „Jesus", in *EJ*, Bd. 10, Jerusalem: Keter, 1971, Sp. 10–14.

Freudenberger, Rudolf, „Die *delatio nominis causa* gegen Rabbi Elieser ben Hyrkanos", *Revue internationale des droits de l'antiquité*, 3rd series, 15, 1968, S. 11–19.

Friedman, Shamma, „From Sinai to Cyberspace: the Transmission of the Talmud in Every Age", in *Printing the Talmud: From Bomberg to Schottenstein*, hrsg. von Sharon Liberman Mintz und Gabriel M. Goldstein, [New York:] Yeshiva University Museum, 2005, S. 143–154.

Frye, Richard N., *The History of Ancient Iran*, München: Beck, 1984.

Gärtner, Hans, „Minucius Felix", in *Der Kleine Pauly. Lexikon der Antike*, München: Deutscher Taschenbuch Verlag, 1979, Sp. 1341–1343.

Gafni, Isaiah M., *The Jews of Babylonia in the Talmudic Era: A Social and Cultural History*, Jerusalem: Zalman Shazar Center for Jewish History, 1990 (Hebr.).

–, „Concepts of Periodization and Causality in Talmudic Literature", *Jewish History* 19, 1996, S. 29–32.

–, „Rabbinic Historiography and Representations of the Past", in *Cambridge Companion to the Talmud and Rabbinic Literature*, hrsg. von Charlotte E. Fonrobert and Martin Jaffee, Cambridge: Cambridge University Press, 2007, S. 295–312.

Gaisford, Thomas, Hrsg., *Eusebii Pamphili Episcopi Caesariensis Eclogae Propheticae*, Oxford 1842.

Ganschinietz, R., „Iao", in *Paulys Real-Encyclopädie der Classischen Altertumswissenschaft*, Neue Bearbeitung, begonnen von Georg Wissowa, hrsg. v. Wilhelm Kroll, Siebzehnter Halbband, Stuttgart: Metzler, 1914, Sp. 698–721.

Gero, Stephen, „Jewish Polemic in the Martyrium Pionii and a ‚Jesus' Passage from the Talmud", *JJS* 29, 1978, S. 164–168.

–, „The Stern Master and His Wayward Disciple: A ‚Jesus' Story in the Talmud and in Christian Hagiography", *JSJ* 25, 1994, S. 287–311.

Gillman, Ian und Hans-Joachim Klimkeit, *Christians in Asia before 1500*, Ann Arbor: University of Michigan Press, 1999.

Ginzberg, Louis, *Ginze Schechter: Genizah Studies in Memory of Doctor Solomon Schechter*, Bd. 1: *Midrash and Haggadah*, New York: Jewish Theological Seminary of America, 1928 (Nachdruck New York: Hermon Press, 1969).

Glover, T.R., Hrsg. und Übers., Tertullian, *Apology – De spectaculis*, London: William Heinemann, und Cambridge, Mass.: Harvard University Press, 1953.

Goldberg, Arnold, „Schöpfung und Geschichte. Der Midrasch von den Dingen, die vor der Welt erschaffen wurden", *Judaica* 24, 1968, S. 27–44 (Wiederabdruck in ders., *Mystik und Theologie des rabbinischen Judentums. Gesammelte Studien I*, hrsg. von Margarete Schlüter und Peter Schäfer, Tübingen: Mohr Siebeck 1997, S. 148–161).

Goldenberg, David, „Once More: Jesus in the Talmud", *JQR* 73, 1982, S. 78–86.

Goldstein, Morris, *Jesus in the Jewish Tradition*, New York: Macmillan, 1950.

Güdemann, Moritz, *Religionsgeschichtliche Studien*, Leipzig: Oskar Leiner, 1876.

Guttmann, Alexander, „The Significance of Miracles for Talmudic Judaism", *HUCA* 20, 1947, S. 363–406.

–, *Studies in Rabbinic Judaism*, New York: Ktav, 1976.

Haeckel, Ernst, *Die Welträthsel. Gemeinverständliche Studien über Monistische Philosophie*, Bonn: Emil Strauß, [9]1899.

Haenle, S., *Geschichte der Juden im ehemaligen Fürstentum Ansbach*. Vollständiger Nachdruck der Ausgabe von 1867 bearbeitet und mit einem Schlagwortregister versehen von Hermann Süß, Hainsfarther Buchhandlung, 1990 (Bayerische Jüdische Schriften, 1).

Harmon, A.M., Hrsg. und Übers., *Lucian*, Bd. 3, Cambridge,

Mass., und London: Harvard University Press, 1921 (Nachdruck 2004).

Hartmann, Anton Theodor, *Johann Andreas Eisenmenger und seine jüdischen Gegner, in geschichtlich literarischen Erörterungen kritisch beleuchtet*, Parchim: Verlag der D.E. Hinstorffschen Buchhandlung, 1834.

Hauser, Philipp, Übers., *Justinus, Dialog; Pseudo-Justinus, Mahnrede*, Bibliothek der Kirchenväter, 1. Reihe, Band 33, Kempten und München: Kösel, 1917.

Hengel, Martin, *Nachfolge und Charisma. Eine exegetisch-religionsgeschichtliche Studie zu Mt 8, 21f. und Jesu Ruf in die Nachfolge*, Berlin: Töpelmann, 1968.

–, *Crucifixion in the Ancient World and the Folly of the Message of the Cross*, London: SCM, und Philadelphia: Fortress, 1977.

–, *Die Johanneische Frage. Ein Lösungsversuch*, Tübingen: J.C.B. Mohr (Paul Siebeck), 1993.

–, *The Four Gospels and the One Gospel of Jesus Christ: An Investigation of the Collection and Origin of the Canonical Gospels*, London: SCM Press, 2000.

–, „Jesus der Messias Israels", in *Der messianische Anspruch Jesu und die Anfänge der Christologie*, hrsg. von M. Hengel und A.M. Schwemer, Tübingen: Mohr Siebeck, 2001, S. 45–62.

Herford, Travers, *Christianity in Talmud and Midrash,* London: Williams & Norgate, 1903 (Nachdruck New York: Ktav, 1975).

Herr, Moshe David, „The Historical Significance of the Dialogues between Jewish Sages and Roman Dignitaries", in *Scripta Hierosolymitana* 22, 1971, S. 123–150.

–, „Tefisat ha-historijah ezel Chasal", in *Proceedings of the Sixth World Congress of Jewish Studies*, Bd. 3, Jerusalem: World Union of Jewish Studies, 1977, S. 129–142.

Hill, Charles E., *The Johannine Corpus in the Early Church*, Oxford: Oxford University Press, 2004.

Horbury, William, „The Trial of Jesus in Jewish Tradition",

304 *Bibliographie*

in Ernst Bammel, Hrsg., *The Trial of Jesus: Cambridge Studies in Honour of C.F.D. Moule*, London: SCM Press, 1970, S. 103–121.

–, Jews and Christians in Controversy, Edinburgh: T&T Clark, 1998.

Hruby, Kurt, *Die Stellung der jüdischen Gesetzeslehrer zur werdenden Kirche*, Zürich 1971.

Jaffé, Dan, *Le Talmud et les origines juives du christianisme. Jésus, Paul et les judéo-chrétiens dans la littérature talmudique*, Paris: Cerf, 2007.

Jastrow, Marcus, *A Dictionary of the Targumim, the Talmud Babli and Yerushalmi, and the Midrashic Literature*, New York: Pardes, 1950.

Kalmin, Richard, „Christians and Heretics in Rabbinic Literature of Late Antiquity", *HTR* 87, 1994, S. 155–169.

–, *Jewish Babylonia between Persia and Roman Palestine*, Oxford und New York: Oxford University Press, 2006.

Kellner, Heinrich, Übers., *Tertullian: Private und katechetische Schriften*, Bibliothek der Kirchenväter, 1. Reihe, Band 7, Kempten und München: Kösel, 1912.

–, *Tertullian: Apologetische, Dogmatische und Montanistische Schriften*, Bibliothek der Kirchenväter, 1. Reihe, Band 24, Kempten und München: Kösel, 1915.

King, Karen, *The Gospel of Mary of Magdala: Jesus and the First Woman Apostle*, Santa Rosa, Cal.: Polebridge Press, 2003.

Klausner, Joseph, *Jeschu ha-Nozri*, Jerusalem: Shtibl, 1922.

–, *Jesus of Nazareth: His Life, Times, and Teaching*, transl. Herbert Danby, New York: Macmillan, 1925.

Klebba, E., Übers., *Des heiligen Irenäus fünf Bücher gegen die Häresien*, Bibliothek der Kirchenväter, 1. Reihe, Band 3, Kempten und München: Kösel, 1912.

Koetschau, Paul, Übers., *Origenes: Acht Bücher gegen Celsus*, Bibliothek der Kirchenväter, 1. Reihe, Band 52 und 53, München: Kösel, 1926.

Koltun-Fromm, Naomi, „A Jewish-Christian Conversation

in Fourth-Century Persian Mesopotamia", *JJS* 47, 1996, S. 45–63.

Krauss, Samuel, „The Jews in the Works of the Church Fathers", *JQR* 5, 1892–1893, S. 122–157; 6, 1894, S. 225–261.

–, *Das Leben Jesu nach jüdischen Quellen*, Berlin: S. Calvary, 1902.

Kuhn, Karl Georg, *Achtzehngebet und Vaterunser und der Reim*, Tübingen: J.C.B. Mohr (Paul Siebeck), 1950.

Laible, Heinrich, *Jesus Christus im Thalmud*, Berlin: H. Reuther's Verlagsbuchhandlung, 1891.

Lauterbach, Jacob Z., *Rabbinic Essays*, Cincinnati: Hebrew Union College Press, 1951 (Nachdruck New York: Ktav, 1973).

Levene, Dan, „„... and by the name of Jesus ...': An Unpublished Magic Bowl in Jewish Aramaic", *JSQ* 6, 1999, S. 283–308.

–, *A Corpus of Magic Bowls: Incantation Texts in Jewish Aramaic from Late Antiquity*, London etc.: Kegan Paul, 2003.

Lieberman, Saul, „Roman Legal Institutions in Early Rabbinics and in the Acta Martyrorum", *JQR* N.S. 35, 1944/45, S. 1–57.

Maier, Johann, *Jesus von Nazareth in der talmudischen Überlieferung*, Darmstadt: Wissenschaftliche Buchgesellschaft, 1978.

–, *Jüdische Auseinandersetzung mit dem Christentum in der Antike*, Darmstadt: Wissenschaftliche Buchgesellschaft, 1982.

Meelführer, Rudolf Martin, *Jesus in Talmude, Sive Dissertatio Philologica Prior/Posterior, De iis locis, in quibus per Talmudicas Pandectas Jesu cujusdam mentio injicitur*, Altdorf 1699.

Menzies, Allan, Hrsg., *The Ante-Nicene Fathers: Translations of the Fathers down to A.D. 325*, 5. Auflage, Bd. 10,

Nachdruck, Edinburgh: T&T Clark, und Grand Rapids, MI: Eerdmans, 1990.

Merkel, Helmut, *Die Widersprüche zwischen den Evangelien. Ihre polemische und apologetische Behandlung in der Alten Kirche bis zu Augustin*, Tübingen: J.C.B. Mohr (Paul Siebeck), 1971.

Merkelbach, Reinold und Maria Totti, Hrsg., *Abrasax. Ausgewählte Papyri religiösen und magischen Inhalts*, Bd. 2, Opladen: Westdeutscher Verlag, 1991.

Metzger, Bruce M., *The Early Versions of the New Testament: Their Origin, Transmission, and Limitations*, Oxford: Clarendon Press, 1977.

Michel, Otto und Bauernfeind, Otto, Hrsg. und Übers., *De Bello Judaico. Der Jüdische Krieg. Griechisch und Deutsch*, Bd. II, Buch IV-V, München: Kösel, 1963.

Michl, Johann, „Engel II (jüdisch)", in *RAC*, Bd. 5, Stuttgart: Hiersemann, 1962, Sp. 60–97.

Montgomery, James A., *Aramaic Incantation Texts from Nippur*, Philadelphia: University Museum, 1913.

Morony, Michael G., „Magic and Society in Late Sasanian Iraq", in *Prayer, Magic, and the Stars in the Ancient and Late Antique World*, hrsg. von Scott Noegel, Joel Walker, und Brannon Wheeler, University Park, Pa.: Pennsylvania State University Press, 2003, S. 83–107.

Mras, Karl, Hrsg. und Übers., *Des Peregrinos Lebensende*, in *Die Hauptwerke des Lukian*, Griechisch und Deutsch, München: Ernst Heimeran, 1954.

Müller, Alfons, Übers., „M. Minucius Felix: Octavius", in *Frühchristliche Apologeten, Band II*, Bibliothek der Kirchenväter, 1. Reihe, Band 14, Kempten und München: Kösel, 1913.

Naveh, Joseph und Shaul Shaked, *Amulets and Magic Bowls: Aramaic Incantations of Late Antiquity*, Jerusalem-Leiden: Magnes Press und Brill, 1985.

Neusner, Jacob, *A History of the Jews in Babylonia*, Bde. 1–5, Leiden: Brill, 1967–1970.

–, *Eliezer Ben Hyrkanus: The Tradition and the Man*, 2 Bde., Leiden: Brill, 1973.

–, *The Tosefta Translated from the Hebrew, Fifth Division: Qodoshim (The Order of Holy Things)*, New York: Ktav, 1979.

–, *The Talmud of the Land of Israel: An Academic Commentary to the Second, Third, and Fourth Divisions*, Bd. 26: *Yerushalmi Tractate Abodah Zarah*, Atlanta, Georgia: Scholars Press, 1999.

Nitzsch, F., „Ueber eine Reihe talmudischer und patristischer Täuschungen, welche sich an den mißverstandenen Spottnamen *Ben-Pandira* geknüpft", *Theologische Studien und Kritiken* 13, 1840, S. 115–120.

Odeberg, Hugo, *3 Enoch or The Hebrew Book of Enoch*, Cambridge: Cambridge University Press, 1928 (Nachdruck New York: Ktav, 1973).

Parisot, J., *Patrologia Syriaca* I:1, Paris: Firmin-Didot, 1894.

Parrott, Douglas M., Hrsg., „The Gospel of Mary (BG 8502,1)", in *The Nag Hammadi Library in English*, hrsg. von James M. Robinson, San Francisco: Harper, 1990, S. 523–527.

Patterson, L., „Origin of the Name Panthera", *Journal of Theological Studies* 19, 1918, S. 79–80.

Petersen, William L., *Tatian's Diatessaron: Its Creation, Dissemination, Significance, and History in Scholarship*, Leiden–New York: Brill, 1994.

– „Tatian", in *TRE* 32, 2001, S. 655–659.

Rabbinovicz, Raphael N., *Diqduqe Soferim: Variae Lectiones in Mischnam et in Talmud Babylonicum*, 15 Bde., München: A. Huber, 1868–1886; Bd. 16, Przemysl: Zupnik, Knoller und Wolf, 1897 (Nachdruck in 12 Bdn., Jerusalem 2001/02).

Rauschen, Gerhard, Übers., „Justin der Märtyrer: Erste Apologie", in *Frühchristliche Apologeten und Märtyrerakten, Band I*, Bibliothek der Kirchenväter, 1. Reihe, Band 12, Kempten und München: Kösel, 1913.

Reiner, Elchanan, „From Joshua to Jesus: The Transformation of a Biblical Story to a Local Myth: A Chapter in the Religious Life of the Galilean Jew", in *Sharing the Sacred: Religious Contacts and Conflicts in the Holy Land, First–Fifteenth Centuries CE*, hrsg. von Arieh Kofsky und Guy G. Stroumsa, Jerusalem: Yad Izhak Ben Zvi, 1998, S. 223–271.

Rendall, Gerald H., Hrsg. and Übers., *The Octavius of Marcus Minucius Felix*, London: William Heinemann, und Cambridge, Mass.: Harvard University Press, 1953.

Richardson, Cyril C., Hrsg. und Übers., *Early Christian Fathers*, Bd. 1, Philadelphia: Westminster Press, 1953.

Robert, Louis, Hrsg. und Übers., *Le Martyre de Pionios Prêtre de Smyrne*, [...] mis au point et complété par G.W. Bowersock et C.P. Jones, avec une préface de Jeanne Robert et une traduction du texte vieux-slave préparée par André Vaillant, Washington, D.C.: Dumbarton Oaks Research Library and Collection, 1994.

Roberts, Alexander und James Donaldson, Hrsg., *The Ante-Nicene Fathers: Translations of the Fathers down to A.D. 325*, American reprint of the Edinburgh edition, Bd. 4, Grand Rapids, Mich.: Eerdmans, 1989.

Rubenstein, Jeffrey L., *The Culture of the Babylonian Talmud*, Baltimore und London: Johns Hopkins University Press, 2003 (paperback 2005).

Rubinkiewicz, Ryszard, „Apocalypse of Abraham", in *OTP*, Bd. 1: *Apocalyptic Literature and Testaments*, London: Darton, Longman & Todd, 1983, S. 681–705.

Schäfer, Peter, „Zur Geschichtsauffassung des rabbinischen Judentums", *JSJ* 6, 1975, S. 167–188 (Wiederabdruck in ders., *Studien zur Geschichte und Theologie des Rabbinischen Judentums*, Leiden: Brill, 1978, S. 23–44).

–, „Bileam II. Judentum", in *TRE* 6, 1980, S. 639–640.

–, *Synopse zur Hekhalot-Literatur*, Tübingen: J.C.B. Mohr (Paul Siebeck), 1981.

–, *Der Bar Kokhba-Aufstand. Studien zum zweiten jüdi-*

schen Krieg gegen Rom, Tübingen: J.C.B. Mohr (Paul Siebeck), 1981.

–, *Geschichte der Juden in der Antike. Die Juden Palästinas von Alexander dem Großen bis zur arabischen Eroberung*, Stuttgart–Vluyn: Verlag Katholisches Bibelwerk und Neukirchener Verlag, 1983.

–, „Magic and Religion in Ancient Judaism", in *Envisioning Magic. A Princeton Seminar & Symposium*, hrsg. von Peter Schäfer und Hans G. Kippenberg, Leiden – New York – Köln: Brill, 1997, S. 19–43.

–, „‚From Jerusalem the Great to Alexandria the Small': The Relationship between Palestine and Egypt in the Graeco-Roman Period", in Peter Schäfer, Hrsg., *The Talmud Yerushalmi and Graeco-Roman Culture*, Bd. 1, Tübingen: Mohr Siebeck, 1998, S. 129–140.

Schmid Johann, *Feuriger Drachen-Gifft und wütiger Ottern-Gall*, Augsburg 1683.

Scholem, Gershom, *Die jüdische Mystik in ihren Hauptströmungen*, Frankfurt a.M.: Suhrkamp, 1967.

Shaked, Shaul, „Zoroastrian Polemics against Jews in the Sasanian and Early Islamic Period", in *Irano-Judaica II: Studies Relating to Jewish Contacts with Persian Culture throughout the Ages*, hrsg. von Shaul Shaked und Amnon Netzer, Jerusalem: Yad Itzhak Ben-Zvi, 1990, S. 85–104.

–, „The Poetics of Spells. Language and Structure in Aramaic Incantations of Late Antiquity 1: The Divorce Formula and its Ramifications", in *Mesopotamian Magic: Textual, Historical, and Interpretive Perspectives*, hrsg. von Tzvi Abusch und Karel van der Toorn, Groningen 1999, S. 173–195.

Slusser, Michael, Hrsg., *St. Justin Martyr: Dialogue with Trypho*, translated by Thomas B. Falls, revised and with a new introduction by Thomas P. Halton, Washington, D.C.: The Catholic University of America Press, 2003.

Smith, Morton, *Jesus the Magician*, San Francisco etc.: Harper & Row, 1978.

Sokoloff, Michael, *A Dictionary of Jewish Palestinian Aramaic of the Byzantine Period*, Ramat-Gan: Bar Ilan University Press, 1990.

–, *A Dictionary of Jewish Babylonian Aramaic of the Talmudic and Gaonic Periods*, Ramat-Gan: Bar Ilan University Press, 2002.

Stählin, Otto, Übers., *Clemens von Alexandrien, Teppiche: Wissenschaftliche Darlegungen entsprechend der wahren Philosophie (Stromateis)*, Bibliothek der Kirchenväter, 2. Reihe, Band 17,19, 20, München: Kösel, 1936–38.

Stemberger, Günter, *Einleitung in Talmud und Midrasch*, München: Beck, 1992.

Strack, Hermann L., *Jesus, die Häretiker und die Christen nach den ältesten jüdischen Angaben*, Leipzig: J.C. Hinrichs'sche Buchhandlung, 1910.

Strack, Hermann L. und Paul Billerbeck, *Kommentar zum Neuen Testament aus Talmud und Midrasch*, Bd. 1: *Das Evangelium nach Matthäus*, München: Beck, 1922.

Urbach, Ephraim E., „Homilies of the Rabbis on the Prophets of the Nations and the Balaam Stories" (Hebr.), *Tarbiz* 25, 1955/56, S. 272–289.

–, *The Sages: Their Concepts and Beliefs*, Bd. 1, Jerusalem: Magnes Press, 1979.

Veltri, Giuseppe, *Magie und Halakha. Ansätze zu einem empirischen Wissenschaftsbegriff im spätantiken und frühmittelalterlichen Judentum*, Tübingen: J.C.B. Mohr (Paul Siebeck), 1997.

Vermes, Geza, *Jesus the Jew: A Historian's Reading of the Gospels*, Philadelphia: Fortress Press, 1981.

Visotzky, Burton L., „Overturning the Lamp", *JJS* 38, 1987, S. 72–80.

–, „Mary Maudlin Among the Rabbis", in *Fathers of the World: Essays in Rabbinic and Patristic Literatures*, Tübingen: J.C.B. Mohr (Paul Siebeck), 1995, S. 85–92.

Wewers, Gerd A., *Avoda Zara. Götzendienst*, Tübingen: J.C.B. Mohr (Paul Siebeck), 1980.

Widengren, Geo, „The Status of the Jews in the Sassanian Empire", in *Irania Antiqua*, Bd. 1, hrsg. von R. Ghirshman und L. Vanden Berghe, Leiden: Brill, 1961, S. 117–162.

–, *Die Religionen Irans*, Stuttgart: Kohlhammer, 1965.

Wiesehöfer, Josef, *Ancient Persia from 550 BC to 650 AD*, London-New York: I.B. Tauris, 1966.

Wiessner, Gernot, *Untersuchungen zur syrischen Literaturgeschichte I: Zur Märtyrerüberlieferung aus der Christenverfolgung Schapurs II.*, Göttingen: Vandenhoek & Ruprecht, 1967.

Williams, Frank, Übers., *The Panarion of Epiphanius of Salamis*, Leiden und New York: Brill, 1987.

Winter, Paul, O*n the Trial of Jesus*, Berlin: de Gruyter, 1961.

Wünsch, Dietrich, „Evangelienharmonie," in *TRE* 10, 1982, S. 626–629.

Yuval, Israel J., „*Two Nations in Your Womb*": *Perceptions of Jews and Christians in Late Antiquity and the Middle Ages*, Berkeley–Los Angeles–London: University of California Press, 2006.

Zeitlin, Solomon, „Jesus in the Early Tannaitic Literature", in *Abhandlungen zur Erinnerung an Hirsch Perez Chajes*, Wien: Alexander Kohut Memorial Foundation, 1933, S. 295–308.

Register

Register